AF647881

CORNELIA KORINTH

Komm, lass uns wandern

ODENWALD
SPESSART

emons:

DAS IST DRIN

Zum Herunterladen der GPS-Daten auf den Computer und zur Nutzung auf GPS-Geräten:
emons-verlag.de/wandern-odenwaldspessart

Felsenmeer für Genießer

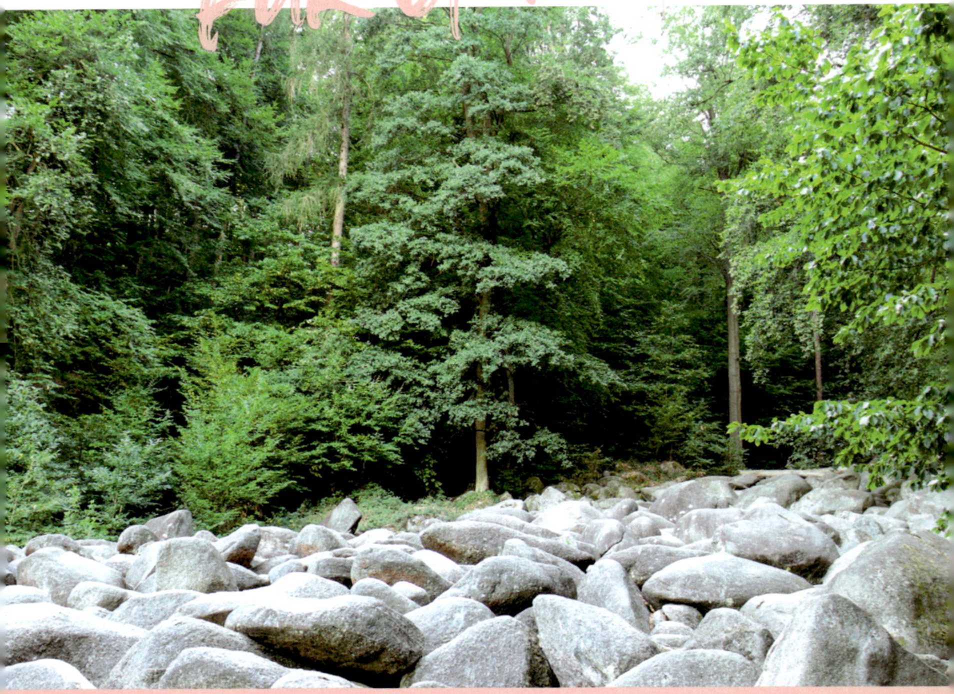

Schwierigkeit: mittel // 8 Kilometer // 330 Höhenmeter
Für Familien mit Schulkindern geeignet

DAS BEEINDRUCKENDE NATURDENKMAL BEI REICHENBACH HAT AUCH GASTRONOMISCH EINIGES ZU BIETEN

Das Felsenmeer bei Reichenbach ist weit über die Grenzen des Odenwalds hinaus bekannt. Zu Recht, denn die Hunderte, Tausende sich über einen Berghang ergießenden tonnenschweren Felsblöcke sind ein wirklich spektakuläres Naturdenkmal. Ein Vorteil, der mit der großen Popularität des Felsenmeers einhergeht, ist sicherlich die gastronomische Infrastruktur. Diese kurze Wanderung hat gleich vier verschiedene Einkehrmöglichkeiten zu bieten – und jede einzelne lohnt sich!

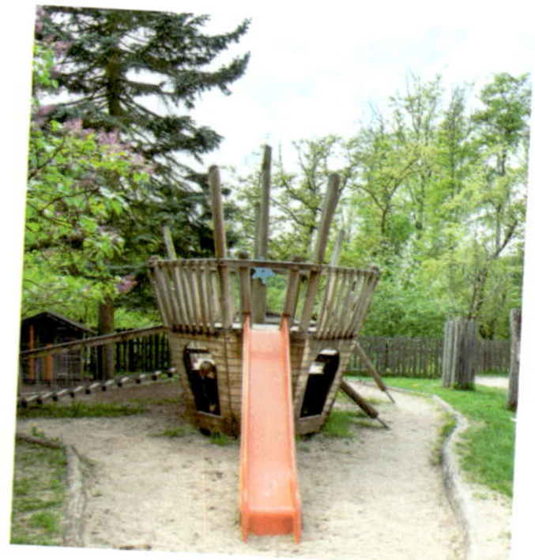

SANDKASTEN FÜR PIRATEN

Ihr beginnt eure Wanderung gleich bei der ersten dieser vier Möglichkeiten: Der KURALPE KREUZHOF 1 ist ein zentral auf der Höhe zwischen Felsberg und Steigerts gelegener großer, gutbürgerlicher Gasthof. Der gemütliche Biergarten mit Spielplatz und Schafstall ist ein Paradies für Familien; und bei der Einkehr zu Beginn oder Abschluss der Tour sei das Kochkässchnitzel besonders empfohlen. Der geräumige Parkplatz bietet auch an denjenigen Tagen noch Stellplätze, an denen im Felsenmeer viel los ist, und selbst Wohnmobile können hier stehen.

Hinter dem Parkplatz beginnt mit dem Alemannenweg der Aufstieg zum Felsberg. Der Weg ist steil und teilweise in schlechtem Zustand, doch das macht nichts, denn in zehn Minuten seid ihr schon bei der nächsten Einkehrmöglichkeit oben auf dem Gipfel.

IN ADA'S BUKA WIRD MAN VON EINER WASCHECHTEN PRINZESSIN BEWIRTET! DIE BESITZERIN STAMMT AUS NIGERIA UND IST DAS ÄLTESTE KIND DES KÖNIGS DER EKPEYE, DER ÜBER RUND 130.000 MENSCHEN HERRSCHT. »ADA« BEDEUTET »ERSTGEBORENE TOCHTER«, UND »BUKA« SO ETWAS WIE »STREETFOOD-STAND«.

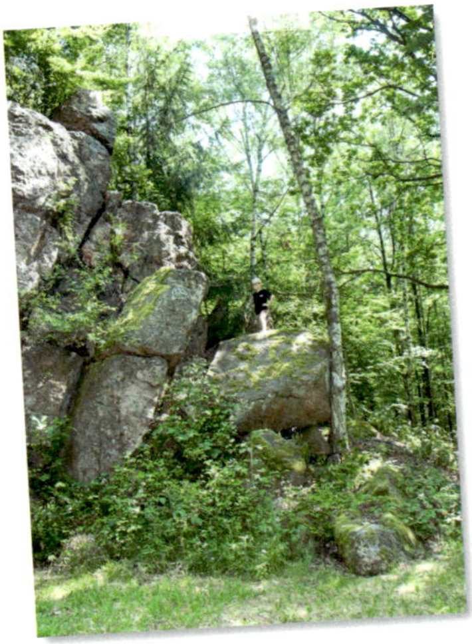

Eine krasse Untertreibung, denn ADA'S BUKA 2 ist keine Bude am Straßenrand, sondern ein voll ausgestattetes Restaurant mit Biergarten und Panoramafenstern, die bei klarer Sicht einen beeindruckenden Blick auf die 50 Kilometer entfernte Frankfurter Skyline bieten. Die hessisch-nigerianische Fusion Kitchen ist eine einmalige kulinarische Erfahrung.

An Ada's Buka vorbei halb links/geradeaus führt der Nibelungenweg ins Felsenmeer hinab. Schon bald tauchen die ersten großen Granitfelsen auf, und je tiefer ihr steigt, desto beeindruckender wird das Bild.

HUNDERTE, TAUSENDE TONNENSCHWERE GRANITFELSEN ERGIESSEN SICH ÜBER DEN HANG WIE EIN MITTEN IN DER BEWEGUNG ERSTARRTES STÜRMISCHES MEER. BALD LIEGEN SIE DICHT AN DICHT, SODASS MAN ÜBER DIE FELSEN KLETTERN MUSS, UM WEITERZUKOMMEN. EIN REALITÄT GEWORDENES JUMP-'N'-RUN-VIDEOSPIEL!

Vergeblich versuchen die Felsen, Moos anzusetzen, das immer wieder von zahllosen Kinderhänden und -füßen abgeschabt wird. Sorgsam gesicherte Wanderwege links und rechts der Felsmassen tragen dazu bei, dass die Kletterpartie auch für die ganz Kleinen, für Senioren und unsportliche Eltern zu bewältigen ist. Wer lieber den schwierigeren, aber auch spaßigeren Weg über die Felsen wählt, möge darauf achten, dass alle Hosen- und Jackentaschen möglichst leer oder mit Reißverschlüssen gesichert sind, denn was einmal in die Spalten zwischen die Felsen fällt, bekommt man frühestens in 340 Millionen Jahren zurück. So lange gibt es das Felsenmeer schon (und so lange

steht es wahrscheinlich auch noch): Als die Urkontinente der Erde aufeinander zudrifteten, um Pangaea zu bilden, brach an dieser Stelle die Erde auf und spuckte heißes Gestein an die Oberfläche. Zehn Millionen Jahre brauchten die Magmabrocken, um sich abzukühlen – dabei lagen sie zeitweise unter Wasser; das Felsenmeer war also einmal wirklich ein Meer. Das Wasser verschwand wieder, doch die Felsen blieben und bildeten die unwirkliche Landschaft, deren ganze Atmosphäre sich erst an einem kalten, nebligen Wintertag unter der Woche erschließt, wenn hier kein Mensch unterwegs ist.
An sonnigen Sonntagen jedoch, wenn hier Kinder spielen und wagemutige Väter über die Felsen steigen, öffnet das FELSENMEER-KIOSK 3 an der Riesensäule und bietet charmante 60er Jahre-Snacks wie »Heiße Wurst« und »Sinalco« – die dritte unserer vier Einkehrmöglichkeiten am Felsenmeer, wobei diese sogar mitten im Felsenmeer

Beim Blick von der Hutzelstraße auf die Kuralpe kommen Frühlingsgefühle auf

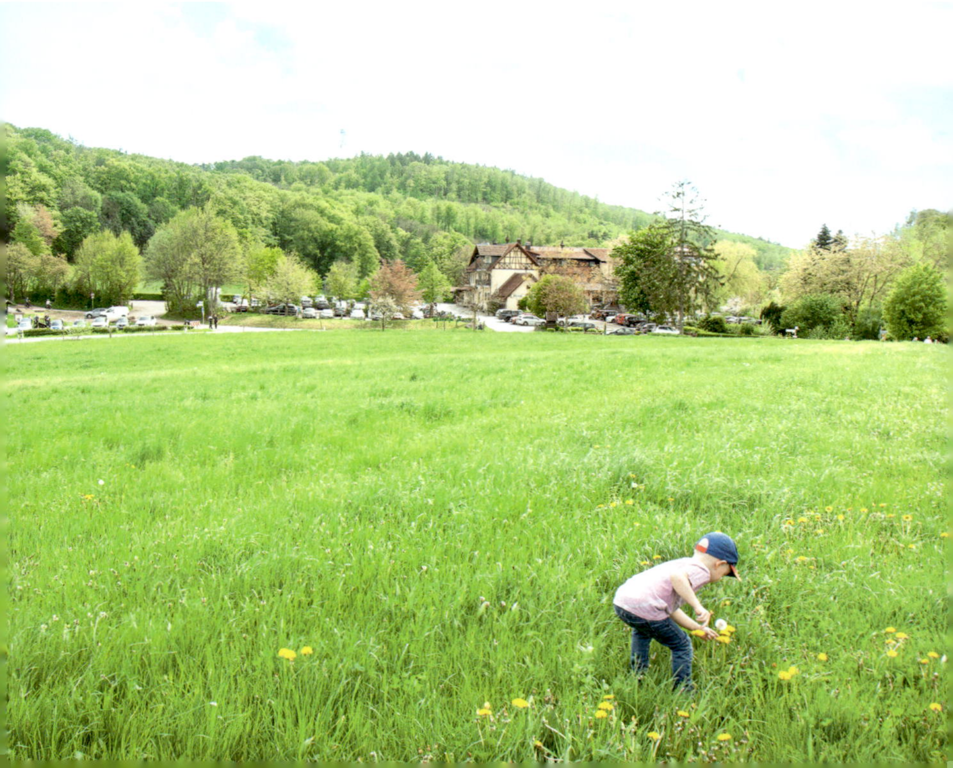

liegt. Die Entfernung zwischen Ada's Buka und dem Kiosk beträgt nur einen Kilometer Luftlinie, dessen Bewältigung aber je nach Fortbewegungsart (kriechend, krabbelnd, springend oder eben auf den Wanderwegen wandernd) zwischen 15 und 45 Minuten dauern kann.

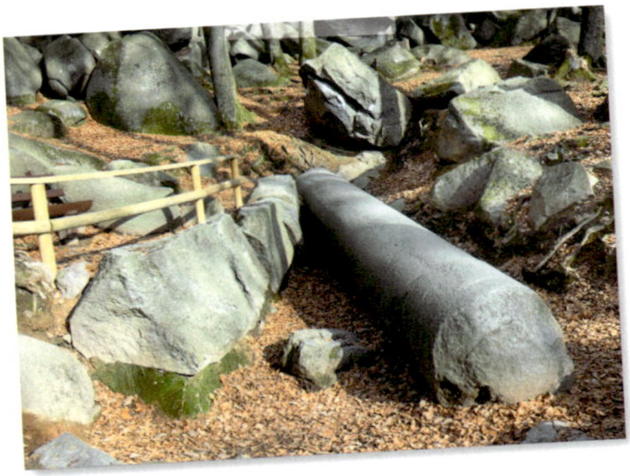

DIESE FELSEN SIND NICHT NUR BESONDERS GROSS UND AUFFÄLLIG GEFORMT, SONDERN SIE WEISEN AUCH BEARBEITUNGSSPUREN AUS DER RÖMERZEIT AUF. AUF EINER SCHAUTAFEL WIRD ERKLÄRT, WIE DIE RÖMER OHNE MODERNE BAUMASCHINEN DIE RIESIGEN GRANITBLÖCKE BEARBEITETEN.

Ein Stückchen unterhalb der Riesensäule liegt die sogenannte Brücke. Wer vom Felsenmeer-Trubel noch nicht genug hat, kann hier noch weiter geradeaus über die Felsen absteigen bis ins Informationszentrum in Lautertal. Euer Weg zweigt oberhalb der Brücke jedoch nach rechts ab in den Wald. Bei einem weiteren Felsen mit Namen, der sogenannten Kiste, führt der Weg mit der Markierung V den Hang entlang und mündet nach zwei scharfen Kehren schließlich in den Weg mit der Markierung L1 und L3, der bei Rödchen durch einen zauberhaften Talgrund mit weidenden Pferden und rieselnden Bächen führt. Hier ist es plötzlich so still, dass die Wanderer sich wieder grüßen, und die Vogelstimmen sind so deutlich zu hören, dass die Vogelschutzgruppe Lautertal-Reichenbach einen Vogellehrpfad eingerichtet hat. Schautafeln am Wegrand informieren über die gefiederten Waldbewohner. Kurz oberhalb der letzten Einkehrmöglichkeit, dem WALDGASTHAUS AM BORSTEIN (4), mündet der Vogellehrpfad in den Nibelungensteig-Zubringer Re3 und ihr biegt links ab. Durch das Gatter betretet ihr die Alm.

OBWOHL ES IM ODENWALD LIEGT, WEIST DAS WALDGASTHAUS AM BORSTEIN ALLE MERKMALE EINER ECHTEN, ALPINEN ALMHÜTTE AUF: UNPRÄTENTIÖSES ESSEN, KÖSTLICHES BIER, EINFACHE SCHLAFUNTERKÜNFTE UND EINE SPEKTAKULÄRE AUSSICHT AUF DAS LAUTERTAL.

Auf dem weitläufigen Gelände gibt es einen Biergarten, einen kleinen Spielplatz und sogar einen Parkplatz für Pferde, wo manchmal wirklich, wie im Wilden Westen, ein paar Ponys angebunden stehen. Die bestellten Mahlzeiten werden durchnummeriert und ausgerufen, die At-

Alpen-Feeling am Borstein: Irgendwie müsst ihr die Kalorien ja wieder hereinholen

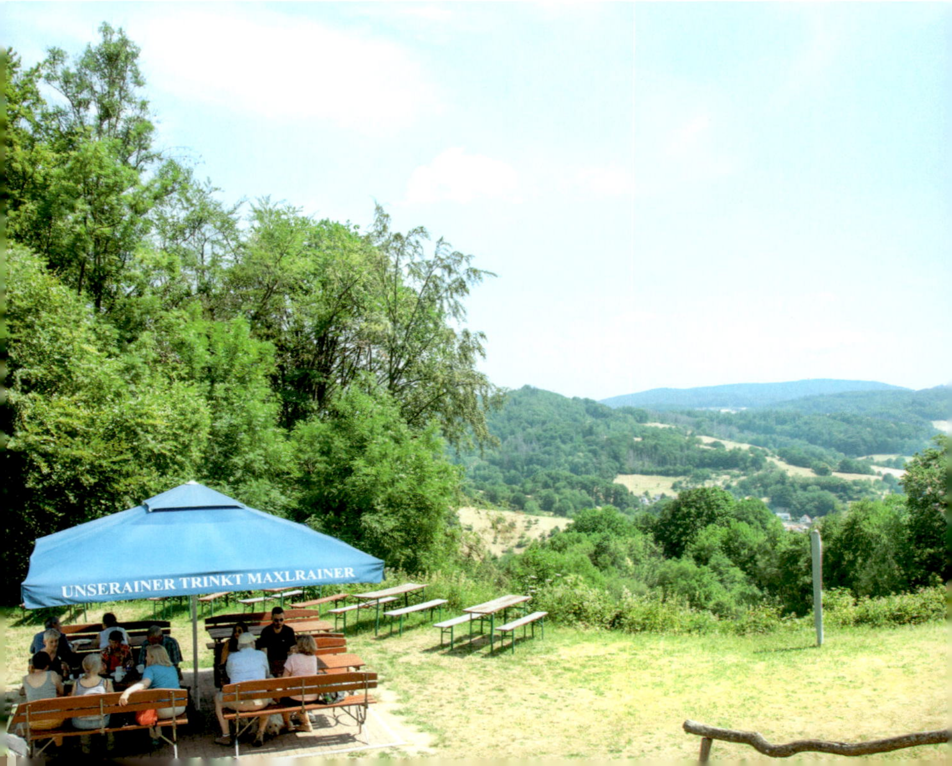

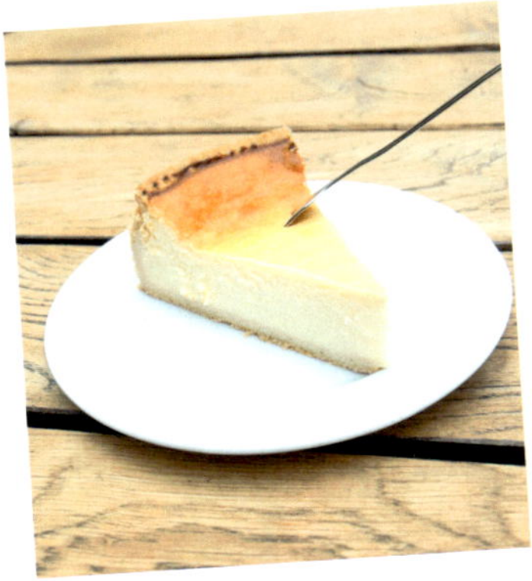

Lautertal Cheesecake

mosphäre ist ungezwungen. Trotz ihrer Popularität verdient die Borsteiner Alm den Titel: Geheimtipp. Wenn das Bier getrunken und die Aussicht genossen ist, macht ihr euch auf den Rückweg Richtung Felsberg. Bei der Navigation ist jetzt Cleverness gefragt, denn der weitaus angenehmste Weg zurück führt über den sanft ansteigenden Nibelungensteig durch die stillen Buchenwälder auf dem Rücken des Felsbergs. Doch um dort hinzukommen, müsst ihr erst einen steilen Trampelpfad hochsteigen, der von Downhill-Bikern als Rennstrecke benutzt wird. Vom Borstein aus steigt ihr geradeaus an der Einmündung des Vogellehrpfads vorbei, geht dann halb rechts den Alemannenweg (Markierung rotes A) entlang. Bald kommt ihr an eine Fünffach-Kreuzung, an der der unmarkierte Pfad geradeaus (zweite Abzweigung links) steil den Hang hoch die berüchtigte Downhill-Strecke bezeichnet, die euch zum Nibelungensteig (Markierung dunkelrotes N) führt. Wanderer müssen also die Bereitschaft mitbringen, schnell zur Seite zu springen, sobald das Sirren von Speichen und das Knirschen von Hartgummi auf dem Waldboden hörbar wird. Wer Kopfhörer trägt, an dieser Stelle bitte abnehmen und die Ohren spitzen.

Dieser stressige Teil des Weges ist aber nur etwa 700 Meter lang. Der weitaus angenehmere Teil des Rückwegs, auf dem Nibelungensteig, führt euch dann noch zwei Kilometer lang sanft ansteigend durch den Wald, bis ihr als Erstes die Satellitenschüsseln des Funkturms durch die Baumwipfel grüßen seht. Dann geht ihr links am Ohlyturm vorbei, einem auf mittelalterlich getrimmten Turm aus dem 19. Jahrhundert. Jetzt schon ihr auf dem Parkplatz vor Ada's Buka, hinter dem ihr wieder rechts auf den Alemannenweg Richtung Kuralpe Kreuzhof abbiegen könnt.

Alles, was ihr wissen müsst

Rundtour: teilweise steil und an der Grenze zum Klettern, Hände müssen aber nicht benutzt werden // besser schon morgens starten, da es ab Nachmittag gerade bei schönem Wetter sehr voll werden kann, ab 17 Uhr wieder ruhiger // **nicht kinderwagentauglich**

Markierung: nicht einheitlich, bitte Text und/oder GPS beachten

Entfernung von: Darmstadt: 21 Kilometer // Mannheim: 45 Kilometer
ÖPNV: nicht empfehlenswert,
aber ab Bensheim Bus 664, Haltestelle Kuralpe
Auto: Parken am Kuralpe Kreuzhof
oder (für eine kürzere Tour) bei Ada's Buka

Einkehr: **Kuralpe Kreuzhof**, Kuralpe 2, 64686 Lautertal, www.kuralpe.de // **Ada's Buka,** Felsberg 3, 64686 Lautertal, adas-buka.de // **Felsenmeer-Kiosk**, 64686 Lautertal // **Waldgasthaus Am Borstein**, Borstein 1, 64686 Lautertal, www.waldgasthaus-am-borstein.de

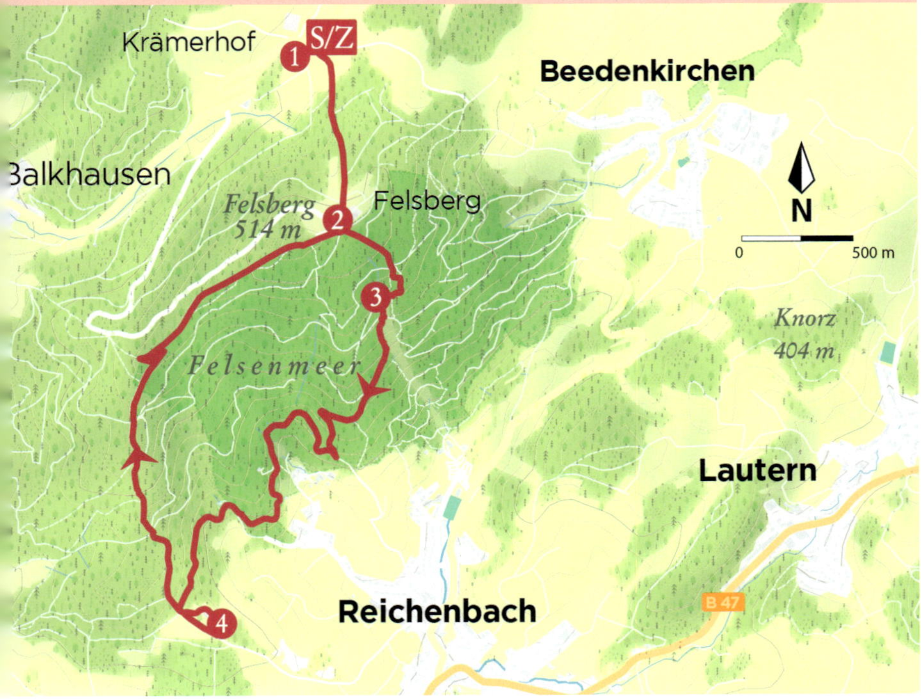

Von Bensheim ins Märchenreich

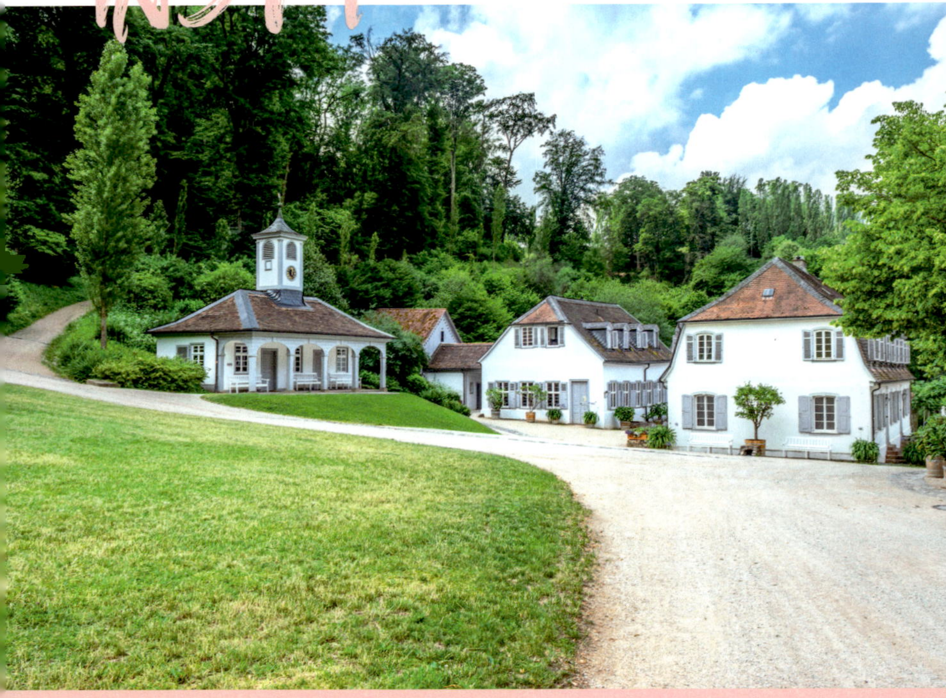

Schwierigkeit: leicht // 10 Kilometer // 200 Höhenmeter
Für Familien mit Kindern geeignet

NOBLESSE OBLIGE: ADEL VERPFLICHTET!
EINMAL VON DORNRÖSCHEN
ZU JANE AUSTEN UND ZURÜCK

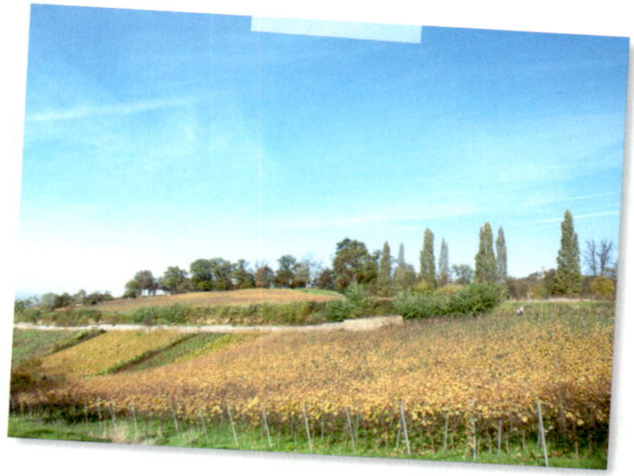

Diese abwechslungsreiche Wanderung führt durch Wälder und Weinberge zum Bensheimer Kirchberghäuschen und von dort zu einem geheimnisvollen Märchenschloss. Danach geht es weiter durch einen englischen Landschaftspark, der einer Jane-Austen-Verfilmung entsprungen sein könnte.

Vom BAHNHOF BENSHEIM-AUERBACH 1 geht ihr die Otto-Beck-Straße entlang, überquert den Bach und haltet euch halb links Richtung Innenstadt. An der Darmstädter Straße biegt ihr rechts ab und folgt der belebten Einkaufsstraße mit Bäckerei, Eisdiele, Sparkasse etc. – sehr praktisch, falls man für unterwegs noch Geld oder Snacks besorgen will. Wobei Letzteres nicht unbedingt nötig ist, denn mit Kirchberghäuschen und Alter Dorfmühle liegen auf diesem Weg einige gastronomische Highlights.

Ihr passiert die Geschäfte auf der linken Seite und geht dann links in den Diefenbachweg. In dem ruhigen Wohngebiet biegt ihr zweimal rechts und einmal links ab. Wenn ihr jetzt auf dem steil ansteigenden Hochzeitsweg steht, habt ihr alles richtig gemacht. Noch einmal tief durchatmen, Wasser trinken, Nase schnäuzen, Jacke ausziehen und dann geht's rein in die Weinberge.

Ihr folgt dem Blütenweg (gelbes B) steil ansteigend erst geradeaus, dann rechts hinauf auf den Weinberg. In Serpentinen führt der Weg auf der anderen Seite hinunter zur Schönberger Straße. Der folgt ihr nach links und biegt dann rechts auf den Wanderweg Nummer 6/Burgenweg (blaue Zinnen, veraltet blaues B) in Richtung Kirchberghäuschen ab.

Abenteuerlich gesinnte Wanderer suchen von der Schönberger Straße aus stattdessen den alten Grenzstein, der früher das Dreiländereck zwischen dem Bistum Mainz, Hessen-Darmstadt und der Grafschaft Erbach markierte. Von dort kann man links abbiegen und querfeldein einen steilen Trail in den Wald hinaufkraxeln, von oben die Aussicht genießen und dann einen grünen Hang nach unten zum Wanderweg 6/Burgenweg steigen – aber dieser Exkurs empfiehlt sich nur bei guter Ortskenntnis und/oder guter GPS-App.

Dieser Weg ist Teil der berühmten Weinlagenwanderung, die jedes Jahr am 1. Mai stattfindet. Ihr habt hoffentlich ein anderes Datum für diese Wanderung gewählt als ausgerechnet den 1. Mai und folgt dem Burgenweg entspannt einen Kilometer lang sanft aufsteigend durch den Wald, unterbrochen nur von sporadischen Begegnungen mit einzelnen Hundebesitzern, bis ihr aus dem Wald in die Weinberge heraustretet und dann auch gleich am Kirchberghäuschen ankommt.

Das KIRCHBERGHÄUSCHEN 2 wurde im 19. Jahrhundert von wohlhabenden Bürgern im Stil eines antiken Tempels errichtet und thront auf den Weinbergen über Bensheim. Natürlich ist es das tra-

Auf dem Kirchberghäuschen könnt ihr den hier angebauten Wein auch gleich trinken!

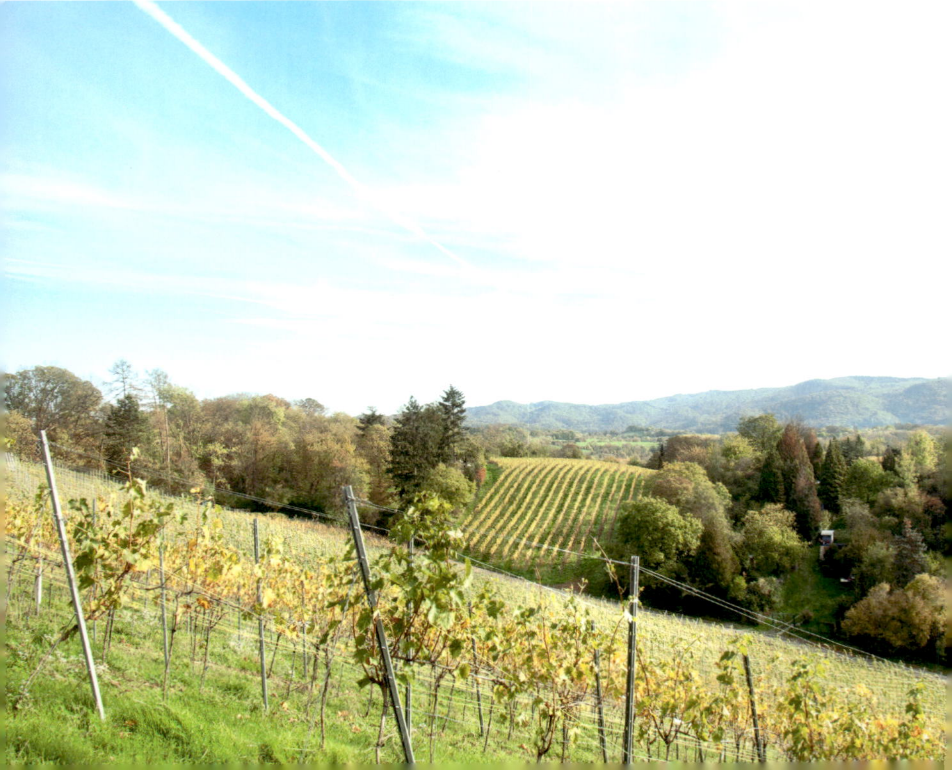

ditionellste Ausflugsziel der Bensheimer überhaupt, obwohl auch von Bensheim-City aus der Aufstieg durch die Weinberge steil ist und es hier keinen Parkplatz gibt. Überall kleben Aufkleber mit »Auf den Kirchberg lauf' ich!«, zumal die Kirchberghäuschenbesucher auch nicht wirklich eine andere Wahl haben.

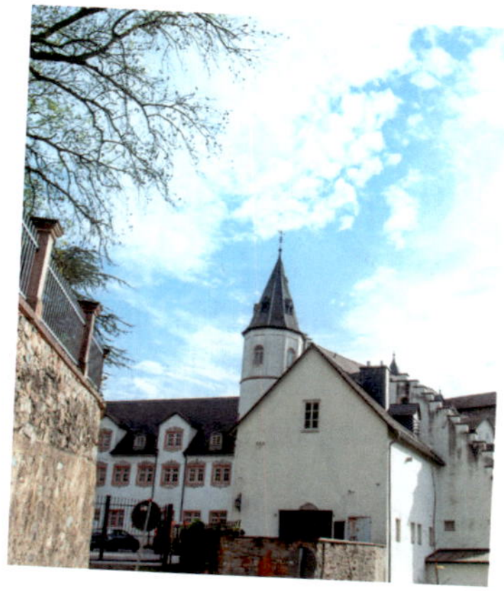

SCHÖNBERG INDEED

VON DEM KLEINEN WEINTRINKER-ÄQUIVALENT EINES BIERGARTENS AUS HAT MAN EINEN FANTASTISCHEN BLICK ÜBER BENSHEIM UND DIE RHEINEBENE, BIS HINÜBER IN DIE PFALZ IM WESTEN UND IN DEN TAUNUS IM NORDEN. UND DER LOKAL ANGEBAUTE BERGSTRÄSSER WEIN IST ZU RECHT LEGENDÄR.

Vom Kirchberghäuschen geht ihr ein Stück zurück auf dem Burgenweg bis zu einer kleinen Wegkreuzung mit Sitzbank. Nachdem ihr kurz verschnauft habt, biegt ihr rechts auf einen kleineren Weg mit der Markierung 1 ein, der rechts an einer Hecke und dann links an einem kleinen Landschaftsschutzgebiet entlangführt. Ihr folgt der Markierung aber nicht weiter rechts den Hang hinunter, sondern haltet euch bei der nächsten Kreuzung halblinks/geradeaus auf einem Weg mit der Markierung 6.

UND PLÖTZLICH GLAUBT IHR EUCH MITTEN IM MÄRCHENLAND. EIN IMPOSANTES SCHLOSS ERSCHEINT AUF DEM BERGRÜCKEN GEGENÜBER, MIT WEISSEN MAUERN UND KLEINEN TÜRMEN: SCHLOSS SCHÖNBERG.

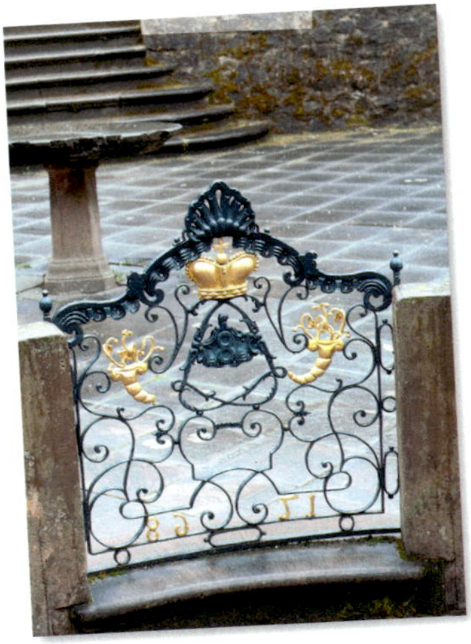

Beim Näherkommen die Bergflanke hinab erwartet ihr feuerspeiende Drachen und Prinzessinnen, die ihr Haar herunterlassen – und werdet erst mal enttäuscht. Denn so wunderschön das Schloss Schönberg auch aussieht: Hier ist jetzt gerade nicht viel los.

Im 13. Jahrhundert als Trutzburg erbaut, wurde Schloss Schönberg im Krieg zerstört und im 16. Jahrhundert als das zauberhafte, offene Schloss wieder aufgebaut, als das es jetzt auf diesem Hügel liegt. Die Besitzer wechselten, und 2015 kaufte ein Bensheimer Unternehmer das Schloss, um ein Gesundheitszentrum daraus zu machen. Seitdem ist es von einem Bauzaun umgeben und darf nicht betreten werden.

Zu dem Schloss gehört auch ein kleines Dorf mit Namen Schönberg, auf dessen Straße Hofweg ihr links abbiegt. Gegenüber der Hausnummer 43 führt ein Wanderweg mit den Markierungen 6 und 7 links in den Wald. Ihm folgt ihr und landet auf dem WANDERPARKPLATZ HERRENWINGERT 3 – und schon steht ihr wieder auf dem populären Weinlagenwanderungs-Terrain.

Vom Parkplatz aus führt ein Hohlweg rechts durch den Wald, an einem Schießstand vorbei. Oben auf dem Hügelkamm angekommen, betretet ihr nach dem Märchenbuch in Schönberg jetzt schon das nächste Bild eines literarischen Meisterwerks: »Stolz und Vorurteil« von Jane Austen. Jedenfalls ist dem Landschaftsgärtner im Staatspark Fürstenlager die Umsetzung des englischen Stils derart vollkommen gelungen, dass ihr euch gar nicht mehr in Deutschland wähnt. Wenn man an den schnatternden Gänsen am Entenweiher unterhalb des Pisébaus (in dem sich eine öffentliche Toilette befindet!) vorbeigeht, hört man unweigerlich das Klavierstück aus der Austen-Verfilmung mit Keira Knightley im Kopf: »Oh, Mr. Darcy!«

DER LANDGRAF VON HESSEN ERRICHTETE DEN STAATSPARK FÜRSTENLAGER IM 18. JAHRHUNDERT IM STIL EINES ENGLISCHEN, ALSO ROMANTISCHEN LANDSCHAFTSPARKS: WÄHREND SEINE FREUNDE NOCH FRANZÖSISCHE, KLASSISCHE PARKS BAUEN LIESSEN, WAR DER LANDGRAF SEINER ZEIT WEIT VORAUS.

Das Bensheimer Fürstenlager mit seinen exotischen Bäumen war ein Abenteuerspielplatz für Adlige, mit künstlichen Grotten, kleinen Teehäusern und verschwiegenen Eremitagen. Es ist fast vollständig erhalten und bietet das Gegenmodell zu dem eingezäunten Dornröschenschloss von Schönberg: Schon zu Lebzeiten des alten Landgrafen war der Park für die Bevölkerung offen zugänglich.

Ein Heilbad ist das Fürstenlager nie geworden, aber der Zugang zum Gesundbrunnen steht offen

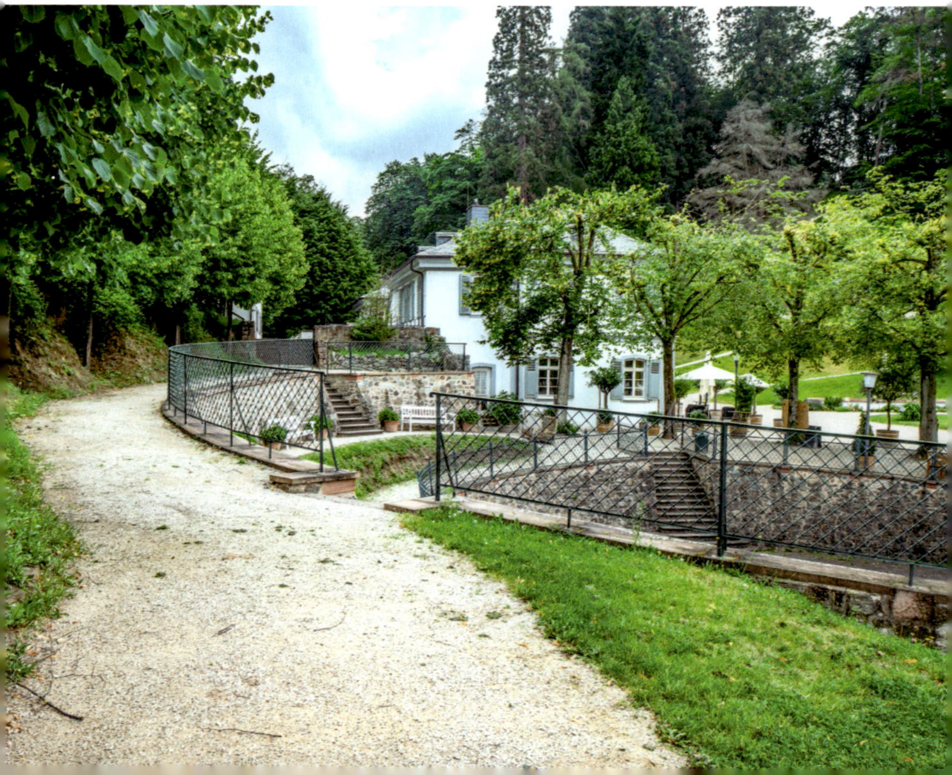

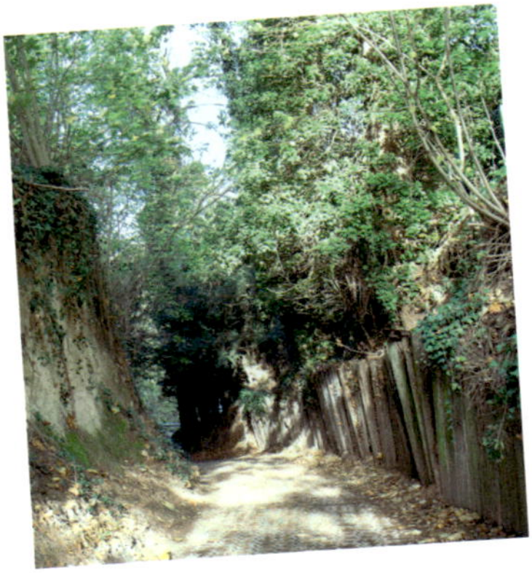

Hobbitesker Hohlweg

Den Namen Fürstenlager hat sich der »Pöbel« ausgedacht, der hier beim Spazierengehen den Fürsten beim Lagern, also beim Picknick auf den sanft geschwungenen grünen Wiesen zuschauen konnte. Vielleicht kann sich der zeitgenössische Schönberger Investor von dieser historischen Noblesse mal was abschauen: Echter Adel verpflichtet.

Der Lindenallee am Schwanenteich vorbei folgend, über den sich eine kleine romantische Holzbrücke schwingt, gelangt ihr wieder zurück nach Bensheim-Auerbach in die Bachgasse.

Hier befindet sich eines der besten Restaurants der Bergstraße: die ALTE DORFMÜHLE AUERBACH 4. Sie ist weder elitär noch gourmethaft versnobt, sondern sehr bodenständig, und das ohne – und in welchen Wanderlokalen erlebt man das schon? – im Mindesten spießig zu sein.

DIE SPEISEN WERDEN ALLE SELBST HERGESTELLT ODER VON REGIONALEN UNTERNEHMEN BEZOGEN. IHR KÖNNT EUCH MIT HAUSGEMACHTER LIMONADE ERFRISCHEN ODER AUF DIE UMFANGREICHE BIERKARTE ZURÜCKGREIFEN.

Von der Dorfmühle aus führt der einfachste Weg zurück zum Bahnhof die Bachgasse entlang, bis diese wieder auf die Darmstädter Straße stößt. Kürzer ist der Weg durch das Wohngebiet gegenüber, erst die Weidgasse den Hügel hinauf und dann links in die Schloßstraße. Wer von dort rechts in die Karlsbader Straße abbiegt, stößt alsbald wieder auf die Hauptstraße und gegenüber auf die Otto-Beck-Straße, die direkt zum Bahnhof führt.

Alles, was ihr wissen müsst

Rundtour: durch Wälder und Weinberge, kurze steile Steigung in den Weinbergen, ansonsten bequeme Wanderwege // **kinderwagentauglich**

Markierung: Burgenweg: Blaue Zinne // Wanderweg mit der Markierung 6

Entfernung von: Darmstadt: 23 Kilometer // Mannheim: 39 Kilometer
ÖPNV: ab Bensheim mit Bus 670, 671 oder RB 68 nach Bensheim-Auerbach
Auto: Parkplatz am Bahnhof Bensheim-Auerbach

Einkehr: **Kirchberghäuschen**, Außerhalb 2, 64625 Bensheim, www.kirchberghaeuschen.de // **Alte Dorfmühle Auerbach,** Bachgasse 71, 64625 Bensheim, www.altedorfmuehleauerbach.de

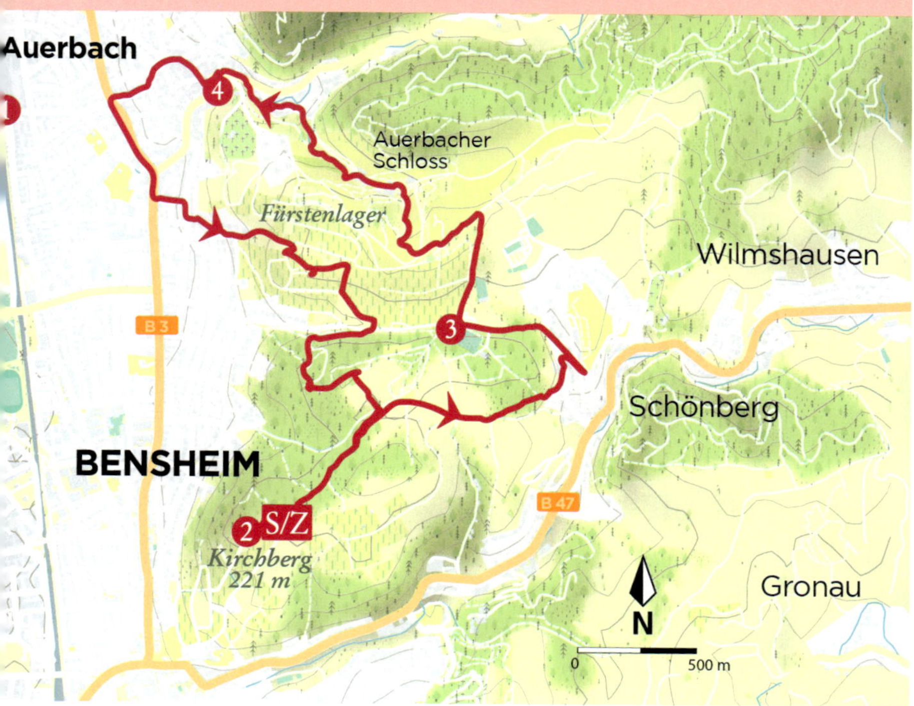

Die andere Burg Lindenfels

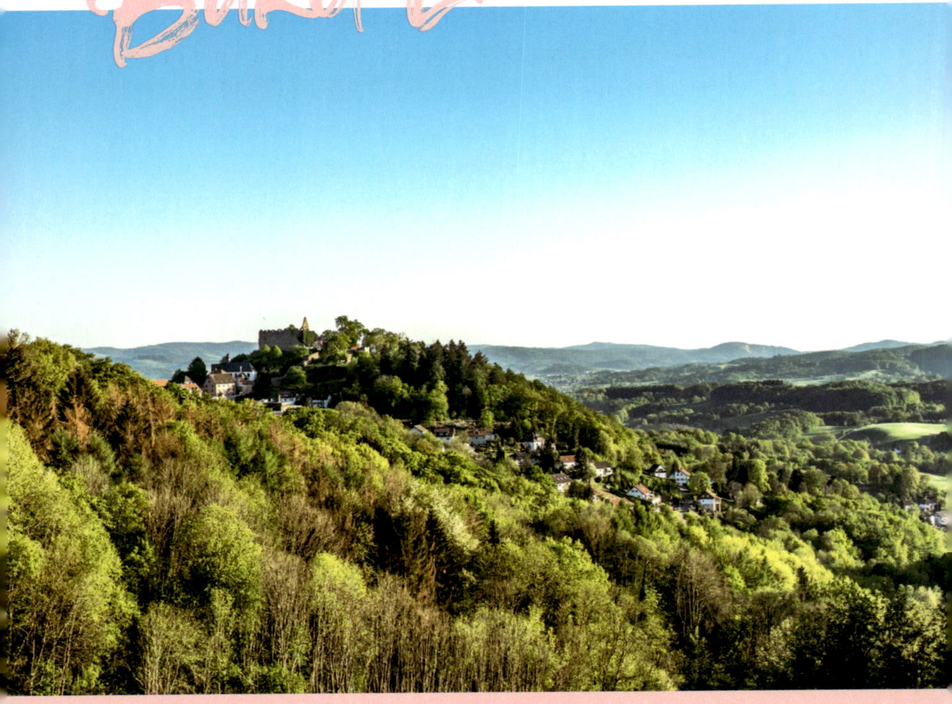

Schwierigkeit: leicht // 7,5 Kilometer // 270 Höhenmeter

Für Familien mit Kindern geeignet

DER ZWEITBESTE KAFFEE DES ODENWALDS UND EINE GEHEIMNISVOLLE BURGRUINE

Burg Lindenfels ist eine bekannte Sehenswürdigkeit des Odenwaldes, das dazugehörige Städtchen ein offiziell anerkannter heilklimatischer Luftkurort. Doch unser Spaziergang führt euch durch die gute Luft zu einer zweiten Burgruine: zum geheimnisvollen dunklen Zwilling der Burg Lindenfels.
Große Hotels, Restaurants und Kliniken in unterschiedlichen Stadien des Verfalls künden von der großen Vergangenheit des Luftkurorts Lindenfels im 20. Jahrhundert. Das zauberhafte Städtchen mit der eindrucksvollen Burgruine erlebt gerade eine Renaissance. Viele der alten Gebäude aus der Ära des innerdeutschen Kur-Tourismus werden jetzt von Investoren gekauft und wieder hergerichtet. In diesem Zuge wurde unterhalb der Burgruine 2010 das Drachenmuseum ins Leben gerufen. (Tipp am Rande: Dieses Museum ist das perfekte Programm für einen verregneten Sonntagnachmittag mit Kindern!)

DRACHEN SIND ÜBERHAUPT OMNIPRÄSENT IN LINDENFELS: OHNE JEGLICHE HISTORISCHE BELEGE, DAFÜR MIT VIEL MARKETING-KNOW-HOW, INSZENIERT SICH DIE STADT ALS SCHAUPLATZ DES SIEGFRIED-MYTHOS AUS DER NIBELUNGENSAGE.

Am Eingang zum Drachenmuseum vorbei führt euer Weg vom Parkplatz bei der evangelischen Kirche hinauf zu der relativ gut erhaltenen Burganlage aus dem 11. Jahrhundert. Im November 2009 löste sich ein 80 Tonnen schwerer Granitfelsen aus dem Hügel unterhalb des inneren Zwingers, rollte den Hang hinunter und krachte in den Kurgarten. Wie durch ein Wunder wurde niemand verletzt. Der auf den Namen Drachenfelsen getaufte Riesenstein liegt immer noch im Kurgarten und kann auf dem Weg in die Burg über die Mauer hinweg bestaunt werden. Eine kleine Plakette erinnert an das Unglück. Gegenüber schmiegt sich die katholische Kirche dicht an die Burgmauer. Hinter dem äußeren Burgtor links steht eine moderne Skulptur des Künstlers Jens Nettlich, die die Tötung des Drachen durch den Helden Siegfried darstellt. Über die Burgmauer hinweg eröffnet sich eine atemberaubende Aussicht hinunter ins Weschnitztal und auf die Hohe Tromm, die für sich genommen den Besuch auf der Burg schon lohnenswert machen würde.

Aber die BURG LINDENFELS 1 hat noch mehr zu bieten: Der hübsche kleine Kiosk mit Biergarten dient gleichzeitig als kostenloses Informationszentrum zu Geologie und Historie. Vor dem inneren Burgtor ist rechts die Ruine eines mittelalterlichen Abtritts zu bewundern, während sich links gegenüber des Tores sein zeitgenössisches Äquivalent befindet: kostenlose öffentliche Toiletten. Wer besonderes Glück hat, kann im Burghof im inneren Zwinger außerdem sonntags Schaukämpfern und gewandeten Mittelalterfans begegnen, die hier stilgemäß in Kettenhemden und Ritterrüstungen herumlaufen und den Zweikampf mit stumpfen Metallwaffen trainieren.

Vor ca. 350 Jahren kamen Calvinisten aus der Schweiz. Heute sieht der Friedhof von Schlierbach so aus

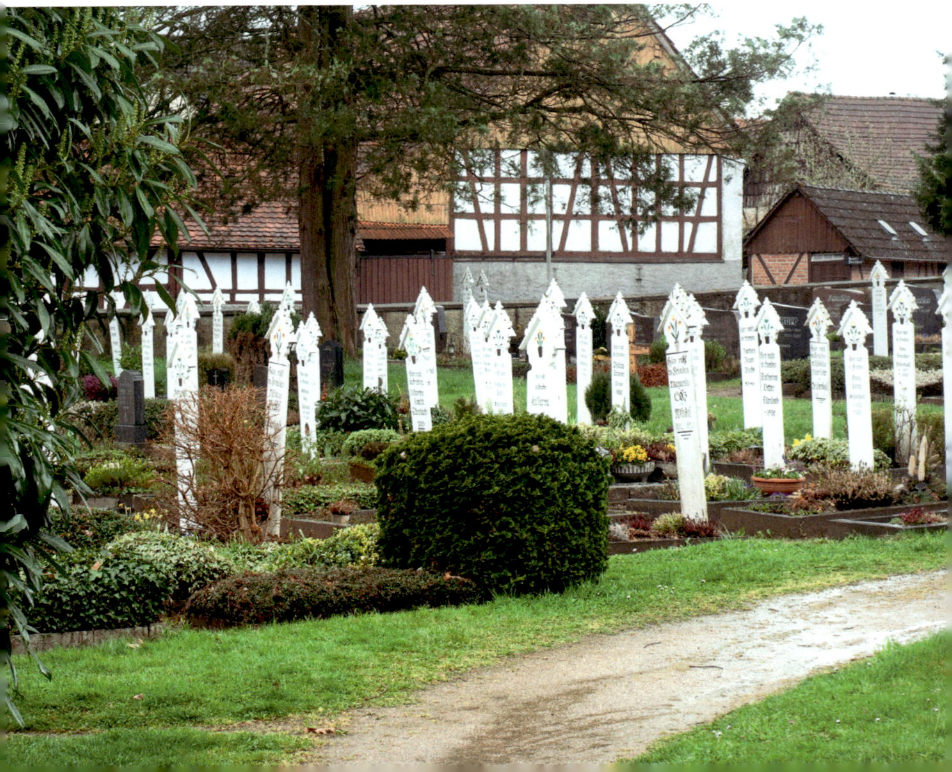

Soweit die offizielle Burg Lindenfels. Ihr steigt den Hügel auf demselben Weg wieder hinab, vorbei an der Discothek »Ye old Carriage Inn«, überquert innerorts die B47 (an dieser Straßenecke befindet sich übrigens ein sehr anständiges indisches Restaurant) und folgt der steil aufsteigenden Schenkenbergstraße den Hügel hinauf durch ein hübsches kleines Villenviertel. Falls ihr in Lindenfels übernachten wollt: Hier liegt eine besonders zauberhafte Ferienwohnung mit Burgblick (www.waldheim-lindenfels.de). Dem Weg folgend passiert ihr eine lebensgroße Bärenskulptur und erreicht den Waldrand, wo euch der Nibelungensteig rechts einen Hügelvorsprung hinaufführt.

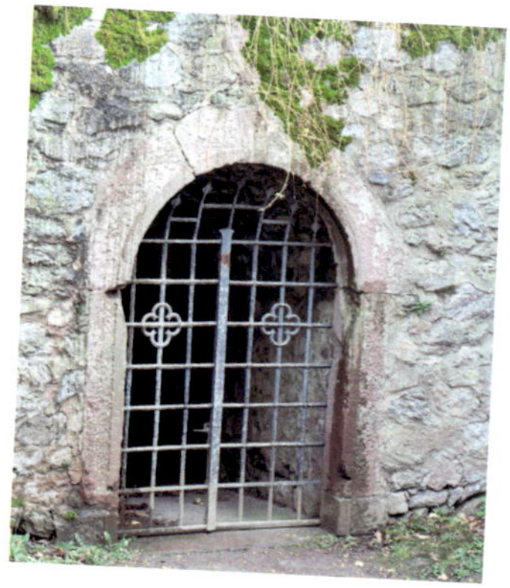

Ye olde Kellereingang

Dieser Hügel ist kein gewöhnlicher! Er trägt den niedlichen Namen »Köpfchen«. Auf ihm befindet sich eine Felsengruppe, von der man lange dachte, dass sie auch Reste einer alten Siedlung sein könnten. Nach viel archäologischer Spekulation wurde erst im Jahr 1975 die Ruine einer mittelalterlichen Burg nachgewiesen. Zuerst dachte man, die ältere, die »ursprüngliche« Burg Lindenfels entdeckt zu haben. Doch dann stellte sich heraus, dass es sich wahrscheinlich um eine »Gegenburg« aus dem 13. Jahrhundert handelt: Der Wittelsbacher Pfalzgraf wollte dem Markgrafen von Baden auf diese Weise eins reinwürgen. Mit Erfolg: 1277 erwarb der Pfalzgraf die »richtige« Burg Lindenfels, womit die »Gegenburg«, das dunkle Gegenstück zur Lindenfels, überflüssig und dem Verfall überlassen wurde. Heute kann man in der Felsgruppe im Wald mit viel gutem Willen noch den sogenannten Halsgraben der BURG AUF DEM KÖPFCHEN 2 erkennen. Aber Mauern oder gar Türme lassen sich nicht mehr erkennen. Kaum ein Stein steht noch auf dem Anderen.

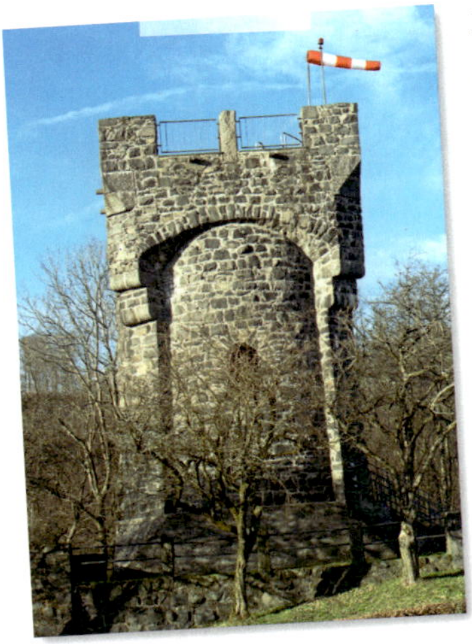

Ihr genießt noch einmal den Blick zurück auf Stadt und Burg und folgt dann dem Nibelungensteig tiefer in den Wald hinein. Ohne große Steigung führt er bequem am Hang entlang. Aber aufgepasst: Der Wald ist hier leider nicht ganz ungefährlich. Der Klimawandel hat den stolzen Buchen arg zugesetzt, sodass bei starkem Wind mit abbrechenden Ästen und umstürzenden Bäumen gerechnet werden muss – bei Sturm also bitte lieber eine andere Route nehmen. Wer den Blick vom Weg nehmen und sich umschauen kann, wird jedoch feststellen, was für ein wunderschöner Ronja-Räubertochter-Wald hier an den Hängen des Schenkenbergs liegt – mit Trollfelsen und allem, was dazu gehört.

Bei einer eingefassten Quelle folgt ihr dem kleinen Waldweg rechts über ein idyllisches Brückchen und kommt über einen Forstweg zurück auf den markierten Wanderweg (Li2/Li6). Ihr folgt dem Weg an der Heimburg-Schutzhütte vorbei, haltet euch links und kommt schließlich am Weißmann-Felsen an. Hier führt ein steiler Pfad im 90-Grad-Winkel nach rechts zum eigentlichen Wanderweg den Hang hinunter, und es lohnt sich, ihm zu folgen – denn an seinem Ende liegt die vielleicht schönste Schutzhütte des Odenwalds.

DIE HÜTTE WALDFRIEDEN SIEHT AUS, ALS HÄTTEN DIE ELBEN AUS BRUCHTAL SIE GEBAUT. VON HIER AUS WIRD EUCH EIN ATEMBERAUBENDER BLICK ÜBER DAS MERGBACHTAL IN RICHTUNG REICHELSHEIM GEBOTEN. EIN PERFEKTER ORT FÜR EIN PICKNICK!

Von hier geht ihr nicht ganz zurück zum Weißmann-Felsen, sondern ihr biegt vorher rechts ab auf einen abenteuerlichen Trampelpfad, der euch unterhalb einer Umzäunung über ein Bächlein führt. Ihr geht auf der anderen Seite den Hang hinauf und biegt dann links ab auf den Wanderweg. Dieser führt euch an einem Schrebergarten vorbei zur BISMARCKWARTE 3. Von hier an haltet ihr euch am Ortsrand von Litzelröder, geht nach links, den Weg In der Hohl entlang und überquert schließlich wieder die B47. Am Friedhof vorbei haltet ihr euch auf dem Weg mit der Markierung Li5 und kommt am Schwimmbad vorbei, wo sich auch der Jugendzeltplatz Matterloch befindet. An heißen Tagen könnt ihr euch im Wasser Abkühlung verschaffen, bevor es am Bach entlang weitergeht in den Lindenfelser Ortsteil Schlierbach.

In Schlierbach findet eure Wanderung durchs Mittelalter einen würdigen Abschluss: Von hier könnt ihr die Burg Lindenfels noch einmal über dem Tal thronen sehen. Es gibt eine Alte Mühle im Dorf, die

Lindenfels hat es eigentlich gar nicht nötig, sich ohne jegliche historische Belege als Nibelungenstadt zu inszenieren

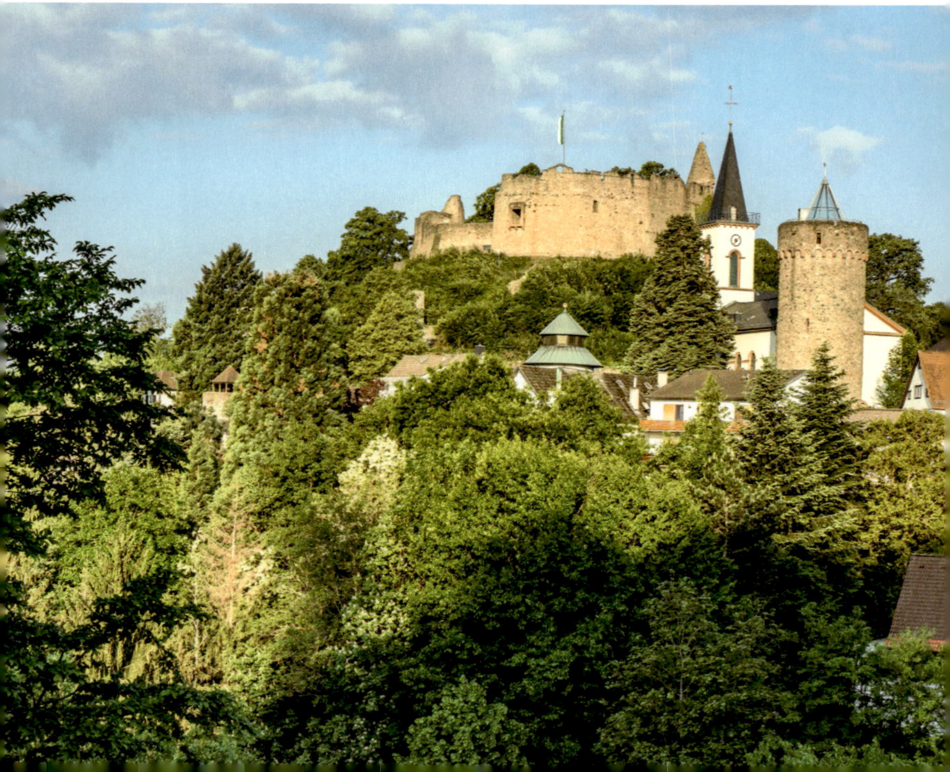

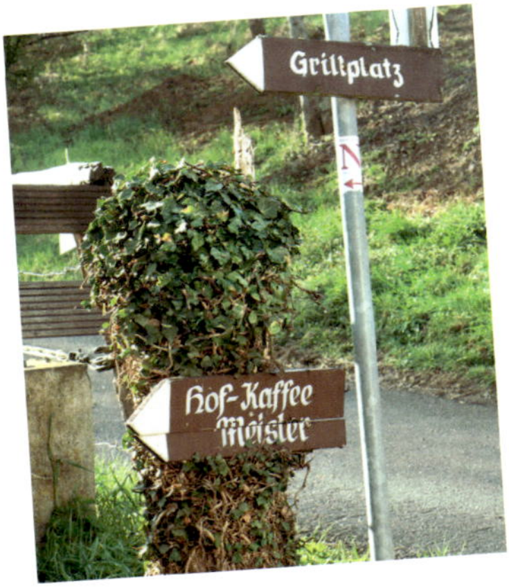

Hier geht's zum Kaffee

sich leider in Privatbesitz befindet und nicht betreten werden darf, aber immerhin haben die Besitzer die Fassade mit alten Mühlsteinen dekoriert und durch das Tor hindurch lässt sich ein neugieriger Blick in den schönen Innenhof werfen. Die Mühle stammt aus dem Jahr 1398 und gehörte dem Pfalzgrafen Ruprecht III., also dem unmittelbaren Nachfahren des Gegenburg-Bauers auf dem Köpfchen.

Lohnenswert ist auch der Besuch auf dem Friedhof neben der kleinen evangelischen Kirche: Die Grabsteine sehen irgendwie merkwürdig aus. Bei näherem Hinsehen erkennt ihr: Das sind gar keine Steine. Das sind Holzbretter.

AUF DEM FRIEDHOF IN SCHLIERBACH HERRSCHEN DIE SOGENANNTEN STICKELGRÄBER VOR, EINE TRADITION DER REFORMIERTEN KIRCHE: DIE VERSTORBENEN WERDEN AUF SCHÖN VERZIERTEN BRETTERN ZU GRABE GETRAGEN, UND DAS GRAB WIRD STATT MIT EINEM STEIN MIT GENAU DIESEM BRETT MARKIERT, INDEM ES EINFACH IN DEN BODEN GESTECKT WIRD.

Und noch etwas hat Schlierbach zu bieten: den zweitbesten Kaffee des Odenwaldes. Ein Besuch beim HOF-KAFFEE MEISTER 4 ist ein Muss! Dazu gibt es köstliche, selbst gebackene Kuchen und Torten in einer entspannten, familiären Atmosphäre. Im Sommer kann der Kaffee auch draußen im Garten getrunken werden.
Von Schlierbach geht ihr den Jägersgarten entlang und dann links durch den Schloßwald den steilen Hang hinauf zurück zur Burg.

Alles, was ihr wissen müsst

Rundtour: entspannter Spaziergang durchs Mittelalter // zwischen Hütte Waldfrieden und Bismarckwarte schwierige Navigation ohne Wegmarkierung // für Schulkinder geeignet // zwischen der Burg auf dem Köpfchen und der Bismarckwarte leider **nicht kinderwagentauglich** – mit kleinen Kindern also entweder auf Schlierbach (Kuchen!) oder auf Lindenfels (Burg! Drachenmuseum!) beschränken

Markierung: Nibelungensteig: rotes N // Wanderwege Li2/Li6, Li5

Entfernung von: Darmstadt: 32 Kilometer // Mannheim: 41 Kilometer
ÖPNV: ab Bensheim Bus 665 zur Haltestelle Lindenfels, Mitte
Auto: Parkplatz an der evangelischen Kirche in Lindenfels, Burgstraße 34, 64678 Lindenfels

Einkehr: **Golden India,** Nibelungenstraße 73, 64678 Lindenfels, goldenindia.de // **Hof-Kaffee Meister,** Hohensteinstraße 12, 64678 Lindenfels, hofkaffeemeister.metro.bar

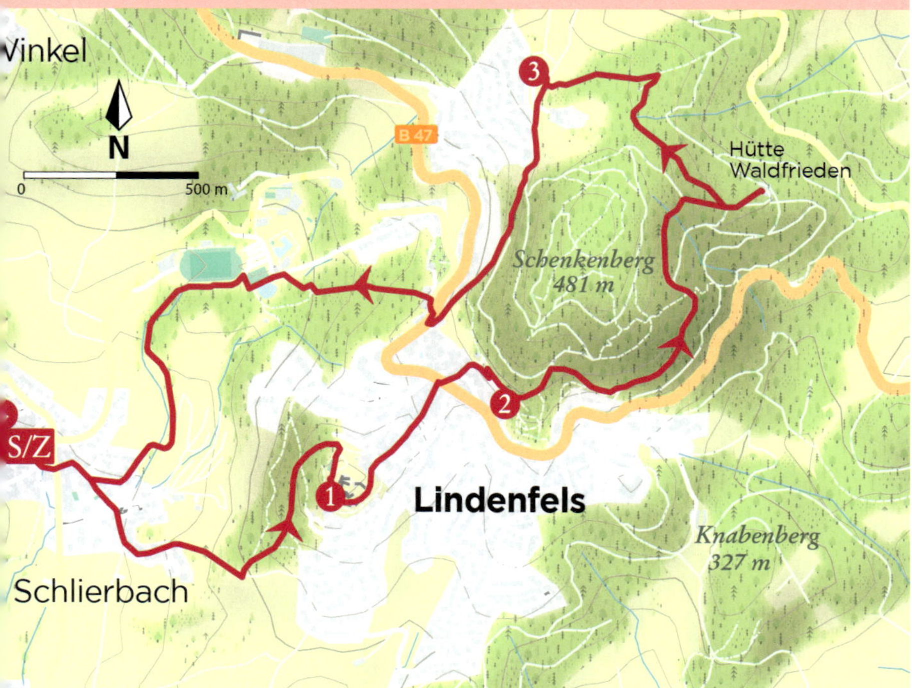

Auf dem Dach des hessischen Odenwaldes

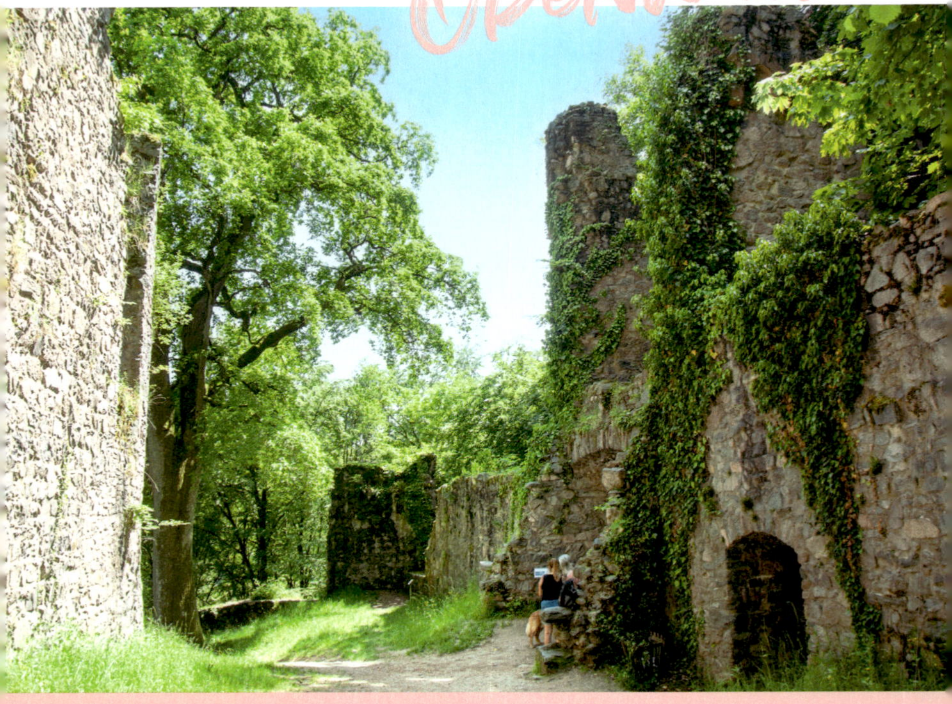

Schwierigkeit: mittel // 11 Kilometer // 400 Höhenmeter
Für Familien mit Kindern geeignet

BURGRUINE, WASSERFALL, WILDE ROMANTIK, EINE ATEMBERAUBENDE AUSSICHT UND EIN WILDWEIBCHENSTEIN

Rodenstein ist eine der romantischsten Burgruinen des Odenwalds. Mit ihren gotischen Torbögen, dem Brunnen und den zwischen den bröckelnden Wällen aufragenden Bäumen könnte sie direkt einem Gemälde von Caspar David Friedrich entsprungen sein. Mächtige Wälle aus Granitsteinen lassen ahnen, was für eine beeindruckende Anlage das einmal gewesen sein muss.

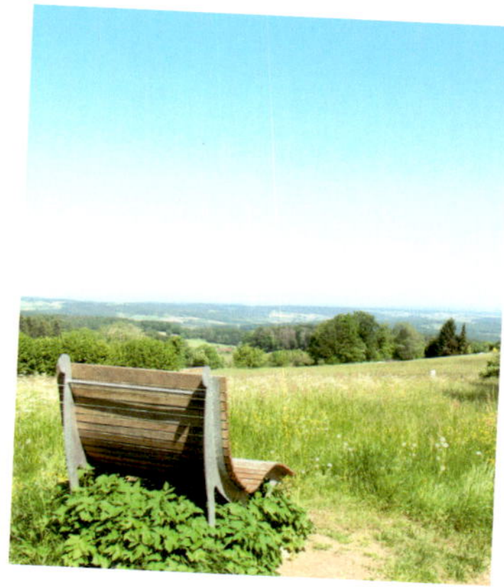

CHILLEN MIT AUSSICHT

IM 13. JAHRHUNDERT GEBAUT, FIEL DIE BURG SEIT DEM 17. JAHRHUNDERT DEM VERFALL ANHEIM, ALS DIE GANZE FAMILIE VON RODENSTEIN AN DER PEST STARB. UND NATÜRLICH SPUKT ES HIER AUCH: BEI DROHENDEM KRIEGSAUSBRUCH ERSCHEINT DER SOGENANNTE RODENSTEINER, UM DIE LEUTE ZU WARNEN.

Überhaupt ist die Burgruine Rodenstein maximal sagenumwoben, und zwar ganz buchstäblich: der »Pfad der Sagen« ist ein Projekt des Rodensteinmuseums, bei dem rund um die ehemalige Burg kleine Infotafeln mit QR-Codes angebracht sind, über die ihr euch die alten Sagen erzählen lassen könnt.

Beim Aufstieg durch den Wald von der Burgruine aus orientiert ihr euch am besten an der Wegmarkierung mit dem blauen Punkt. Bei dem ganzen Chaos aus Wanderwegen, Trampelpfaden und Downhill-Trails hangaufwärts Richtung Rimdidim kann man sich schon mal verlaufen, also aufpassen und Karte bzw. GPS-App bereithalten.

Ihr verlasst die Burgruine über die Treppe rechts neben dem Mühlturm und steht vor einem steilen Hang. Den könnt ihr rechts um-

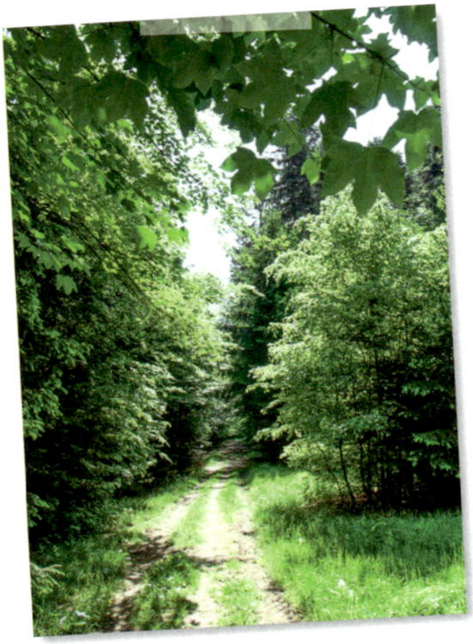

gehen, sofern ihr keine kletterfreudigen Kinder dabeihabt, und trefft oberhalb auf einen größeren Wanderweg, den ihr jedoch ignoriert und euch stattdessen rechts ins Gebüsch schlagt, wo ein kleiner Trail mit der besagten blauen Markierung beginnt. Über den Stichweg mit der Markierung V (Verbindungsweg Weinweg/Neunkirchen steht auf einem hübschen kleinen Wegweiser) und den Wanderweg mit der Nummer 3 kommt ihr zum Gipfel RIMDIDIM 1.

DER LUSTIGE NAME STAMMT WOHL VON EINEM FÖRSTER, DER DEN BLICK VOM GIPFEL MIT »DE SCHÖNSTE BLICK RIMDIDIM IM OUREWALD« BESCHRIEB. ALLERDINGS WAR DAS NACH EINEM WIRBELSTURM, DER IM 19. JAHRHUNDERT ALLE BÄUME AUSGERISSEN HATTE. INZWISCHEN SIND DIE BÄUME WIEDER NACHGEWACHSEN.

Das macht aber nichts, denn euch erwarten auf dieser Wanderung noch viele spektakuläre Ausblicke. Der kleine Gipfel ist von mächtigen Granitfelsen gekrönt, zwischen denen sich auch ohne Aussicht gut eine kurze Pause einlegen lässt.

Über den Wanderweg mit der Markierung 3 steigt ihr ab in Richtung Steinbach, wo sich eine kleine Schutzhütte befindet. Als wären die überall im Wald verstreuten Granitfelsen nicht schon romantisch genug, rieselt jetzt noch ein kleiner Bach darüber. Ihr folgt ihm ein kleines Stück stromaufwärts, bis der Weg N1 eine Kehre nach rechts beschreibt und euch in das kleine Dorf NEUNKIRCHEN 2 hineinführt. Es hat zwar nur 176 Einwohner, aber eine lange touristische Tradition. Die Corona-Pandemie konnte der gastronomischen Infrastruktur nicht viel anhaben.

RUND UM DEN KLEINEN MARKTPLATZ VON NEUNKIRCHEN GRUPPIEREN SICH LAUSCHIGE HOFCAFÉS, LANDGASTHÖFE UND EISDIELEN. MOUNTAINBIKER ERFRISCHEN SICH AM BRUNNEN. EIN PAAR SCHRITTE VOM MARKTPLATZ ENTFERNT LIEGT DIE SEHENSWERTE DORFKIRCHE.

An dem Parkplatz hinter der Kirche ist der Modautaler Mundart-Babbler zu finden, der über einen QR-Code das Ebbelwoi-Lied abspielt. Denn hier steht der höchste Apfelbaum in Südhessen! Das eigentliche Spektakel erschließt sich aber erst, wenn ihr die Landstraße überquert und den Weg zur Neunkircher Höhe hinaufsteigt: Ein paar Meter außerhalb des Dörfchens steht eine Sonnenliege, von der aus sich ein atemberaubendes Panorama bis zum

Hier ist schon manch ein Ausflug ausgeartet: »Zum Grünen Baum« in Neunkirchen

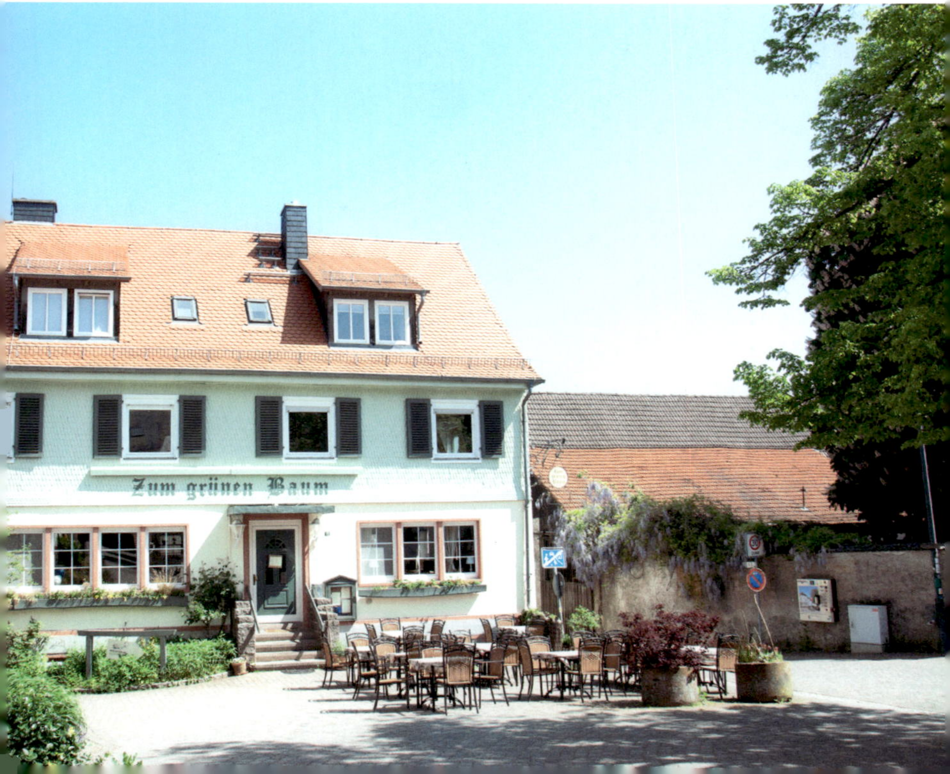

Taunus und auf die Frankfurter Skyline eröffnet. Inmitten einer duftenden Heuwiese liegt euch die Welt hier buchstäblich zu Füßen, und es fällt schwer, sich loszureißen … Aber es lohnt sich, denn im Wald oberhalb von Neunkirchen gibt es noch viel zu entdecken.
Wenn ihr dem Wanderweg J1 links an einer privaten Hofeinfahrt vorbei folgt, könnt ihr in kurzer Folge nacheinander den Radarturm, die Gersprenzquelle und den Kaiserturm besichtigen.
Der Radarturm auf der Neunkircher Höhe funktioniert so ähnlich wie ein Leuchtturm, nur für Luft- statt für Wasserschifffahrt. Auf seiner Spitze dreht sich eine gewaltige Schüssel, die ein Signal aussendet, das den Flugzeugen beim Landeanflug auf den Frankfurter Flughafen hilft. Bis in die 1990er Jahre hinein war das große Gebäude noch täglich bemannt, heute funktioniert es vollautomatisch und wird nur noch zu Wartungszwecken von Menschen besucht.

»Hattu Möhrchen?« Begegnung am Waldrand mit einem hoffnungsvollen Pferd

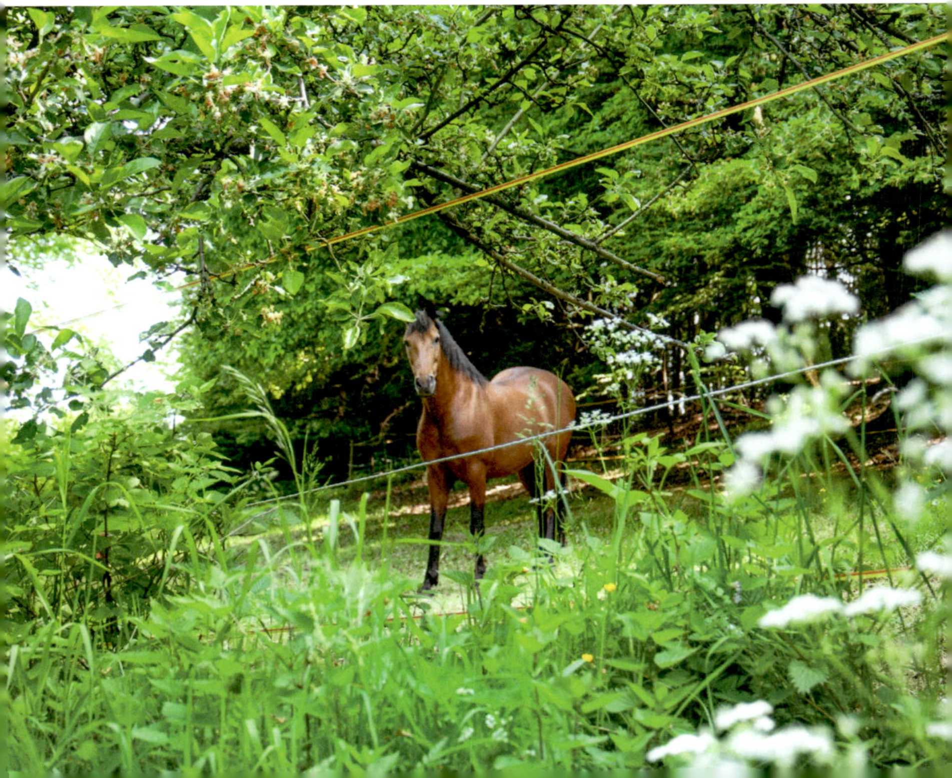

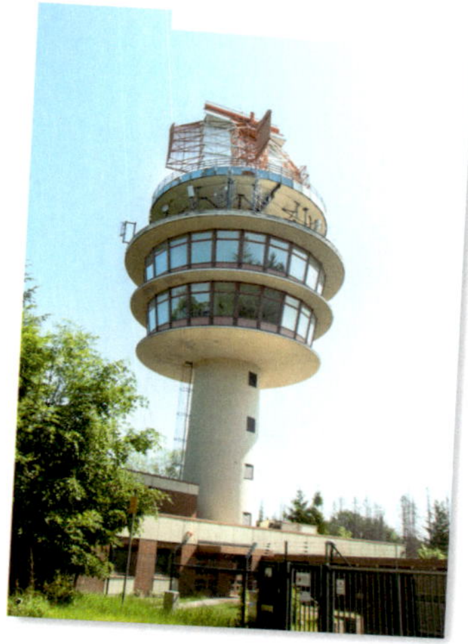

Wenn ihr dem Weg weiter durch den Nadelwald folgt, stoßt ihr bald auf die Gersprenzquelle. Hier entspringt ein kleines Wasser auf dem Gipfel der Neunkircher Höhe; Parkbänke laden zum Verweilen ein. »Ohne dich, klein und schlicht, gäb es unsere Gersprenz nicht«, steht auf einem Schild zu lesen. Die Quelle ist leider nicht eingefasst, nur eine Pfütze auf dem Boden, und deswegen nur bedingt zum Auffüllen von Wasserflaschen geeignet. Noch ein kleines Stück weiter durch den Wald wartet der Kaiserturm auf euch und mit ihm die höchstgelegene Wirtschaft des ganzen Odenwalds. Die Neunkircher Höhe liegt auf 605 Metern über dem Meeresspiegel, Rimdidim auf 498 Metern und Germannshöhe auf 517 Metern. So richtig runter ins Tal steigt ihr auf dieser Tour also zu keinem Zeitpunkt.

DER AUS HELLGRAUEN GRANITBLÖCKEN ERBAUTE KAISERTURM STAMMT AUS DEM FRÜHEN 20. JAHRHUNDERT UND IST AM WOCHENENDE BEWIRTSCHAFTET. DER APFELWEINKUCHEN IST LEGENDÄR! UND DER AUFSTIEG AUF DEN AUSSICHTSTURM EIN MUSS.

Über den Alemannenweg könnt ihr nach Rodenstein zurücklaufen. Der Weg ist ein bisschen kürzer und weniger anstrengend als der Hinweg über den Rimdidim, aber auch hier gibt es wieder einiges zu entdecken. Der Weg mit der Markierung durch ein rotes A führt euch von der Gersprenzquelle aus sanft bergab durch den Wald. Ihr überquert die Landstraße beim Naturparkplatz Weinweg und die Wiese auf der Germannshöhe. Dann stößt der Weg auf eine Kreuzung (Wanderweg 5 bzw. S2): Scharf links dem Weg S2 folgend ginge es jetzt wieder hinauf auf den Gipfel Rimdidim; halblinks dem Alemannen-

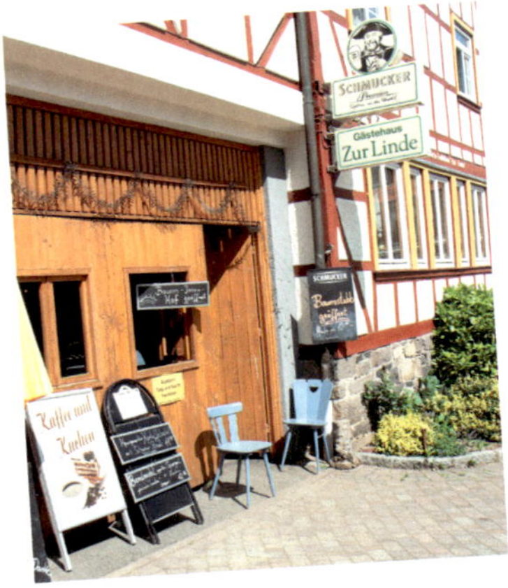

SCHAUT DOCH MAL REIN!

weg folgend ist der kürzeste Weg zurück nach Rodenstein, aber wer noch Lust auf ein Abenteuer hat, geht hier scharf nach rechts.

Denn ein paar Meter weiter im Wald liegt der sagenumwobene WILDWEIBCHENSTEIN 3. Der riesige Felsen war einst die Heimat wilder Frauen, die keine Lust hatten, sich in eine Dorfgemeinschaft zu integrieren, und ist heute noch prädestiniert für eine abenteuerliche kleine Kletterpartie. Immer wieder finden hier auch sprichwörtlich sagenhafte Events statt, und jährlich zu den Reichelsheimer Märchen- und Sagentagen wird der Wildweibchenpreis für die besten MärchenerzählerInnen vergeben. Wenn ihr dem Weg weiter folgt und die scharfe Abzweigung nach links auf den Wanderweg 6 nehmt, könnt ihr euch auch noch den Fallenden Bach anschauen – einen der wenigen Wasserfälle des Odenwalds und gleichzeitig der höchste: Er stürzt direkt neben dem Wanderweg über einen acht Meter hohen Felsen.

Von dort ist es nicht mehr weit zurück zur Burgruine Rodenstein, wenn ihr einfach dem Weg folgt und oberhalb der Burg wieder rechts auf den Alemannenweg abbiegt. Wer aber auf das Gekraxel über die Downhill-Trails oberhalb der Burgruine nach der langen Wanderung keine Lust mehr hat, kann den etwas längeren, aber dafür bequemeren Weg mit der Markierung 1 nehmen und dann am Waldrand wieder scharf rechts abbiegen, auf den Alemannenweg zurück, wo das romantische HOFGUT RODENSTEIN 4 am Wochenende noch auf ein wohlverdientes Feierabendbier auf der kletterpflanzenumrankten Terrasse einlädt.

Alles, was ihr wissen müsst

Rundtour: bis auf die Kletterei oberhalb der Burg Rodenstein meist bequeme Waldwege // anspruchsvolle Navigation // Fotoapparat mitnehmen und auf Social Media eine Neiddebatte auslösen // ganze Rundtour **nicht kinderwagentauglich** (mit kleinen Kindern lieber Hofgut Rodenstein mit Burg Rodenstein kombinieren oder Neunkirchen mit Kaiserturm)

Markierung: nicht einheitlich, bitte Text und/oder GPS beachten

Entfernung von: Darmstadt: 30 Kilometer // Mannheim: 46 Kilometer
ÖPNV: nicht empfehlenswert, es gibt aber eine Busverbindung nach Neunkirchen
Auto: Parkplatz am Hofgut Rodenstein

Einkehr: **Hofgut Rodenstein,** An der Burgruine, 64407 Fränkisch-Crumbach, hofgut-rodenstein.de // Cafés und Gasthäuser in Neunkirchen

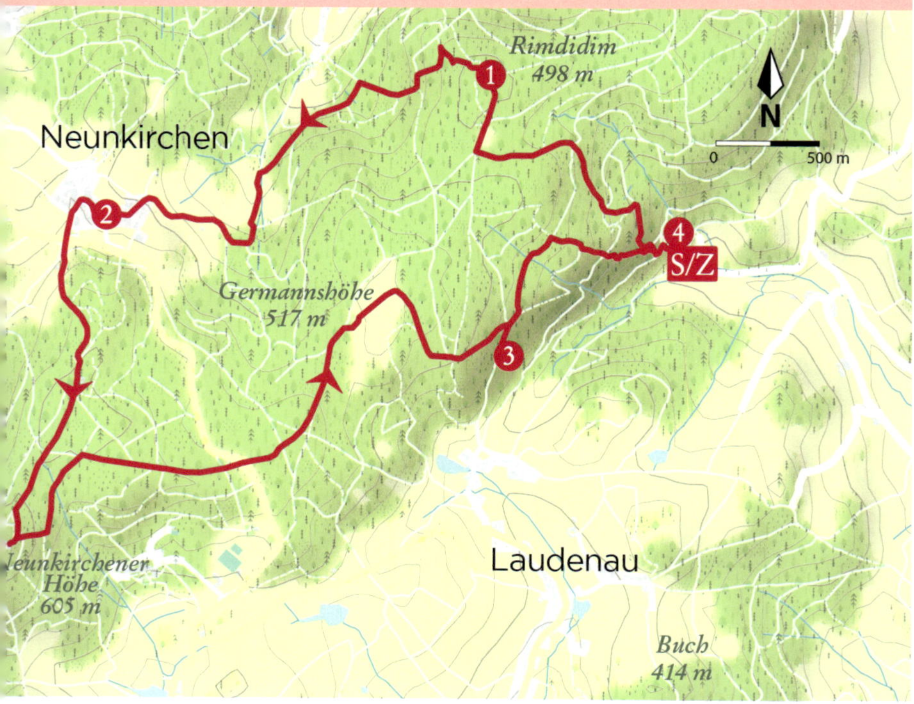

Wunderschönes Miltenberg

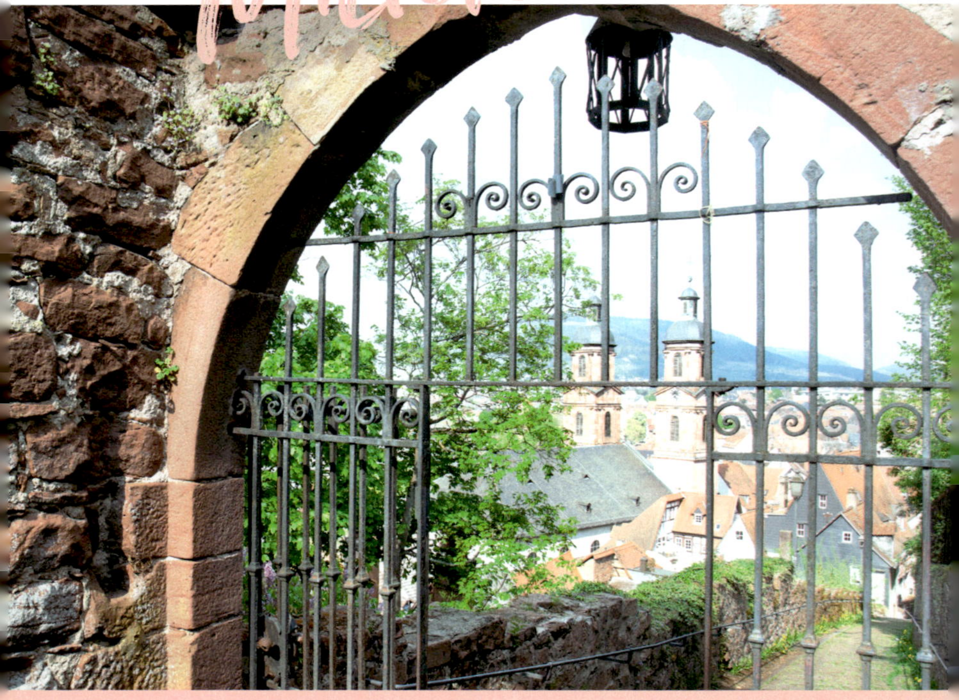

Schwierigkeit: mittel // 6 Kilometer // 300 Höhenmeter
Für Familien mit Kindern geeignet

AN DER GRENZE ZUM SPESSART ZEIGT DER ODENWALD SO RICHTIG, WAS ER KANN

Das Städtchen Miltenberg liegt am Mainufer, genau an der Grenze zwischen Spessart und Odenwald. Ihr könnt auf der Odenwald-Seite direkt am Ufer in der Innenstadt parken. Der Parkplatz hat ein innovatives, etwas gruseliges Konzept, um die Parkgebühren abzurechnen: Bei der Einfahrt wird das Nummernschild fotografiert, und eine Ausfahrt ist nur unter Angabe des Kennzeichens und Entrichtung der entsprechenden Gebühren möglich. Das hat allerdings den Vorteil, dass ihr weder zum Auto zurücklaufen müsst, nur um ein Zettelchen hinter die Windschutzscheibe zu legen, noch in regelmäßigen Abständen hektisch in euren Taschen kramt, um zu sehen, ob die Karte für den Parkautomaten noch da ist. Umweltbewusstere Wanderer reisen ohnehin mit öffentlichen Verkehrsmitteln an: Miltenberg hat auch einen Bahnhof.

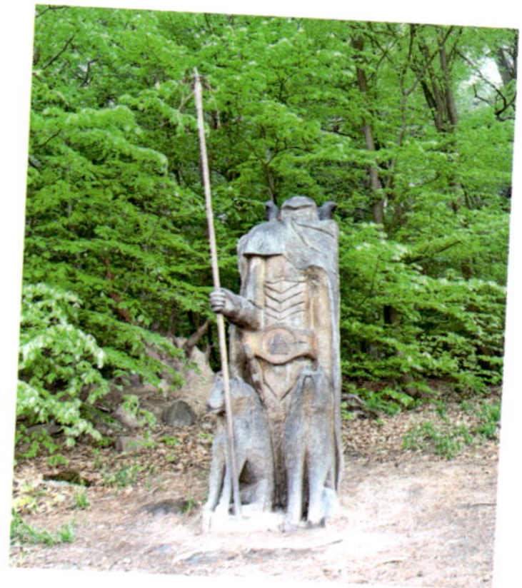

ODIN BEWACHT SEINEN WALD

MILTENBERG BESTEHT AUS ROTEM BUNTSANDSTEIN, HISTORISCHEM FACHWERK, EINER BAROCKKIRCHE UND EINER BURGRUINE UND SCHMIEGT SICH WIE EIN KÄTZCHEN ZWISCHEN DIE HÜGEL AM FLUSS. EINE BRÜCKE MIT TORTURM SPANNT SICH ÜBER DEN MAIN.

Die Stadt trägt den Namen »Genussort Bayern« zu Recht, denn sie ist nicht nur wunderschön, sondern hat auch gastronomisch einiges zu bieten. Die Piazza Solona am Mainufer beispielsweise kann deutlich mehr als nur Pizza; ganze Präsentkörbe mit Feinkost lassen sich hier erwerben. Von dort überquert ihr die Straße und gelangt in eine Altstadt, die sich locker mit den ganz berühmten,

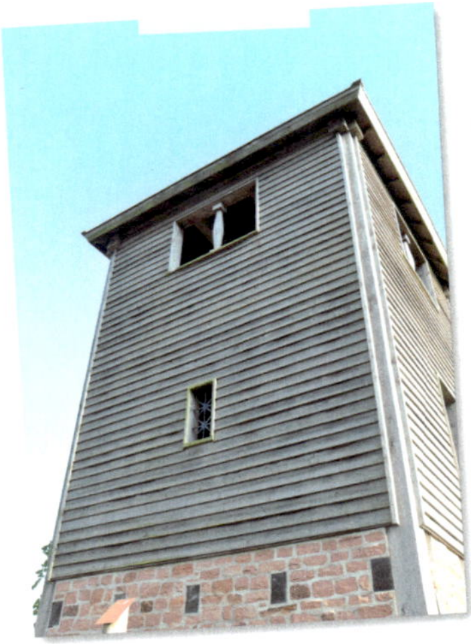

extrem romantischen deutschen Altstädten wie Heidelberg oder Rothenburg ob der Tauber messen kann. Hier steht auch das Hotel Zum Riesen, das von sich behauptet, das älteste Gasthaus Deutschlands zu sein. Tatsächlich besiedelten schon die Römer und davor die Kelten das Mainufer in dieser Gegend; in der Antike scheint das Gasthaus zum Riesen eine Art Kutschen-Drive-In gewesen zu sein, lange bevor die Miltenberger Altstadt entstand. Die entwickelte sich wohl erst mit der Befestigung der Milden Burg oben am Hang, zu der ihr von der Hauptstraße aus über eine Treppe hinaufsteigen könnt (rechts in den Burgweg abbiegen). Von der äußeren Burgmauer ist nur ein einzelnes Tor übrig geblieben. Vor diesem biegt ihr links ab und steigt erst mal hinauf zum KLEINEN FELSENMEER 1.

Mit dem Großen Felsenmeer bei Reichenbach kann es zwar nicht mithalten, aber bemerkenswert ist, wie sorgsam und liebevoll der Wald hier mit Sitzbänken, Spielgeräten und Wegmarkierungen eingerichtet ist. Dieser Streckenabschnitt eignet sich auch super für eine Wanderung mit Kindern. Wenn ihr den Hang weiter hinaufsteigt, erschließt sich das Konzept: Auf dem Weg hinauf zum Greinberg windet sich der Wanderweg in den weiten Serpentinen eines breiten, bequemen Forstwegs. Diese werden aber durchschnitten von einem Trail für Mountainbiker, der steil den Hang hinunterführt und von Fußgängern gar nicht begangen werden darf. Jede Kreuzung mit dem Forstweg bietet eine kurze Pausenmöglichkeit für die Downhill-Biker, die hier auf diesem Quellenweg-Trail eine Menge Spaß haben. Dass ein Outdoor-Konzept Wanderern und Mountainbikern gleichsam so gerecht wird, sieht man selten.

Quellenweg heißt der Trail, weil ihr hier auch an der sogenannten ZWILLINGSQUELLE 2 vorbeikommt. Die ist seit 1894 in ein

Mauerwerk eingefasst, und es erfordert etwas Mut, in das dunkle Loch hineinzukraxeln, um die Wasserflasche wieder aufzufüllen. Aber es lohnt sich, denn das Quellwasser schmeckt köstlich. Gestärkt steigt ihr auf zum Gipfel des Greinbergs, wo die Überreste keltischer Ringwälle und eine lokale Besonderheit zu finden sind: Hier wurde der sogenannte TOUTONENSTEIN 3 gefunden, der hangabwärts im Miltenberger Stadtmuseum zu besichtigen ist. An diesem geheimnisvollen, fast fünf Meter hohen Fundstück haben sich schon Generationen von Archäologen die Zähne ausgebissen.
Von Miltenberg aus führt auch der Limeswanderweg weiter östlich bis nach Gottersdorf; und bei Vielbrunn ist ein kompletter Limes-Wachturm originalgetreu wieder aufgebaut worden. Für Fans der römischen Kultur ist hier also einiges geboten. Doch ihr biegt wieder ab nach Norden und steigt den Hang hinab zurück in Richtung der

Schnitzerei am Wegrand: Wenn das auch Odin sein soll, hat er aber ein Auge zu viel!

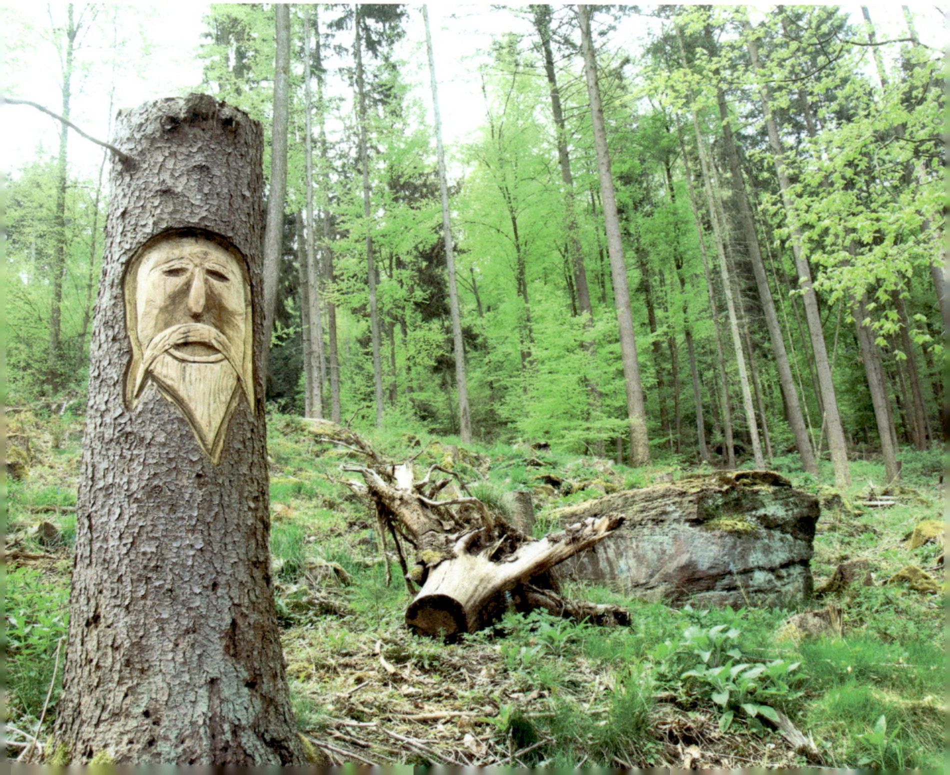

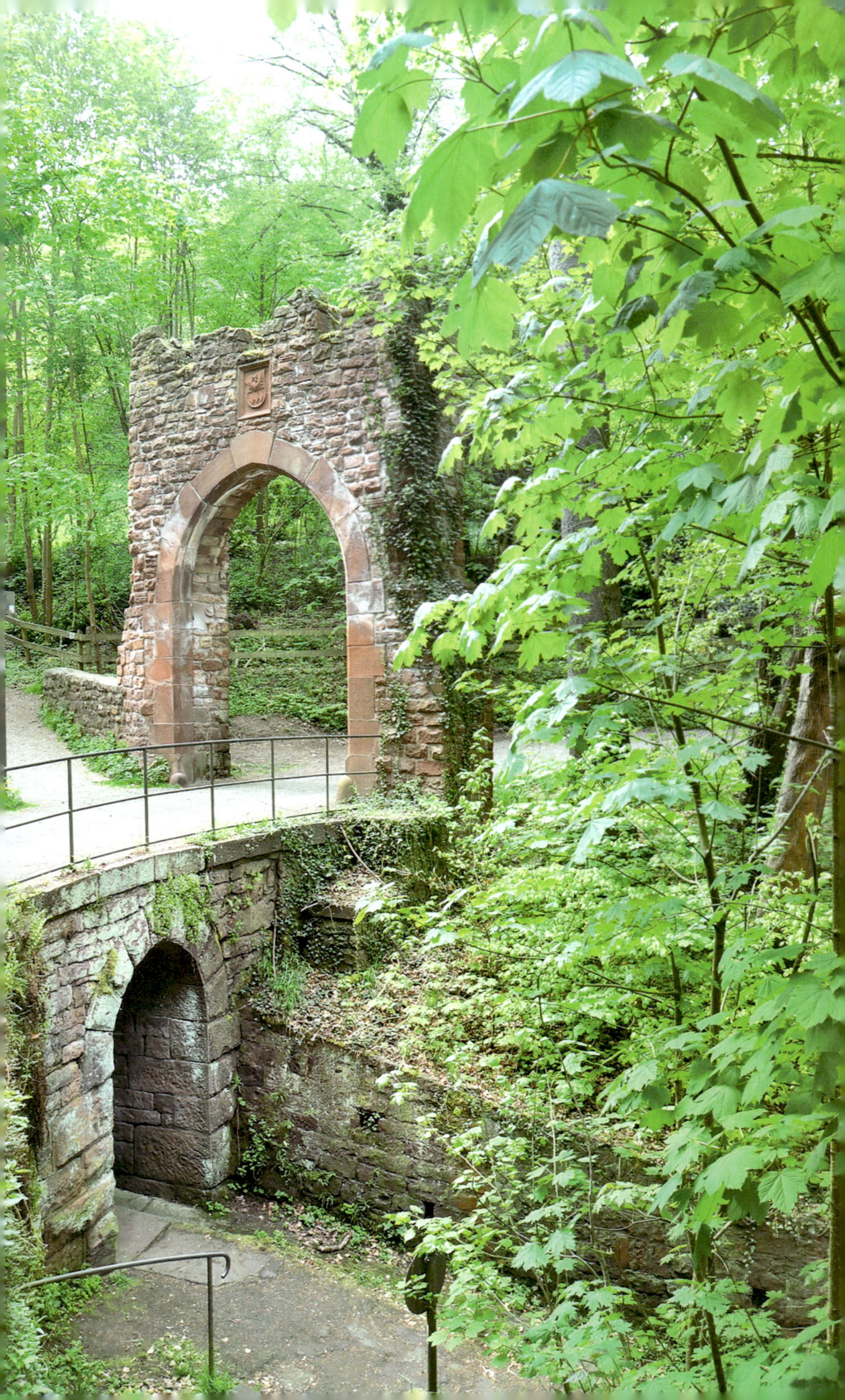

Miltenberger Altstadt, wobei ihr euch zunächst an dem roten N des Nibelungensteigs orientiert. Hier müsst ihr bei der Navigation besonders gut aufpassen, denn mit dem roten N markiert ist nicht etwa ein breiter Forstweg, sondern ein kleiner Trampelpfad im Tannengehölz, den ihr leicht übersehen könnt. Wenn ihr alles richtig gemacht habt, stoßt ihr schließlich auf den Wanderweg M1, auf den ihr rechts abbiegt und der am Hang entlang zur Burgruine führt. Der Ausblick über das Maintal in den Spessart hinein ist wirklich einmalig: Wie ein Balkon führt dieser Wanderweg am letzten Hügel vor dem Flusstal entlang, von dem sich der Blick in den Spessart hinein eröffnet.

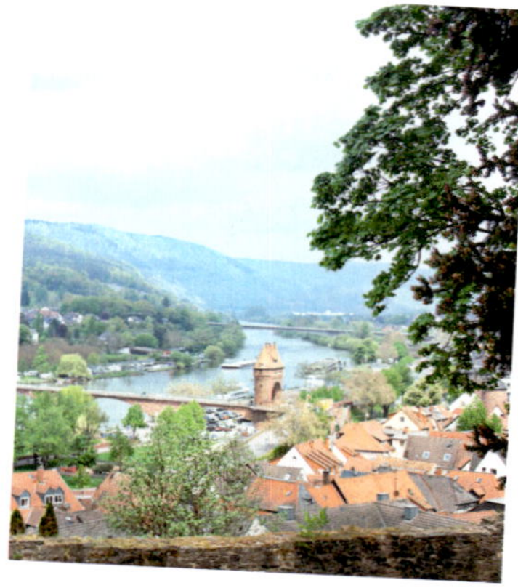

SCHÖNER WIRD'S NICHT

HELLGRÜN DIE FLUSSAUEN, DUNKELGRÜN DIE SPESSARTHÜGEL AM HORIZONT, DAZWISCHEN LEUCHTEN WEISSE HÄUSER UND DAVOR BESCHREIBT DER FLUSS EINEN BOGEN WIE EINE MELODIE. MILTENBERG, YOU BREAK MY HEART.

Die MILDE BURG 4 selbst ist gerade frisch renoviert worden und dient als Kultur-Location. Im Palas ist ein Museum für Ikonen und zeitgenössische Kunst untergebracht. »Ganz schön junges Mittelalter« ist passenderweise der Claim des sehr professionellen Stadtmarketings: Verglichen mit der ebenfalls gut dokumentierten Antike ist das Mittelalter wirklich noch nicht lange her. Gegenüber der Burg findet ihr zwei große Holzstatuen am Waldrand. Sie stellen den germanischen Göttervater Odin sowie seine Gattin Frigga dar (wobei Odin, wie es sich für einen Göttervater gehört, außer ihr noch mit vielen anderen Frauen Kinder zeugte – unter anderem mit neun verschiedenen Riesinnen ein einziges Kind, nämlich Heimdall, den ihr vielleicht aus den Marvel-Filmen als Hüter der Regenbogenbrücke kennt). Nach diesem Schwerenöter ist der ganze Odenwald benannt, der eigentlich mal »Odins Wald« hieß. Ob der Göttervater hier wirklich mit seinen Wölfen jagte, ist nicht bekannt, und wahrscheinlich wurde er hier in vorrömischer Zeit nicht mal verehrt: Die Kelten hatten schließlich ihre eigenen Götter. Wahrscheinlich stand an der Stelle, wo heute die Odin-Statue steht, früher mal ein Teutates-Heiligtum.

Das letzte Stück Abstieg von der Burgruine zum Mainufer führt euch über das sogenannte Schnatterloch, was ein wirklich charmanter und passender Name für den kleinen Marktplatz vor der Stadtpfarrkirche ist, denn bei schönem Wetter sitzen Touristen und Bürger im Außenbereich der Cafés und, na ja, schnattern. Das Café Mocha sticht ins Auge, denn es wird von einer »Chef Diplom Kaffeesommelière« betrieben, wie auf einem Schild zu lesen steht. Wenn ihr euch vom Genussort Bayern angemessen verabschieden wollt, empfiehlt es sich, hier noch einen Kaffee zu trinken. Das hier, direkt an der Grenze zum Spessart, ist wirklich der beste Kaffee des Odenwaldes. Sorry, Hof-Kaffee-Meister in Lindenfels. Außerdem lohnt es sich, sich die schönen kleinen Fachwerkhäuser genau anzuschauen: von interessanten Deko-Elementen bis hin zu Inschriften, die das Handwerk verherrlichen, ist alles geboten. Auf einer alten Metzgerei steht geschrieben: »Was müßt dafür ich tun? Zu bleiben voll in Schwung! Oh, blieb doch lang ich jung! Nicht vergessen: Fleisch, Wurst zu essen.«

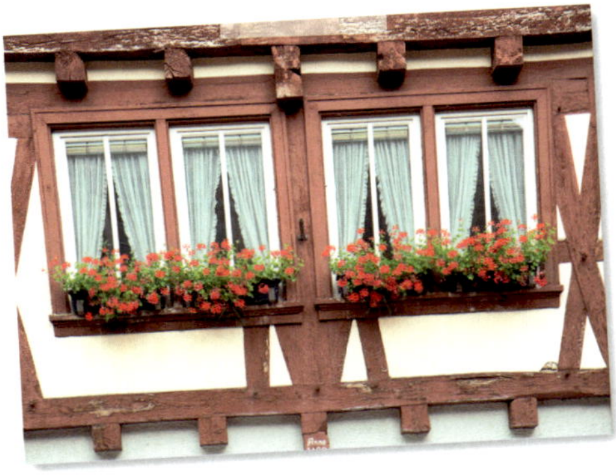

Alles, was ihr wissen müsst

Rundtour: kurze Strecke, aber durch die heftige Steigung und die teilweise problematische Navigation trotzdem eine Herausforderung // mit kleineren oder sehr lauffaulen Kindern auf Felsenmeer und Milde Burg beschränken // **nicht kinderwagentauglich**

Markierung: kleine gelbe Fußabdrücke auf dem Weg durchs Kleine Felsenmeer // rotes N ab Greinberg // M1 von West nach Ost in die Altstadt zurück

Entfernung von: Aschaffenburg: 40 Kilometer // Würzburg: 75 Kilometer
ÖPNV: ab Aschaffenburg RE 87 & RB 88 nach Miltenberg
Auto: Parkplatz gegenüber vom Campingplatz MainCamping, Josef-Wirth Straße 1, 63897 Miltenberg

Einkehr: **Piazza Solona,** Mainstraße 50, 63897 Miltenberg, solona.menu // **Hotel Zum Riesen**, Hauptstraße 97, 63897 Miltenberg, www.hotel-riesen-miltenberg.de // **Café Mocha,** Hauptstraße 162, 63897 Miltenberg, www.cafe-mocha.de

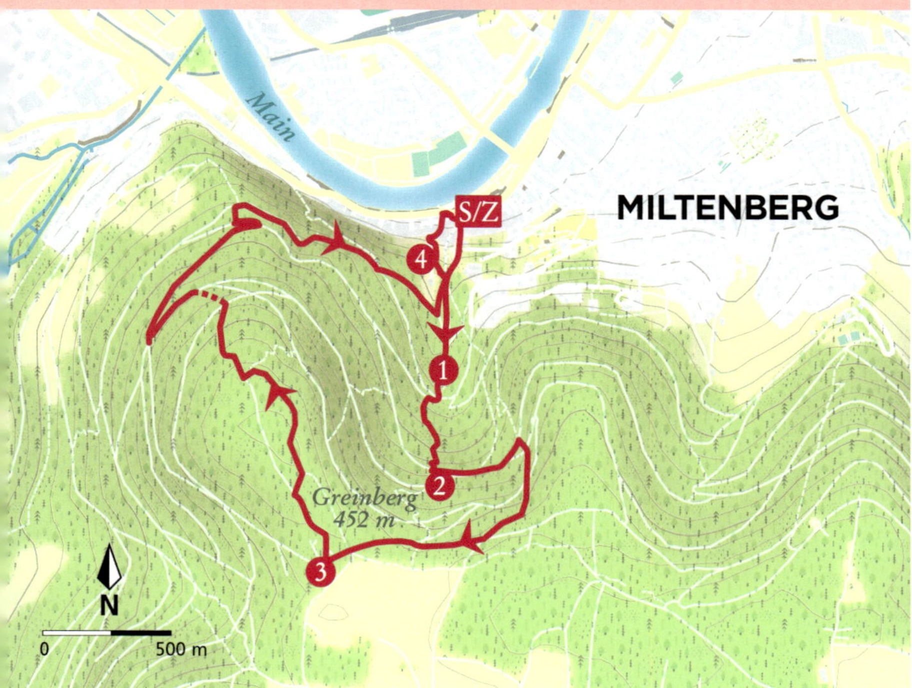

Von Heimbuchenthal zum Märchenschloss

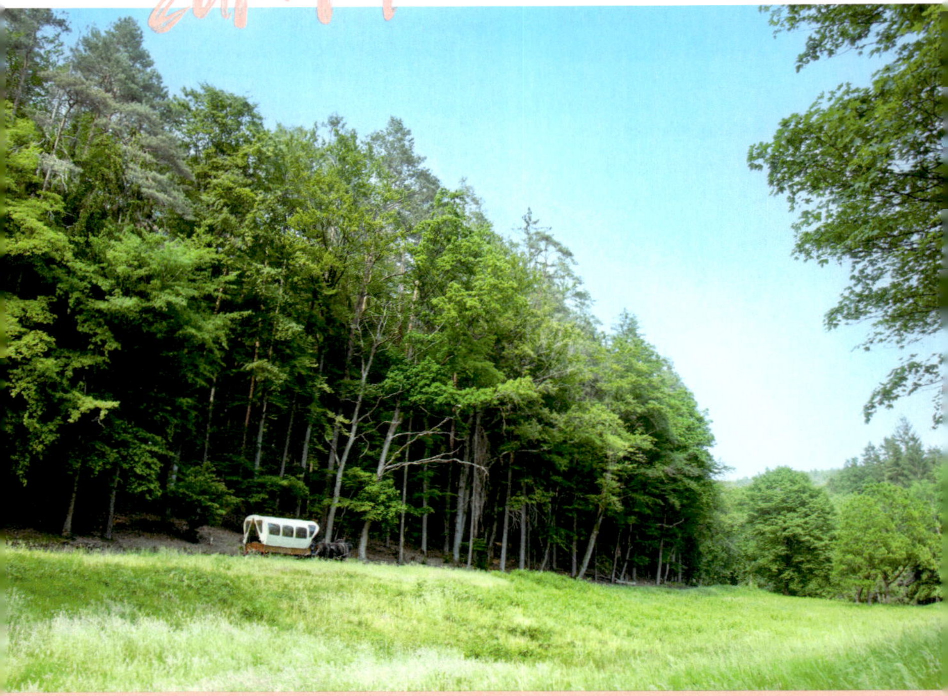

Schwierigkeit: schwer // 15 Kilometer // 400 Höhenmeter
Für Familien mit Kindern nicht geeignet

DAS IDYLLISCHE ELSAVATAL VERDIENT ES, AUSFÜHRLICH ERKUNDET ZU WERDEN

Der Ort Heimbuchenthal ist ein Paradies für Outdoor-Enthusiasten. Bei der Anreise mit dem Auto ist der Bereich rund um den Alten Bahnhof ein sinnvolles Ziel: Hier gibt es einen riesigen Parkplatz mit Wohnmobilstellplätzen, einen großen Kinderspielplatz, einen Musikpavillon, öffentliche Toiletten, Busanbindung und jede Menge Infotafeln mit Tourenvorschlägen für Wanderer und Mountainbiker. In Heimbuchenthal findet ihr einen Nordic-Walking-Parcours, und ein örtlicher Mountainbike-Club hat sich richtig ins Zeug gelegt und lokale Sponsoren gesucht für ausgebuffte MTB-Routen, die auch als GPS-Datei heruntergeladen werden können.

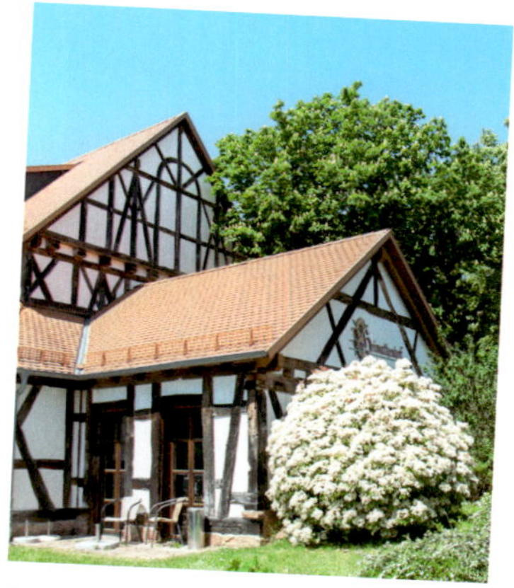

VOLLER BLÜTE: DER HEIMATHENHOF

Ihr wollt aber wandern, überquert dafür die Hauptstraße und geht die Straße Schießecke entlang, bis ihr links in den Birkenweg abbiegen könnt. Der folgt ihr unterhalb des Sportvereins und biegt unter dem alten Panoramahotel in einen kleinen Trampelpfad ein. Vorbei an Pferde- und Schafweiden führt euer Weg am Ortsrand entlang den Hang hinauf, bis sich die Wiesen öffnen und ihr der (kaum befahrenen) Landstraße ein Stückchen folgen könnt. Oben auf der Höhe findet ihr den HEIMATHENHOF 1.

DAS ALTE GEHÖFT LIEGT AM WALDRAND WIE DAS KRONJUWEL IN EINEM DIADEM. URSPRÜNGLICH GEHÖRTE ES DER FAMILIE ECHTER VON MESPELBRUNN, DIE AUCH DAS WASSERSCHLOSS IN MESPELBRUNN ERRICHTEN LIESS. DER HOF WURDE VOR KURZEM AUFWENDIG RESTAURIERT.

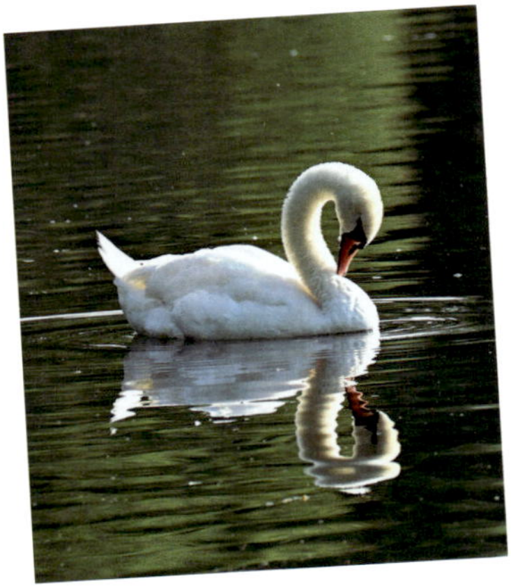

SCHNEEWITTCHEN PUTZT SICH

Der Wanderweg mit der Markierung durch ein rotes Kreuz führt euch weiter am Waldrand entlang bis zum Ortsrand von Volkersbrunn. Dort haltet ihr euch rechts (Weg Nr. 3) und steigt auf zur KAPELLE HERRIN DER BERGE 2. Ein Bürger aus der Region, der im 19. Jahrhundert auf See in einen schweren Sturm geriet und in Todesangst schwor, eine Kapelle zu errichten, wenn er überleben sollte, errichtete das kleine Gotteshaus. Unter der alten Kastanie, die die Kapelle beschützt, lässt es sich hervorragend rasten und dabei den Blick auf die Hügel genießen – denn, ganz ehrlich, diese Kapelle ist eher die Herrin von Hügeln als von Bergen.

Vom Ortsrand Volkersbrunn aus schlagt ihr den Spessarträuberland-Weg 3 ein, der leicht an dem Räuberhut mit der roten Feder zu erkennen ist. Unterhalb der Polhöhe könnt ihr am Wanderheim vorbei in das Tal absteigen, in dem die große Sehenswürdigkeit des Spessarts liegt: SCHLOSS MESPELBRUNN 3. Auf dem Weg dorthin liegt ein Supermarkt bei der Mündung des Krebsbaches in die Elsava; dort könnt ihr euch mit einem Picknick eindecken, sofern es nicht Minusgrade hat oder Hunde und Katzen regnet – denn später auf dieser Wanderung kommt ihr noch am Buttenbrunnsee vorbei, der besten Picknickstelle der Welt. Von den Gasthäusern rund um das Mespelbrunner Schloss haben erstaunlich viele überlebt; wenn ihr also lieber in einem Restaurant essen gehen wollt, tut es am besten hier. Entlang der Schlossallee stoßt ihr zum Beispiel auf den Fränkischen Landgasthof Elsavatal und auf Rüger's Forstgut. Dann aber auf zum Schloss: Gefühlt jeden einzelnen Spessart-Wanderführer

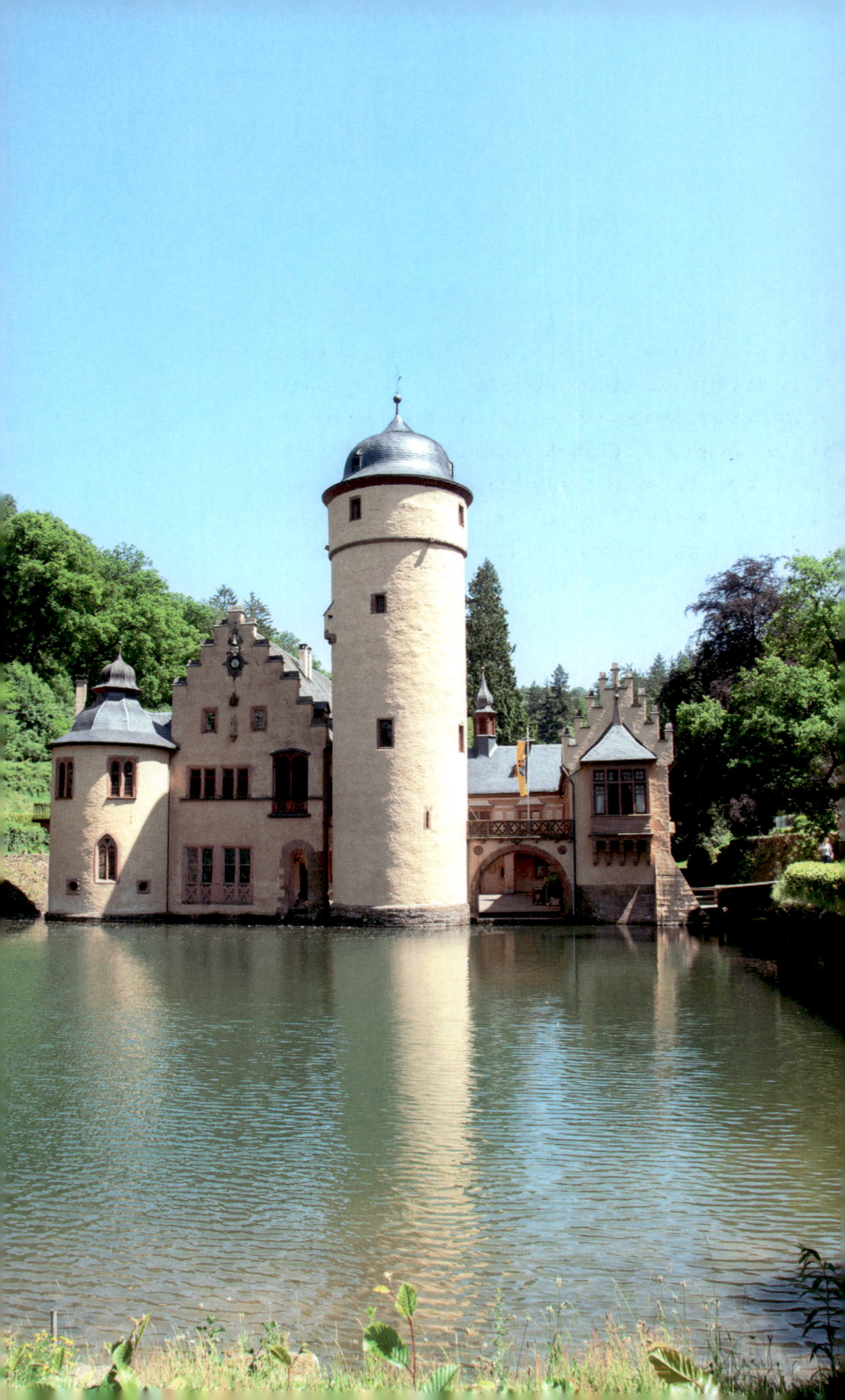

und jede einzelne Postkarte aus dem Spessart ziert das Bild des Wasserschlosses von Mespelbrunn. Aber obwohl es so totfotografiert wurde, vermag es immer noch zu verzaubern, wenn seine gelben Türme zwischen den Bäumen auftauchen.

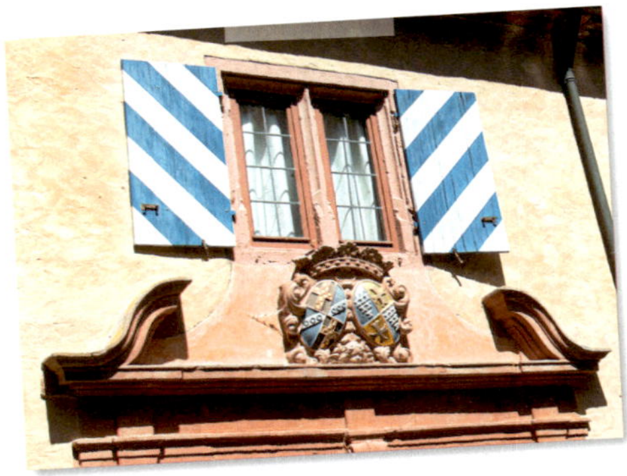

DAS RENAISSANCE-ENSEMBLE AUS DEM 16. JAHRHUNDERT HÄTTE FÜR SICH GENOMMEN SCHON EINEN UNWIDERSTEHLICHEN REIZ, ABER DANN LIEGT ES AUCH NOCH AM UFER EINES KLEINEN TEICHS, AUF DEM SCHWÄNE SCHWIMMEN, UND WIRD DARIN SPIEGELBILDLICH VERDOPPELT. EIN MÄRCHENHAFTER ORT.

Das Gelände kann nur gegen Gebühr betreten werden; ein Teil des Schlosses ist immer noch bewohnt und ein anderer von März bis November für Führungen freigegeben. Die Führung ist im Eintrittspreis enthalten. Dabei lernt der Besucher viel über die Familie Echter, die als Ritter zum deutschen Adel gehörten und denen der Bischof von Mainz (der euch im Spessart noch öfter begegnen wird) das Landgut im 15. Jahrhundert schenkte. Mitte des 16. Jahrhunderts bauten Peter III. Echter und seine Gemahlin Gertrud von Adelsheim das Schloss im Renaissancestil um, so wie es heute noch aussieht und weltweit bekannt wurde.
Der Innenhof des Schlosses ist von geradezu entrückter Schönheit. Ihr lernt die Namen der beiden Schwäne auf dem Teich kennen (einer der aktuellen Teichbewohner heißt »Schneewittchen«) und müsst die Wanderrucksäche in einem Nebenraum ablegen. Während der Führung versteht ihr auch, warum: Die Räume, die ihr besich-

tigen dürft, sind geradezu vollgestopft mit Antiquitäten, Seltsamkeiten und Artefakten. In einem Raum liegt auf dem Boden das Fell des (vorerst?) letzten Bären, der im Spessart geschossen wurde, in einem anderen ist ein echter Schrumpfkopf zu besichtigen. Persönlicher Favorit ist ein riesiges Wandgemälde, das eine Jagdszene in Öl darstellt. Der Künstler hatte bereits einen Bären gemalt, als die Familie entschied, dass es doch ein Wildschwein sein soll. Der Maler versuchte, das Tier umzumalen, und heraus kam etwas, was sich nicht mehr identifizieren lässt. So geht es vielen Menschen bei der Arbeit mit ihren Projekten.

Ihr bekommt eure Rucksäcke wieder und lasst die Kuriositätensammlung hinter euch. Hinter dem Schloss führt euer Weg links am Pferdestall vorbei noch ein kleines Stückchen ins Krebsbachtal hinein, dann biegt er nach rechts den Hang hinauf ab. Über den Stei-

Der Gute Hirte: Kurze Meditation vor dem Schloss Mespelbrunn

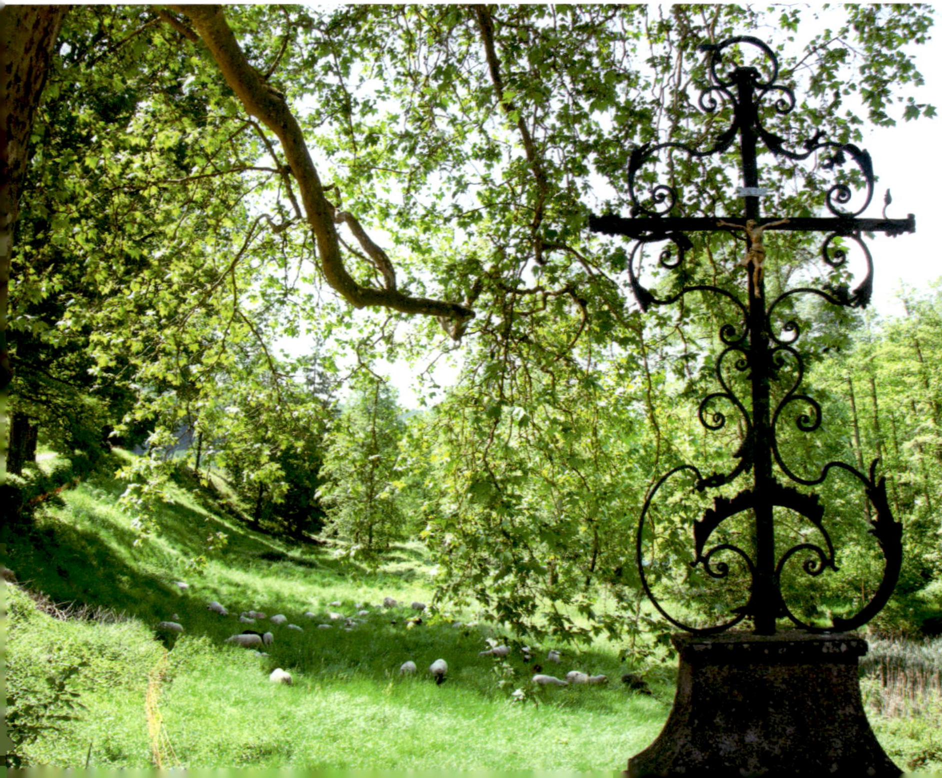

nigerberg, der so steinig gar nicht ist, führt euer Weg zurück nach Heimbuchenthal. Hier findet ihr eine alte Kirche im Rokokostil, die St. Martinskirche, und ein Wasserrad, das vom einst lebhaften Mühlenbetrieb in Heimbuchenthal zeugt. Nach dem Abstieg in das Tal geht es über die Straße Am Waldeck wieder nach links und bergauf. Von der Sackgasse im Wohngebiet führt ein bequemer Wanderweg zwei Kilometer lang weiter am Hang entlang, der vom Waldrand aus einen schönen Blick auf Heimbuchenthal und das Elsavatal zu bieten hat. Bevor ihr wieder zum Parkplatz am Alten Bahnhof absteigt, lohnt sich noch ein Abstecher zum BUTTENBRUNNSEE 4 hinter dem Sportplatz.

DIESER IDYLLISCHE WALDSEE MIT GRASBEWACHSENEN UFERN IST AUCH EIN BELIEBTES ZIEL FÜR MOUNTAIN-BIKER UND KAM IN DEM FILM »HIDDEN TRAILS« VOR. EIN TRAUMHAFTES PLÄTZCHEN FÜR EINE RAST, ZUMAL AUCH BÄNKE AUFGESTELLT SIND UND DIE WIESEN ZUM LAGERN EINLADEN.

Wer nach dem Picknick am Buttenbrunnsee immer noch nicht genug hat (vielleicht weil er vom Supermarkt aus mit dem Bus nach Heimbuchenthal gefahren ist, anstatt zu laufen?) kann noch einen Abstecher zum Höllhammer dranhängen: Anstatt die Böschung hinauf zurück zum Sportplatz zu steigen, haltet ihr euch an der Stirnseite des Sees links und biegt nach Süden auf den Weg mit der Nummer 2 ein, der nach kurzer Zeit wieder aus dem Wald hinausführt und zum Talauenweg wird.

Im 19. Jahrhundert war der Gebäudekomplex Höllhammer Hauptsitz der Familie Rexroth, die mit dieser wasserkraftbetriebenen Eisenschmiede so erfolgreich war, dass sie es sich leisten konnte, gleich auch noch eine Schule für die Kinder ihrer Arbeiter zu bauen. Jetzt liegen die schönen Fachwerkbauten ganz verlassen im Wald und geben zu denken: Wie hübsch eine Fabrik doch aussehen kann.

Alles, was ihr wissen müsst

Rundtour: mit Pausen (Schlossführung!) fünf bis sechs Stunden // gute Infrastruktur rund um Schloss Mespelbrunn und am Alten Bahnhof in Heimbuchenthal // **nicht kinderwagentauglich**

Markierung: rotes Kreuz // Weg Nr. 3 // Spessarträuberland-Weg 3 // Kulturweg: goldenes Schiff auf blauem Grund

Entfernung von: Aschaffenburg: 23 Kilometer // Würzburg: 71 Kilometer
ÖPNV: ab Aschaffenburg Bus 40, Haltestelle Bahnhof, Heimbuchenthal
Auto: Parkplatz am Alten Bahnhof in Heimbuchenthal

Einkehr: **Heimathenhof,** Heimathenhof 2, 63872 Heimbuchenthal // **Rüger's Forstgut,** Schlossallee 25, 63875 Mespelbrunn, www.ruegers-forstgut.de // **Fränkischer Landgasthof Elsavatal,** Schlossallee 2, 63875 Mespelbrunn, www.landgasthof-elsavatal-mespelbrunn.de

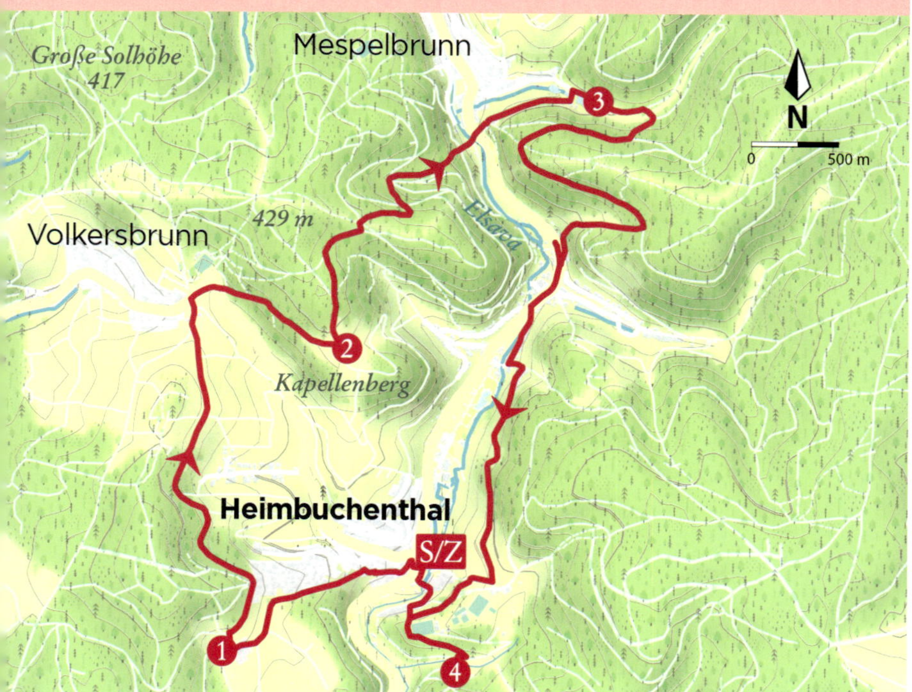

Unter Spessarträubern in Mespelbrunn

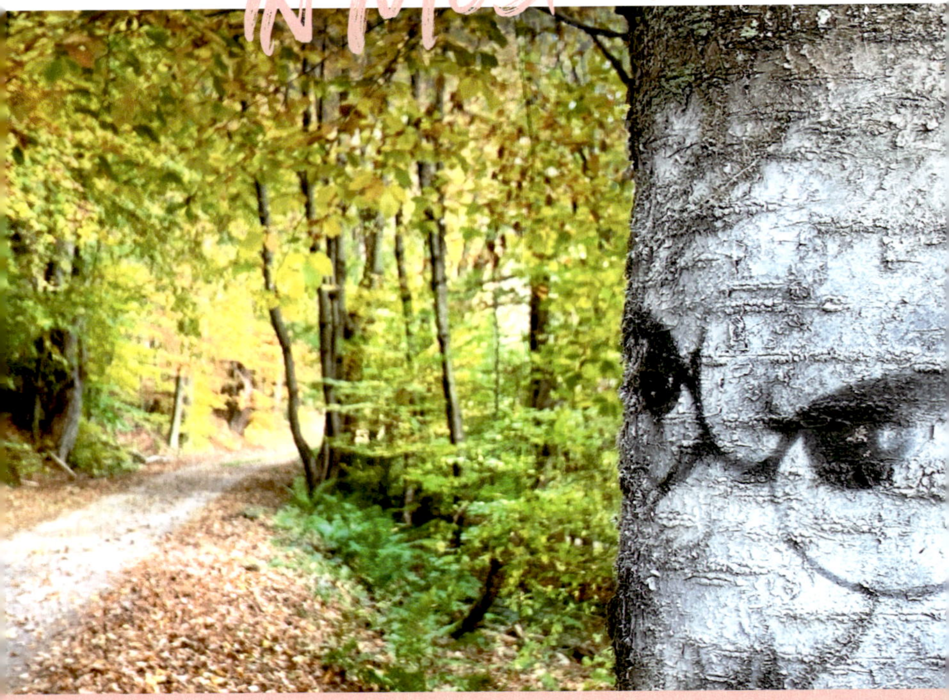

Schwierigkeit: leicht // 10 Kilometer // 280 Höhenmeter

Für Familien mit Kindern geeignet

AUF DEN SPUREN DER RÄUBER DURCH DEN WALD SCHLEICHEN? WAS FÜR EIN ABENTEUER!

Rund um das Schloss Mespelbrunn gibt es einen Erlebniswanderweg für große und kleine Räuber. Die Gegend um Mespelbrunn und Heimbuchenthal vermarktet sich als »Räuberland Spessart« und ist als Qualitätsregion »wanderbares Deutschland« ausgezeichnet. Im Zuge dessen wurde auch diese Wanderstrecke speziell für Kinder angelegt, auf der es hinter jeder Ecke ein Abenteuer zu erleben gibt. Für Babys und Kleinkinder ist der Weg allerdings noch zu weit, Hindernisse wie die Betontreppe am Spielplatz sind mit Kinderwagen nicht zu bewältigen, und vielleicht ist der Weg durch den Wald mit den lauernden Räubern auch ein bisschen zu gruselig. Mit Kleinkindern oder Kinderwagen also lieber nur den letzten Streckenabschnitt im Elsavatal laufen: einmal vom Wanderheim zum Wasserspielplatz und zurück; dafür braucht ihr ungefähr eine Stunde reine Gehzeit.

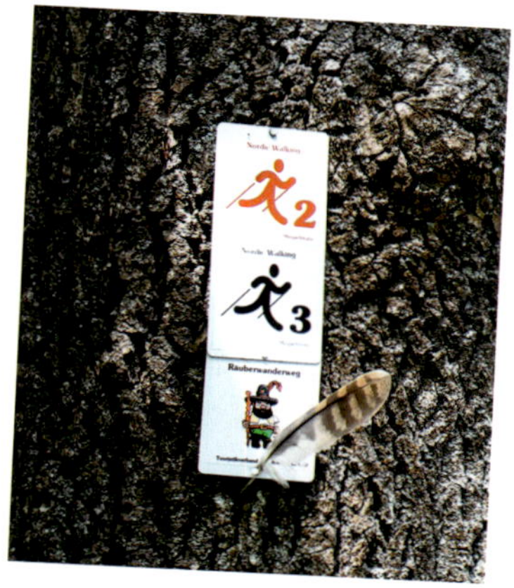

KEINE ANGST, ES GEHT GUT AUS!

Zwar gab es im späten 18. Jahrhundert überall in Deutschland Räuber, aber die Spessarträuber erlangten besondere Berühmtheit durch die Erzählung »Das Wirtshaus im Spessart« von Wilhelm Hauff, die 1828 in seinem Märchenalmanach erschien. Der Räuberwanderweg des Räuberland e.V. ist merklich von dieser Geschichte inspiriert: Am Wanderweg um Mespelbrunn, der mit dem freundlichen Räuberhauptmann Hannes markiert ist und auf dem Weg einige kindgerechte Attraktionen zu bieten hat, sind Hörstationen mit QR-Codes angebracht, an denen ein freundlicher Räuber mit fränkischem Akzent die Handlung der Verfilmung von 1958 nacherzählt. Heimatfilme aus den 1950er Jahren sind unter Kunstfreunden verschrien wegen ihrer Harmlosigkeit, aber gerade deshalb sind sie für

Kinder besonders gut geeignet. Und an Witz und Charme mangelt es dem Film von Regisseur Kurt Hoffmann nicht, was ihn auch für Erwachsene halbwegs erträglich macht. Um der Geschichte an den Hörstationen lauschen zu können, braucht ihr ein internetfähiges Handy. Auch ohne Kinder eine schöne kleine Tour!

Start ist am WANDERHEIM MESPELBRUNN 1, am Ufer der Elsava. Gleich am Anfang rebelliert ihr und folgt nicht der offiziellen Markierung links an der Elsava entlang, sondern geht über die Straße rechts den Hang hinauf (sofern ihr ohne Kinderwagen unterwegs seid) und an der Gruftkapelle vorbei, die aus dem Hang des Hügels ragt, in Richtung des berühmten WASSERSCHLOSSES MESPELBRUNN 2. Das liegt zwar nicht offiziell auf dem markierten Räuberwanderweg, aber direkt daran vorbeizulaufen, ohne wenigstens einen Blick darauf zu werfen, wäre einfach zu schade! Dieses Schloss ist nicht umsonst das Wahrzeichen des Spessarts geworden: Es spiegelt sich im Wasser wie ein echtes Märchenschloss. Außerdem spielt hier der Film »Das Wirtshaus im Spessart« mit Liselotte Pulver – ebenjene Verfilmung von 1958, die an den QR-Code-Stationen nacherzählt wird. Mit ihrem burschikosen Charme ging Liselotte Pulver in die Filmgeschichte ein, und ihre expressive, ans Clowneske grenzende Mimik und Gestik ist zwar noch für deutlich kleinere und verwackeltere Bildschirme gedacht, als sie heutige Fernseher haben – aber auch eben deshalb superlustig für Kinder.

WIE BEREITS IN TOUR 6 BESCHRIEBEN, KÖNNT IHR VON MÄRZ BIS NOVEMBER AUCH EINE SCHLOSSFÜHRUNG MACHEN. ES GIBT ZWAR KEINE EXTRA-FÜHRUNG FÜR KINDER, ABER DIE REGULÄRE FÜHRUNG IST AUCH FÜR KIDS TOTAL SPANNEND. ALS WÜRDE EIN MÄRCHENOPA DIE KINDER AUF DEN DACHBODEN FÜHREN, DIE SCHATZKISTE AUFMACHEN UND IHNEN SEINE UNWAHRSCHEINLICHE LEBENSGESCHICHTE ALS ABENTEURER UND ENTDECKER IM 19. JAHRHUNDERT ERZÄHLEN.

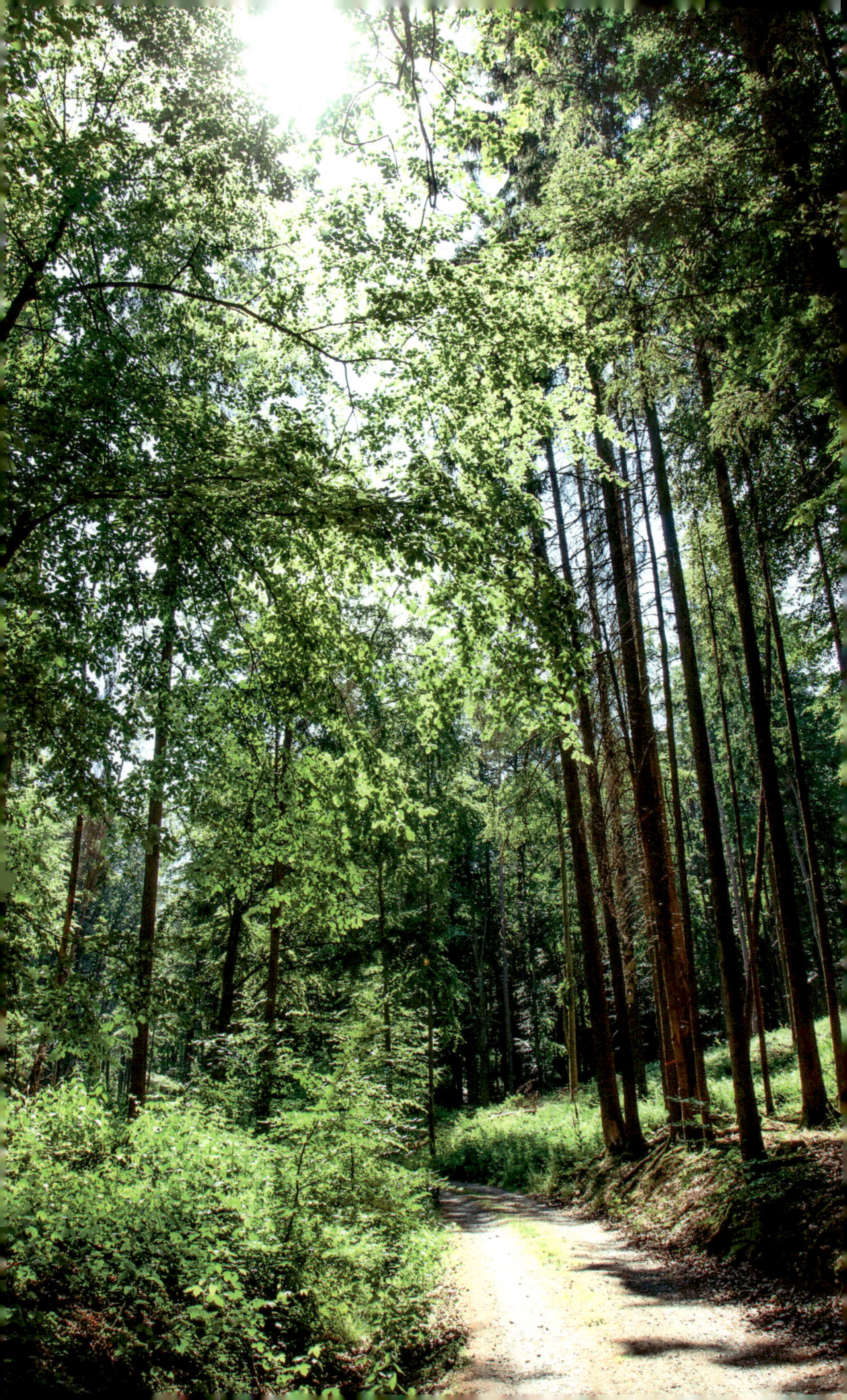

Ihr geht vor dem Schloss am Pferdestall vorbei und biegt links in die Schlossallee mit ihren Cafés und Gedenkmünzenautomaten ein. In Rüger's Forstgut kann man auch Eis essen! Von der Schlossallee zweigt gegenüber dem Parkplatz ein Wanderweg auf den Wingertsberg ab, kaum mehr als ein Trampelpfad im hohen Gras, also Augen auf! Dieser führt steil den Hang hinauf, in ein Wohngebiet hinein und dann auf den Kapellenweg, von dem die Julius-Echter-Straße abzweigt: Dort befindet sich eine Hörstation des Räuberwanderwegs an einem Spielplatz, den ihr über eine Betontreppe erreichen könnt. Durch das ruhige Wohngebiet, in dem der Spielplatz liegt, führt der Räuberwanderweg leicht bergauf aus dem Ort hinaus und über Obstbaumwiesen in den Wald hinein. Hier gibt es eine weitere Hörstation, und wer bei der Streuobstwiese die Augen offenhält, wird die Räuber entdecken, die sich in den Bäumen versteckt haben …

Spielstation auf der Königshöhe:
Eine Runde Räuber-Memory gefällig?

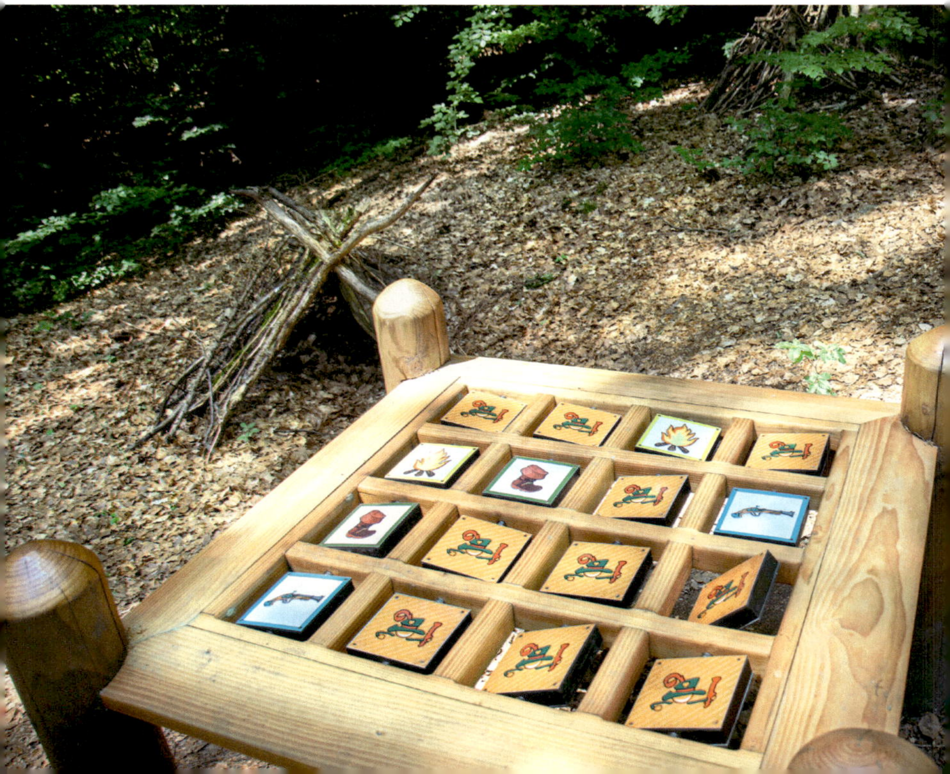

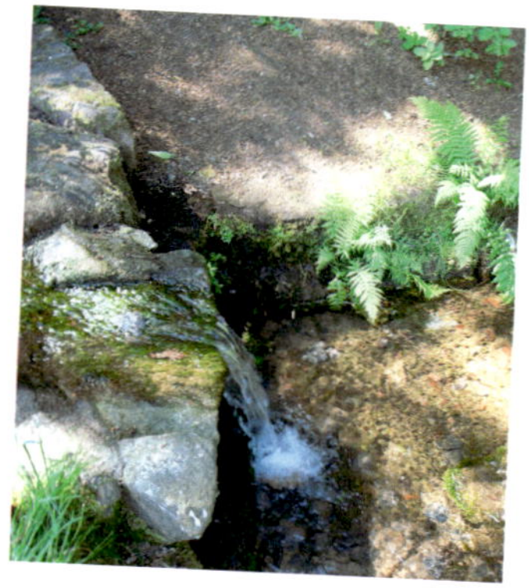

Wechselkleidung einpacken!

Durch einen majestätischen Buchenwald führt der Weg schließlich hinauf zur KÖNIGSHÖHE 3. Dort gibt es eine Schutzhütte, »im Spiel« das Hauptquartier der Räuber. Außer einer weiteren Hörstation könnt ihr hier auch Räuber-Memory spielen oder an dem Gefangenenlager der Räuber mitbauen. Auch bei Regen ein guter Ort für ein Picknick. Von hier führt euch der Räuber-Hannes durch den Wald in Richtung Hessenthal: Der breite, bequeme Forstweg führt sanft nach unten, und ab dem Waldrand wird er auch zum Kreuzweg, also nicht durcheinanderkommen mit den Stationen der Räubergeschichte und den Stationen der Passion Christi! Die Beute eines Raubüberfalls begutachten könnt ihr an einer Station der Räubergeschichte; die in den Bäumen hängenden Schuhe haben also nichts mit Jesus zu tun.

Der Schotterweg geht in eine Asphaltstraße über, und wenn ihr den Wald verlasst, eröffnen blühende Wiesen rechts den Blick in die Landschaft. Am Ende des Kreuzwegs könnt ihr euch die Füße an der WASSERTRETANLAGE GÄNSBRUNNEN 4 kühlen. An heißen Tagen der perfekte Ort für eine Pause: Das Wasser ist eiskalt und fließt von der Quelle in einer eingefassten Rinne ins Kneipp-Becken, an der auch Schleusen und Trichter und andere Spielgeräte für Kinder angebracht sind. Wechselkleidung einpacken! Für müde Mamas und Papas gibt es hier Liegebänke zum Ausruhen. Auch Rollstuhlfahrer können hier übrigens kneippen, denn die Anlage ist barrierefrei gestaltet.

Von dort führt euch der Räuberhauptmann weiter ins Tal, in den Ort und über die Elsava, an deren gegenüberliegendem Ufer ein toller Wasserspielplatz liegt. Von dort geht ihr entspannt am Bach entlang zum Parkplatz am Wanderheim zurück, nicht ohne unter-

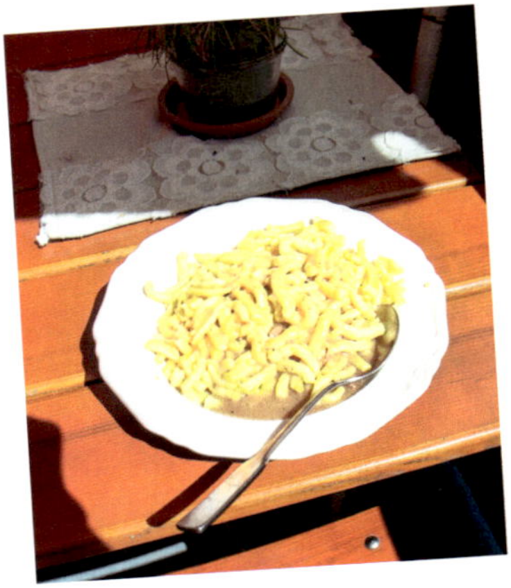

Kinder, Essen ist da!

wegs noch den Rest der von dem Heimatfilm »Das Wirtshaus im Spessart« inspirierten Geschichte zu hören. Bevor ihr am Wanderheim Mespelbrunn wieder in den Bus oder ins Auto steigt, könnt ihr noch im Fränkischen Landgasthof Elsavatal in Mespelbrunn essen gehen: Der liegt direkt an der Abzweigung der Schloßallee von der Hauptstraße und hat auch ein Spielzimmer. Also selbst wenn ihr bei schlechtem Wetter drinnen sitzen müsst, wird den Kindern nicht langweilig, während sie auf ihre Spätzle warten. Wieder zu Hause auf der Couch könnt ihr natürlich auch gleich noch den passenden Film anschauen, sofern ihr ihn irgendwo auftreiben könnt. Heutigen Streaming-Anbietern ist er scheinbar nicht blockbustertauglich genug, aber wer nicht in eine DVD investieren will (oder kann, weil er kein DVD-Laufwerk mehr hat), findet ihn mit etwas Glück in den Mediatheken der öffentlich-rechtlichen Fernsehsender. Dass es total romantisch ist, von Räubern entführt zu werden, oder dass diese Tour kinderwagentauglich wäre, sind fragwürdige Behauptungen. Was aber stimmt: diese Gegend ist wirklich nicht nur wanderbar, sondern auch wunderbar.

Tipp: *VIER JAHRESZEITEN MIT DEM RÄUBER-HANNES*

Diese schattige Tour mit ihren Wasserspielplätzen und Eispausen könnt ihr auch im Hochsommer machen. Wenn ihr den Gruselfaktor erhöhen wollt, könnt ihr auch einen nebligen Herbsttag wählen – oder gar im Dunkeln mit Taschenlampen laufen! Das geht auch im Frühling; und sogar im Winter ist die Tour technisch machbar.

Alles, was ihr wissen müsst

Rundtour: meist bequeme Forstwege, Trampelpfad durch die Wiese oberhalb des Parkplatzes am Wasserschloss // tolles Abenteuer für Kinder im Grundschulalter! // für jüngere Kinder eher nicht geeignet // **nicht kinderwagentauglich;** alternativ auf den letzten Streckenabschnitt Wasserspielplatz-Wanderheim beschränken

Markierung: Räuber-Hannes (Comic-Räuberhauptmann)

Entfernung von: Aschaffenburg: 20 Kilometer // Würzburg: 67 Kilometer
ÖPNV: ab Aschaffenburg Bus 40, Haltestelle Einkaufscenter, Mespelbrunn
Auto: Parkplatz am Wanderheim, Elsavastraße, 63875 Mespelbrunn

Einkehr: **Gasthof zum Löwen,** Brunnenstraße 2, 63875 Mespelbrunn, www.loewen-mespelbrunn.de // **Rüger's Forstgut,** Schloßallee 25, 63875 Mespelbrunn, www.ruegers-forstgut.de // besonders familienfreundlich: **Fränkischer Landgasthof Elsavatal,** Schlossallee 2, 63875 Mespelbrunn, www.landgasthof-elsavatal-mespelbrunn.de

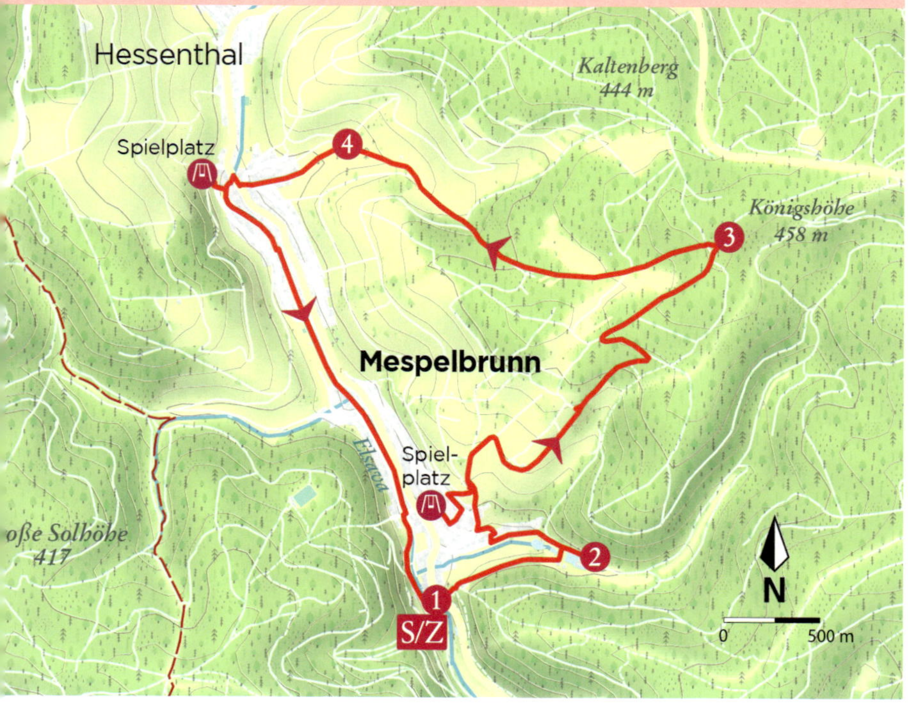

Das heimliche Herz des Spessartwaldes

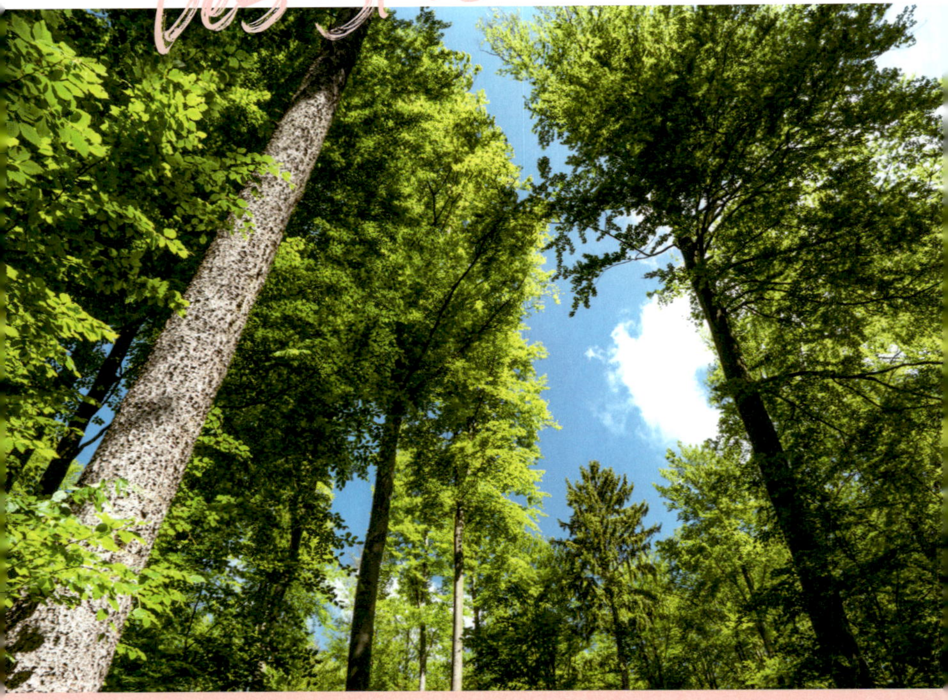

Schwierigkeit: mittel // 11 Kilometer // 240 Höhenmeter
Für Familien mit Kindern geeignet

ZWISCHEN ECHTERSPFAHL
UND DEM »ECHTEN« WIRTSHAUS IM SPESSART
IST DER WALD AM SCHÖNSTEN

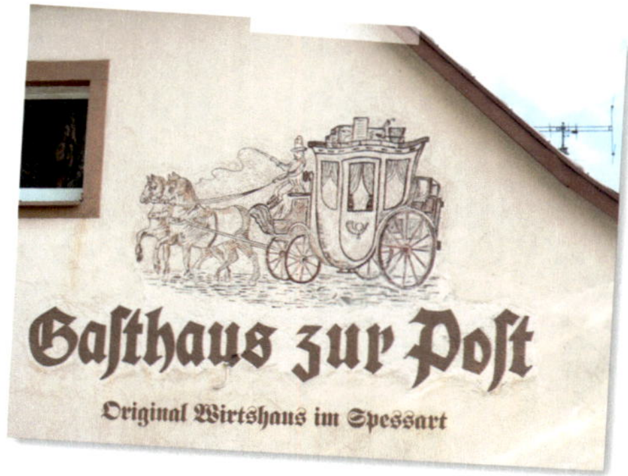

Die Rienecker Grafen lagen mit dem Bischof von Mainz und dem Bischof von Würzburg ewig im Clinch um die Vorherrschaft im Spessart. Dabei ging es den edlen Herren weniger um die Menschen dort und mehr um die fruchtbaren Jagdgründe. Das ging so weit, dass der Bischof den Spessartbewohnern verbot, die Bäume abzuholzen, um Weiden oder Äcker anzulegen – und selbst jagen war für das gewöhnliche Fußvolk natürlich auch streng verboten. Kein Brenn- oder Bauholz, keine Felder (der Boden im Spessart ist ohnehin nicht besonders fruchtbar) und keine Jagdbeute: Die Folge war eine schier endlose Hungersnot. Tausend Jahre lang war der Spessart das »Armenhaus Deutschlands« und die Leute litten über Generationen bitterste Not. Das Einzige, was von dieser Zeit im kollektiven Gedächtnis noch geblieben zu sein scheint, ist die Romantik rund um die Spessarträuber, die rational betrachtet natürlich von der Armut in die Kriminalität gezwungen wurden.

EBEN DIESE ROMANTIK IST ES JEDOCH, DIE DEN SPESSART ENDLICH, ENDLICH AUS DER KOLLEKTIVEN ARMUT HOLTE, ALS IN DEN 1950ER JAHREN DER TOURISMUS-HYPE RUND UM DAS »WIRTSHAUS IM SPESSART« LOSBRACH.

Grundlage für den Hype war ein Roman aus dem 19. Jahrhundert. Wilhelm Hauff schrieb »Das Wirtshaus im Spessart«, nachdem er in Hessenthal in einem Wirtshaus übernachtete, dessen Aussehen der Beschreibung im Buch bis aufs Haar gleicht. Das GASTHAUS ZUR POST 1 in Hessenthal kann sich deshalb mit einigem Recht als das »Original Wirtshaus im Spessart« bezeichnen. Damit ist es gewissermaßen auch die Keimzelle der touristischen Renaissance der Region – das heimliche Herz des Spessarts.

Von diesem Wirtshaus wandert ihr zum Echterspfahl, und obwohl das nur ein besserer Pflock mitten im Wald ist, ist der Echterspfahl genauso mit Symbolik aufgeladen wie das Wirtshaus im Spessart. Denn hier war früher das »Dreiländereck« zwischen dem Einflussbereich des Bischofs von Würzburg, den Rittern des Hauses Echter und der Grafen von Rieneck. Zugleich markiert der Echterspfahl die höchste Erhebung auf dem sogenannten Eselspfad; der Hügel, auf dem er steht, wird deshalb auch »Eselshöhe« genannt. Der Eselspfad kreuzt sich hier mit der alten Poststraße von Würzburg nach Aschaffenburg, die erst 2007 von der Bundesstraße B8 zur Landstraße 2312 herabgestuft wurde. Dass er an einer einst so wichtigen Kreuzung liegt und eine historisch so entscheidende Grenze markiert, reicht den Spessartbewohnern aber nicht: Zusätzlich ist der Echterspfahl auch noch mit Sagen und Legenden behaftet, die er nie wieder los-

Die perfekte Location für eine Grillfeier!
Leider liegt sie in einem Privatgarten

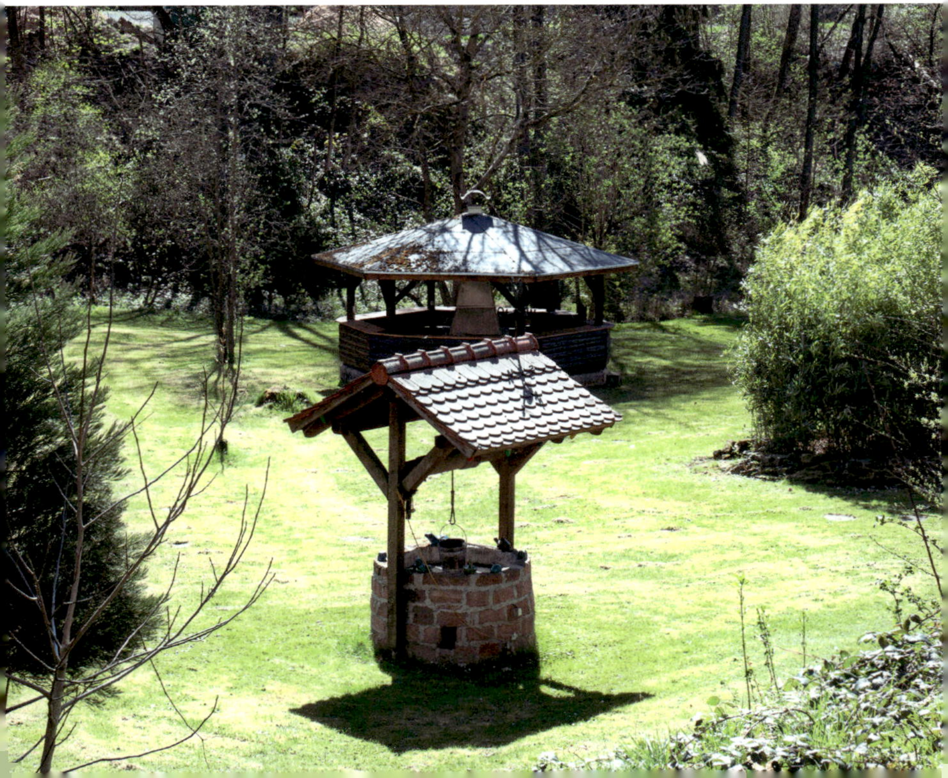

wird, sosehr Historiker auch an ihrem Wahrheitsgehalt zweifeln. Aber wer braucht im tiefen, dunklen Wald schon akademische Integrität.

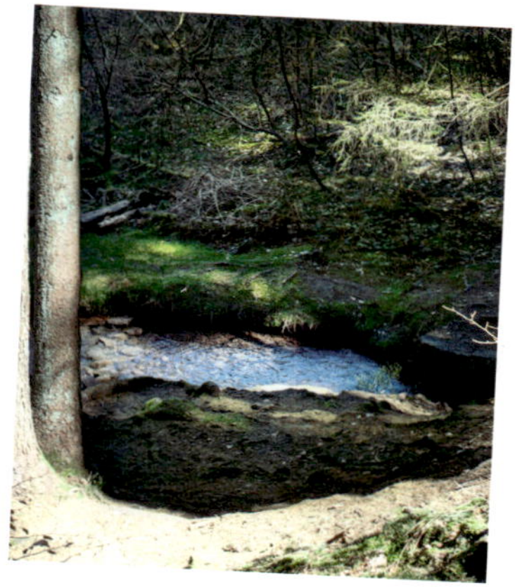

Die Elsava sprudelt weiter

Hessenthal ist ein Ortsteil von Mespelbrunn und hat, für so einen kleinen Ort, eigentlich einiges zu bieten. Neben einer historischen Wallfahrtskirche mit einem Frühwerk des berühmten Bildhauers Tilman Riemenschneider, die an der Autobahnabfahrt auch ausgeschildert ist, steht hier auch das »echte« Wirtshaus im Spessart. Dieses Original Wirtshaus im Spessart, das Gasthaus zur Post, ist aktuell nur leider in einem beklagenswerten Zustand. Jährlich wechseln die Besitzer, 2022 wurden russische, 2023 indische Speisen angeboten. Irgendjemand rumort und renoviert immer zwischen der Gaststube und den alten Ställen für die Postpferde herum, aber zu einer glanzvollen Neueröffnung ist es bisher nicht gekommen. Schräg gegenüber liegt das ebenfalls traditionsreiche und einst bei den Ortsansässigen sehr beliebte Hotel-Restaurant Gasthof zum Spessart, das zwischen 2022 und 2023 den Restaurantbetrieb einstellte und aktuell nur noch Hotelzimmer anbietet. Der Gastronomiebetrieb, der in Hessenthal noch zu florieren scheint, ist Müller's Landhotel oben auf dem Hügel – und das hat sich auf gehobene Gastronomie und Seminare für Unternehmen spezialisiert. Wer hier verschwitzt in Wanderklamotten auftaucht, muss mit schrägen Blicken rechnen. Ihr geht hinten am Gasthaus zur Post vorbei und den Hügel hinauf, durchquert ein Wohngebiet und kreuzt die Landstraße, die Richtung Autobahn führt. Auf der anderen Straßenseite taucht ihr in den Wald ein und bewundert die Öbbelsbreibrücke, die es streng genommen

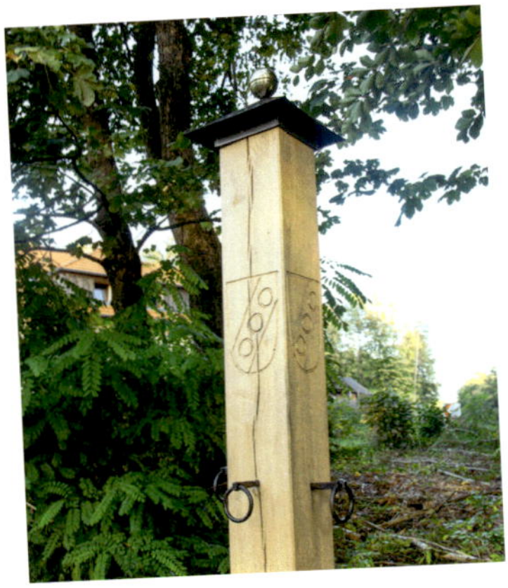

Drei Ringe müssen sein!

gar nicht mehr gibt. Aber früher trieben die Bauern hier ihr Vieh über die Elsava und sahen den Schlamm zwischen den Holzbohlen hervorquellen, körnig und hellbraun wie Apfelmus: Öbbelsbrei. Ein Schild zollt diesem Lokalkolorit Respekt.

Dem Weg mit der Markierung rotes Minus folgt ihr durch den Wald am Bach entlang. Über dem Murmeln des Wassers ist nur Vogelgezwitscher zu hören. Am Wegesrand wachsen Pilze. Ihr erreicht die Schutzhütte an der Elsavaquelle; es ist die perfekte Waldeinsamkeit. Hier lässt es sich vielleicht sogar besser rasten als in dem armen Hessenthal mit seiner kaputten Gastronomie. Denn die ELSAVAQUELLE 2 liegt ausnehmend idyllisch unter Fichten und sprudelt munter aus dem nadelbedeckten Waldboden. Mächtige Tannen wachsen an der Uferböschung, und ihr klettert über ihre Wurzeln und das Polster ihrer Tannennadeln hinunter zu dem klaren Quellwasser. Ihr füllt eure Trinkflasche. Es schmeckt, als könnte man Waldluft trinken. Schweren Herzens lasst ihr die Elsavaquelle hinter euch und habt euch hoffentlich gut erholt. Denn wenn ihr dem Weg weiter nach Osten Richtung Autobahn folgt, wird die Steigung immer krasser. Bevor ihr den Lärm von der Autobahn hören könnt, dreht ihr rechtzeitig bei: Am höchsten Punkt der Steigung angekommen biegt ihr nach rechts ab auf einen kleinen Pfad, der bald auf einen Waldweg führt. Am Waldrand erinnert ein Gedenkkreuz an einen Flugzeugabsturz im Jahr 1932.

Jetzt befindet ihr euch wieder auf dem Eselsweg mit der Markierung E, der sich 111 Kilometer weit von Norden nach Süden durch den ganzen Spessart zieht und euch auf verschiedenen Wanderungen immer wieder begegnet. Der Weg führt euch weiter zum ECHTERSPFAHL 3, der wie so vieles hier in dieser Gegend nach dem Rittergeschlecht der Echter benannt ist.

Der Sage nach entsprossen dieser Familie drei Brüder, die sich als Raubritter verdingten (Ja genau, das ist die Sage, die der Pfahl nie wieder loswird). Von Kaiser Barbarossa verfolgt, trafen sich die drei Brüder hier heimlich im Wald und banden ihre drei Pferde an den Pfahl, weswegen hier bis zum heutigen Tag immer ein Holzpfahl mit drei Eisenringen stehen muss. Erst 2023 wurde der Holzpfahl erneuert, die Eisenringe aber konnten von der vorherigen Pfahlversion übernommen werden, wie die Lokalzeitung eifrig schrieb. 2024 müsste an dieser Stelle auch schon ein neuer Picknicktisch stehen. Der tut auch not, denn das gastronomische Trauerspiel hier im Her-

Hessenthal, ein Wallfahrtsort: Die imposante Kirche diente der Familie Echter auch als Grablege

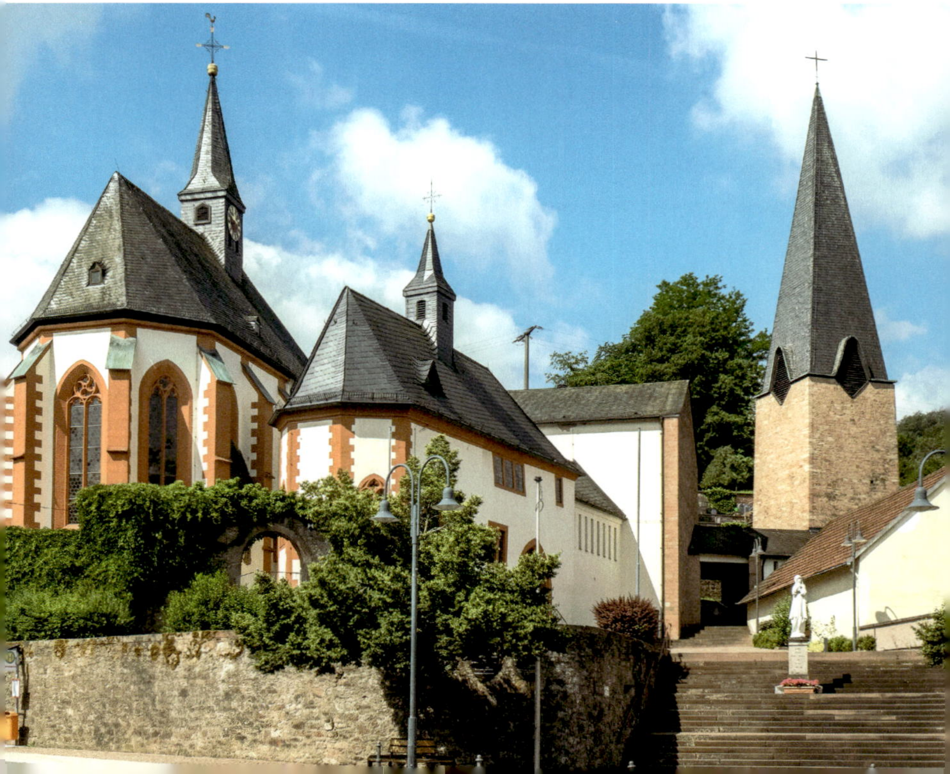

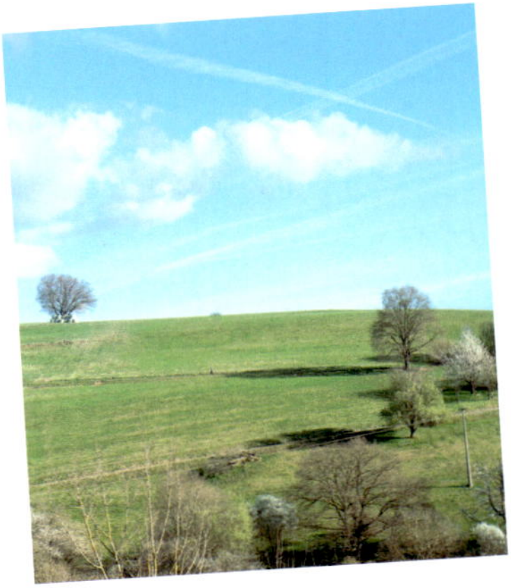

Blick auf den Kaltenberg

zen des Spessarts ist noch nicht zu Ende. Auch am Echterspfahl stand nämlich einst ein extrem traditionsreiches Gasthaus: Das Forsthaus am Echterspfahl, auch Jockel genannt, war jahrhundertelang Leitstern aller Spessartwanderer – bis es, wie kann es auch anders sein, seine Pforten 2020 für immer schließen musste. Heute ist das Gebäude in Privatbesitz; aber zahlreiche Schilder und Infotafeln informieren über Jockel, Echterspfahl und Eselsweg. Am Straßenrand steht auch ein kleines Kreuz und weist auf ein Todesopfer im Straßenverkehr auf der L2312 hin. Ihr habt Glück und müsst auf dem Weg zurück nach Hessenthal nicht die Landstraße nehmen, sondern könnt dem Wanderweg mit der roten Diagonale folgen. Der führt euch irgendwann zur KÖNIGSHÖHE 4, die ihr vielleicht schon von Tour 7 kennt: Hier war das Hauptquartier des freundlichen Comic-Räuberhauptmanns Hannes. Von der Königshöhe geht ihr über den Kaltenberg mit seiner schönen Aussicht über Hessenthal zurück zum Original-Wirtshaus im Spessart, dem Gasthaus zur Post. Oder zu dem, was davon übrig ist.

Tipp: *EIN PICKNICK IM WINTER*

Diese Wanderung ist wegen ihrer gemäßigten Steigung und den bequemen Wegen auch als Winterwanderung geeignet. Picknicktechnisch müsst ihr im Winter natürlich aufrüsten: Outdoor-Sitzkissen, Skihose und Thermoskanne sind Pflicht. Wer nicht mehr Auto fahren muss, kann statt Tee auch Glühwein mitnehmen.

Alles, was ihr wissen müsst

Rundtour: bequeme Waldwege // eher für Schulkinder geeignet, für Jüngere weniger // **nicht kinderwagentauglich**

Markierung: roter Querbalken ab Hessenthal // rote Diagonale ab Echterspfahl

Entfernung von: Aschaffenburg: 15 Kilometer // Würzburg: 65 Kilometer
ÖPNV: ab Aschaffenburg Bus 40, Haltestelle Hessenthal, Postkurve
Auto: Parken entlang der Würzburger Straße in Hessenthal

Einkehr: Picknick einpacken!
Oder **Müller's Landhotel,** Am Dürrenberg 1, 63875 Mespelbrunn, www.muellers-landhotel.info

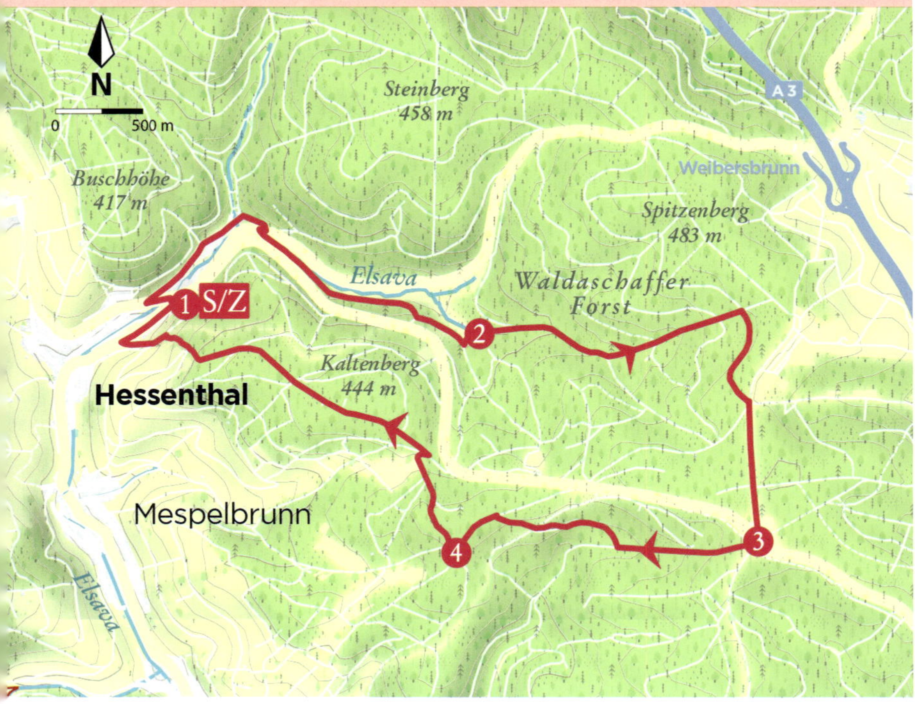

Das Spukschloss im Spessart

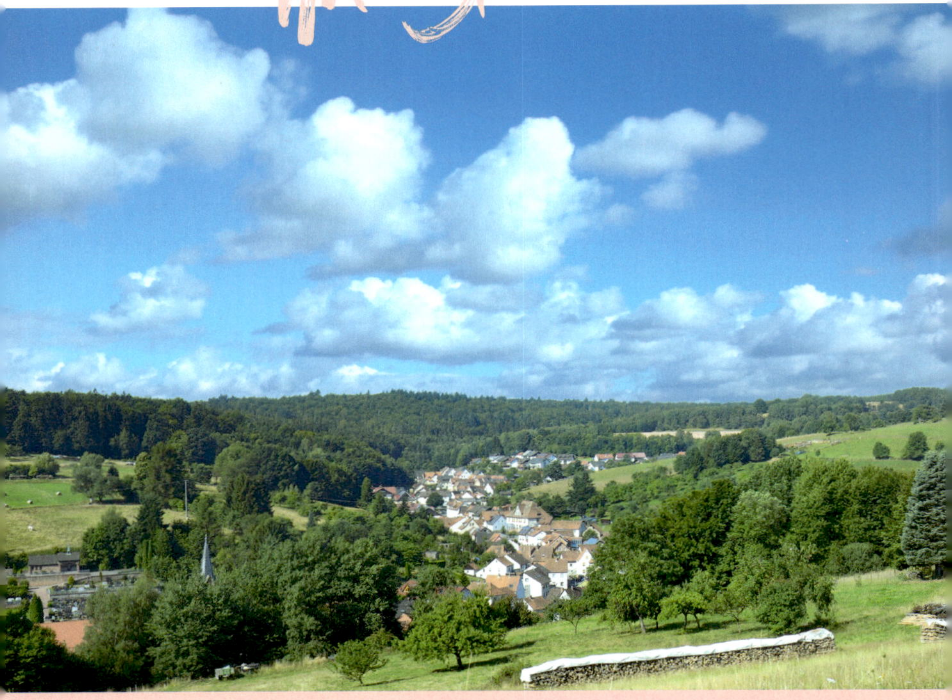

Schwierigkeit: leicht // 12 Kilometer // 240 Höhenmeter
Für Familien mit Kindern geeignet

ZWISCHEN AUTOBAHN UND WALDEINSAMKEIT: DER ROHRBRUNNER FORST

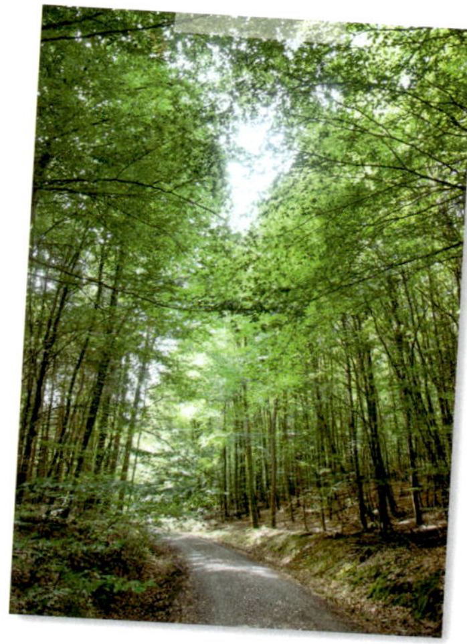

Wer sich beim Autofahren schon öfter die Frage gestellt hat, was sich wohl hinter dem Gebüsch am Rand der Autobahn verbirgt, sollte diese Wanderung unbedingt machen. Rohrbrunner Forst und Steinbachtal bilden zusammen das perfekte Waldidyll ... direkt neben der Autobahn. Ihr könnt sogar von der Autobahnraststätte aus loslaufen!
Der Film »Das Spukschloß im Spessart« von 1960 beginnt mit einer makabren Szene: Beim Bau der Autobahn A3 von Frankfurt nach Würzburg zieht ein Bagger ein Skelett aus der Erde. Es handelt sich dabei um die sterblichen Überreste eines Räubers, der 200 Jahre zuvor von wütenden Dorfbewohnern in seinem Räubernest, dem »Wirtshaus im Spessart«, eingemauert wurde. Dieses »Grusical« von Kurt Hoffmann ist zwar großer Blödsinn, hat aber tatsächlich einen wahren Kern: Genau an der Stelle, an der heute die McDonald's-Filiale der Autobahnraststätte »Spessart« zu finden ist, stand früher ein »Wirtshaus im Spessart«. Wahrscheinlich wurden dort aber keine Räuber eingemauert, und Geister sieht man dort auch selten.

OBWOHL »AUTOBAHN« NICHT GERADE NACH IDYLLISCHER WANDERUNG KLINGT, IST DIE GEGEND ZWISCHEN WEIBERSBRUNN UND ROHRBRUNN WIRKLICH WUNDERSCHÖN, SOBALD IHR DEN LÄRM UND DIE ABGASE HINTER EUCH LASST UND DEN SPESSARTWALD BETRETET.

Rohrbrunner Forst heißt der Wald zwischen der Autobahn und dem südlichen Zufluss zum Hafenlohrtal, dem Steinbach.
Von der Autobahnraststätte (Würzburg Richtung Frankfurt) könnt ihr von der Terrasse der SERWAYS RASTSTÄTTE SPESSART

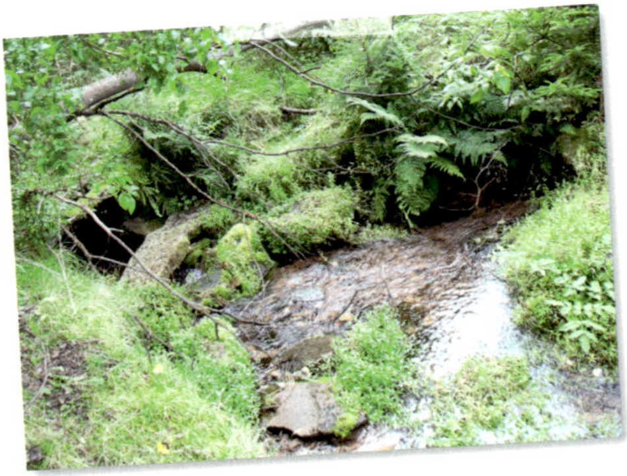

NORD 1 direkt hinuntersteigen auf den Wanderweg. Von Frankfurt kommend wäre es auch möglich, an der Raststätte Süd zu parken und von der anderen Seite der Autobahn zu Fuß unter der Unterführung hindurchzugehen, aber das ist später mit etwas Gedöns verbunden. Auf der Rückfahrt müsst ihr dann nämlich einen saftigen Umweg von über 20 Kilometern einplanen, wenn die Schranke zwischen Parkplatz und Landstraße zu ist, denn die nächste Ausfahrt, wo ihr wenden könnt, ist erst bei Wertheim.

Von der Raststätte Nord ist es deutlich einfacher: Ihr steigt die Treppe der Terrasse des Restaurants hinunter und geht nicht links unter der Autobahn hindurch, sondern rechts in den Wald hinein. Der Weg, der zunächst nach links parallel zur Autobahn verläuft, ist als Radweg gekennzeichnet. Ihr folgt ihm am Trafohäuschen mit dem Telefon-Sendemast vorbei und biegt dann im 90-Grad-Winkel rechts in den geschotterten Forstweg ein. An der ersten Kreuzung nicht geradeaus in den Trampelpfad, auch wenn die GPS-App das vielleicht so anzeigt, sondern links halten auf dem geschotterten Forstweg – der Trampelpfad wird nach ein paar Metern zu einem Sumpfloch; da habt ihr keine Freude dran. Jetzt müsste der Autobahnlärm hinter euch schon verklungen sein und ihr steht mitten in einem verzauberten, einsamen Märchenwald voller hundertjähriger Buchen und tausendjähriger Eichen.

Bald erreicht ihr so den Rohrwiesengrund. Dem hübschen kleinen Tal mit dem Rohrwiesenbach in der Mitte folgt ihr über den Schotterweg (Markierung rotes X) durch das Rohrwiesentor. Romantische Bachtäler sind von jetzt an das Motto des Tages und begleiten euch noch bis nach Weibersbrunn. Ihr folgt dem Weg mit dem roten X bis zum WANDERPARKPLATZ AM STEINTOR 2.

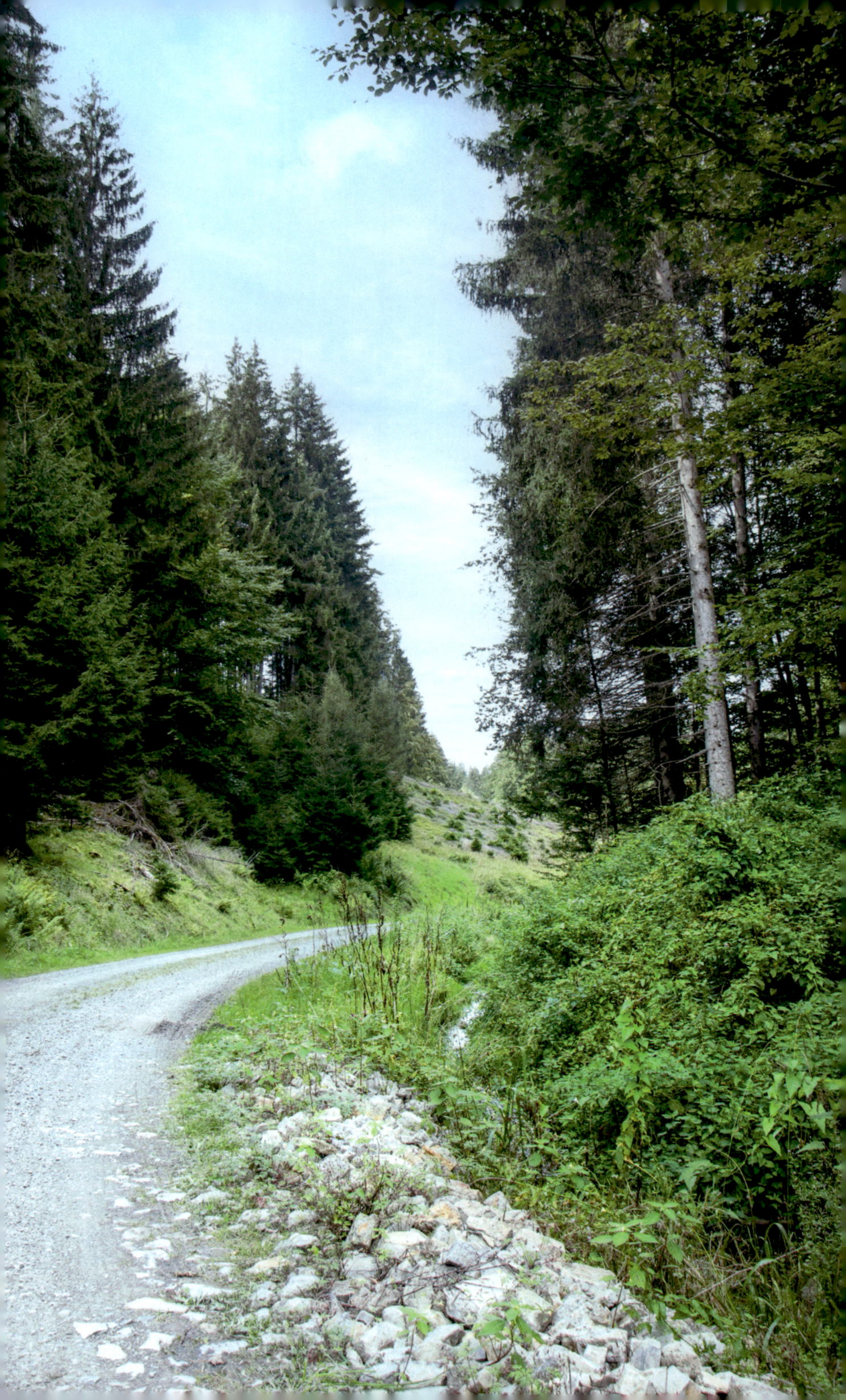

Hier beginnt schon allmählich das Hafenlohrtal und damit die schönste Gegend des ganzen Spessarts. Eine Quelle entspringt mit einem kleinen Wasserfall, und der Steinbach schlängelt sich von links nach rechts durch ein breiter werdendes Tal, wo er sich hinter der nächsten Biegung mit der Hafenlohr vereinigen wird. Zu der Quelle gelangt ihr, indem ihr kurz vor der Einmündung des Wanderwegs in die Landstraße nach rechts die Böschung hinuntersteigt. Da steht eine große Fichte, in deren Schatten es sich bilderbuchmäßig rasten lässt – vorausgesetzt, ihr habt was zum Draufsetzen dabei, denn eine Bank steht hier leider nicht. Nach einer Pause müsst ihr die Landstraße benutzen, um den Bach zu überqueren. Besonders bei schönem Wetter sind hier viele Motorradfahrer unterwegs, also Augen auf und bitte ganz am linken Straßenrand bleiben (als Fußgänger benutzt man auf Landstraßen nicht den rechten, sondern den linken Straßenrand – wusstet ihr, oder?).

Folgt dem roten Schmetterling! Er führt euch über den Bach nach Weibersbrunn

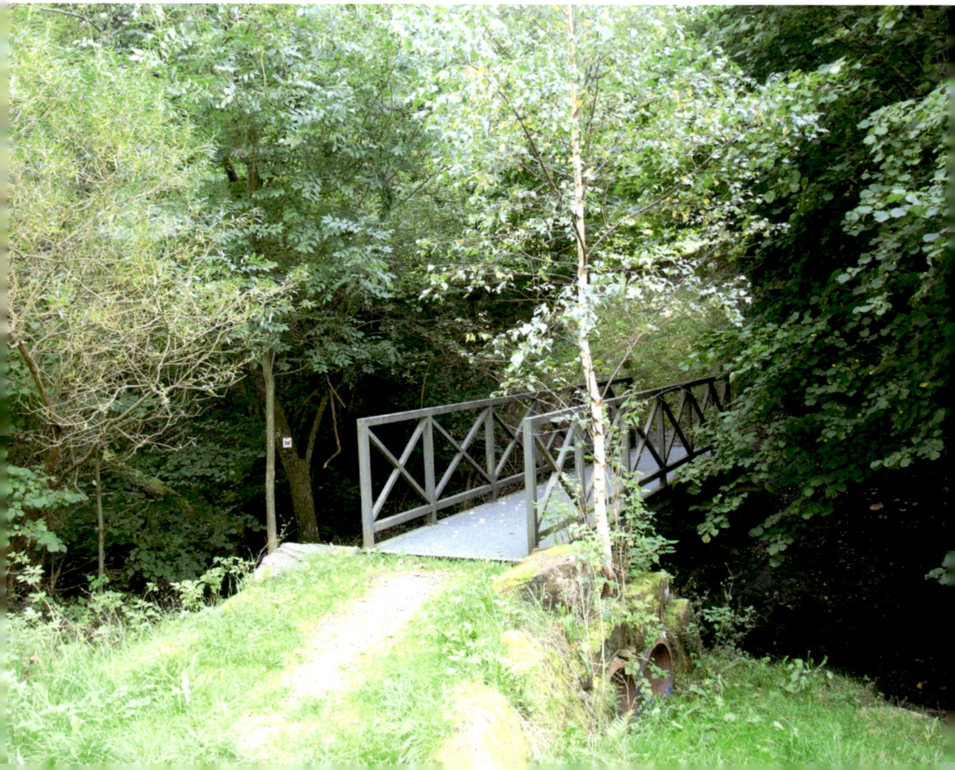

Nach der Brücke könnt ihr dann gleich wieder links in den Wanderweg abbiegen. Von jetzt an folgt ihr dem Lauf des Steinbach bis nach Weibersbrunn. Vorbei an der schönsten Kläranlage der Welt kommt ihr bald in den Wald oberhalb des Dorfes: Der Forstweg beschreibt eine Kehre, ihr nehmt den Trampelpfad links.

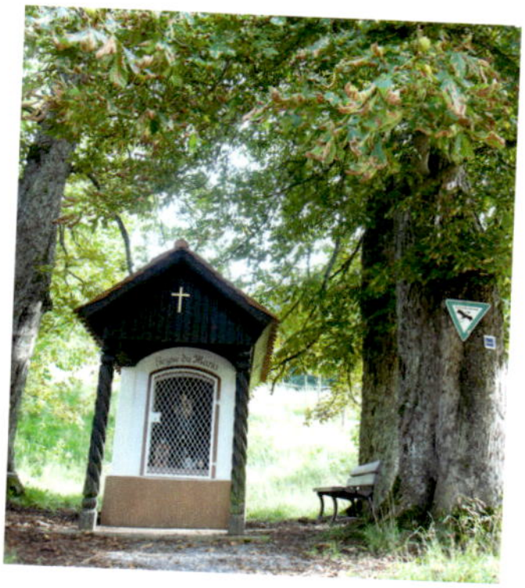

Kurze Pause mit Maria

Folgt dem kleinen Trampelpfad an der Nordseite des Steinbachtals durch den Wald, während von der Südseite die Motorräder herüber brummen. Plötzlich öffnet sich der Wald und über den Hang vor eurer Nase ergießt sich das Dorf Weibersbrunn. Hier könnt ihr in den (merklich kleiner gewordenen) Talgrund absteigen und den Bach über eine kleine Metallbrücke überqueren. Der Weg trägt jetzt das Zeichen eines roten Schmetterlings. Nur noch ein paar Schritte, und hinter einem Wasserbecken gelangt ihr in die Ortschaft WEIBERSBRUNN 3. Hier gibt es auch eine Bushaltestelle!

Ihr überquert die Hauptstraße und steigt neben den Gärten steil auf. Auch den Lindelweg überquert ihr, der vom Wald in ein Wohngebiet hineinführt, und biegt erst oben auf der Höhe in den Wanderweg rechts ab. Zwischen Schrebergärten und Peter-Lustig-Bauwagen führt euch der Weg zur MUTTERGOTTES HÄUSCHEN AN DER POSTHOHLE 4, ein kleines Kapellchen unter einer mächtigen Kastanie. Hier könnt ihr nach dem anstrengenden Aufstieg auch noch eine Trinkpause einlegen.

Das Heiligenbild steht auf einem kleinen Hügel. Ihr steigt hinab und haltet euch scharf links, um den Berg hinaufzusteigen und wieder in den Rohrbunner Forst einzutauchen. Hier führt ein dunkler Weg durch einen Tannenwald, aber ihr habt keine Angst und kommt bald an das Hohe Kreuz am Kirchweg.

FRÜHER GINGEN DIE ROHRBRUNNER HIER ENTLANG ZUR KIRCHE IN WEIBERSBRUNN, WIE AUF EINEM SCHILD ZU LESEN STEHT, ABER VON DEM EINSTIGEN DÖRFCHEN ROHRBRUNN IST AUSSER DER AUTOBAHNRASTSTÄTTE NICHTS MEHR ÜBRIG.

In lokalen Verlagen sind Zeitzeugenberichte erschienen von Menschen, die noch in Rohrbrunn aufgewachsen sind. Ihren Schilderungen nach schien es sich dabei um eine Art Bullerbü-Idyll gehandelt zu haben. Das Kreuz steht übrigens hier, weil an dieser Stelle einst ein Postbote tödlich verunglückte, also so super war früher vielleicht doch nicht alles.

Am Dachsloch müsst ihr aufpassen: Hier schwingt sich eine breite Forststraße verführerisch gerade zur Autobahn hinauf, und wer dem Impuls folgt, sie einfach zu benutzen, landet zwar tatsächlich bei der Autobahn, aber noch gute 3, 4 Kilometer von der Raststätte entfernt. Diese Kilometer kann er dann zwar auf einem Wanderweg, aber immer in nächster Nähe der A3 zurücklegen, der Lärm ist infernalisch und die Luft für die gerade erst waldverwöhnten Lungen kaum zu ertragen. Stattdessen am Dachsloch also lieber nach links zur Totenkupp gehen, das schont Lunge und Ohren. Der unspektakuläre Hügel von 434 Metern bietet leider keine Rastmöglichkeit, aber jetzt seid ihr auch fast schon wieder am Ausgangspunkt eurer Wanderung. Der Weg schlängelt sich vom Gipfel hinab und dann eine sanfte Steigung hinauf zur Autobahn, die ihr mittlerweile auch schon wieder hören könnt. Ihr überquert schließlich die Landstraße an der Autobahnauffahrt und folgt dem Fußweg an der Autobahn entlang zurück zur Raststätte »Spessart«.

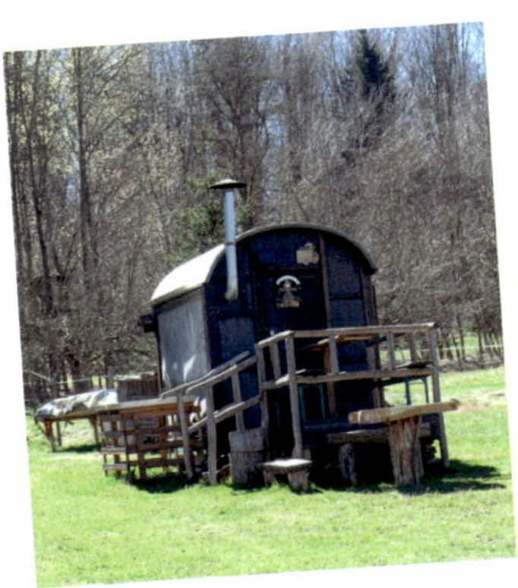

IST PETER LUSTIG ZUHAUSE?

Alles, was ihr wissen müsst

Rundtour: direkt von der Autobahnraststätte aus hinunter ins Tal, dem Steinbach durch sein idyllisches Tal bis nach Weibersbrunn folgen // lässt sich mit Tour 11 zur Mehrtagestour verbinden // **kinderwagentauglich,** sofern es ein einigermaßen geländegängiger Kinderwagen ist

Markierung: rotes X // ab Weibersbrunn roter Schmetterling

Entfernung von: Aschaffenburg: 24 Kilometer // Würzburg: 57 Kilometer
ÖPNV: ab Aschaffenburg Bus 42, Haltestelle Weibersbrunn, Hauptstraße
Auto: über die A3 zur Raststätte Spessart

Einkehr: **Serways Raststätte Spessart Nord**, BAB3 Spessart Nord, 63879 Weibersbrunn, www.serways.de/standorte/spessart-nord // Tipp: Bei schönem Wetter lieber am Steintor oder an der Muttergottes an der Posthohle picknicken

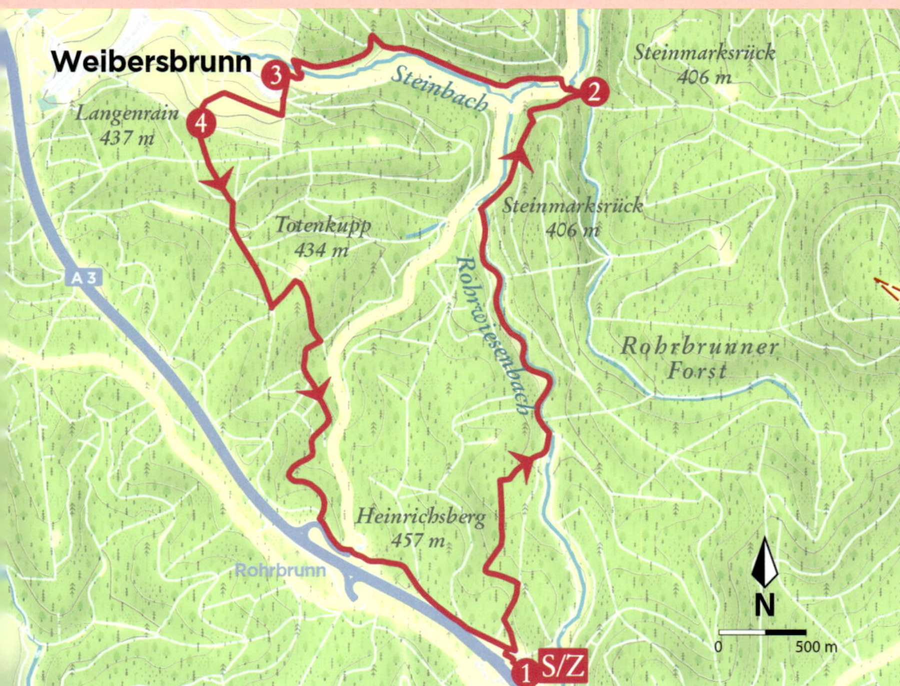

Unter Baumriesen im Südspessart

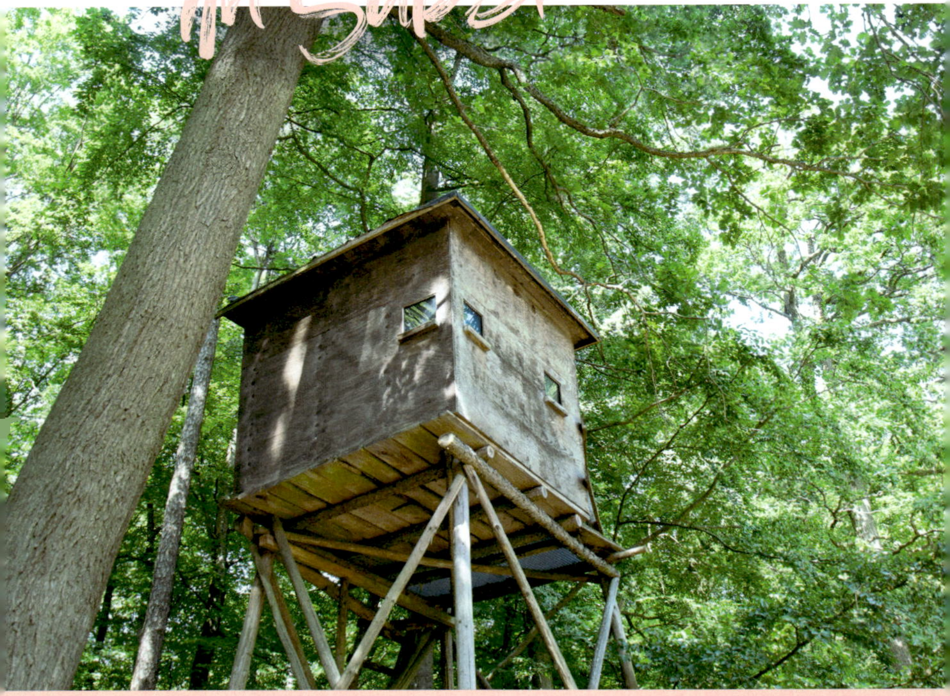

Schwierigkeit: schwer // 22 Kilometer // 660 Höhenmeter

Für Familien mit Kindern nicht geeignet

WALDBADEN? ZU KLEIN GEDACHT!
DIESE TOUR IST EHER EINE WALD-KREUZFAHRT

Diese Wanderung ist ein Traum für alle, die Bäume lieben. Endlich mal ganz in Ruhe richtig lange durch den Wald laufen! Dabei besteht sogar die Möglichkeit, den höchsten Baum Bayerns zu bewundern – und in einem Baumhaushotel zu übernachten.

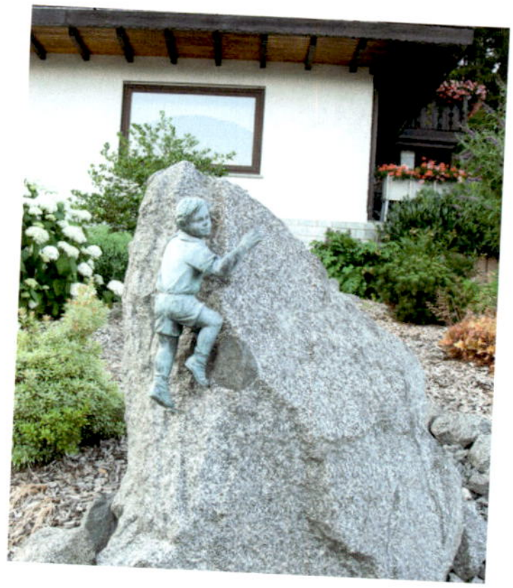

So steil wird es nicht!

Der Name »Wipfelglück« ist Programm für das Baumhaushotel bei Mönchberg. Alternativ könnt ihr auch auf dem Campingplatz »Maintal Resort« in Collenberg nächtigen. Collenberg ist zwar auch mit dem ÖPNV erreichbar, seid dann aber zum Beispiel von Frankfurt aus doch anderthalb Stunden unterwegs. Macht hin und zurück drei Stunden kostbare Zeit, die ihr für die 22 Kilometer lange Tour sicherlich brauchen werdet! Mit sechs bis sieben Stunden reiner Gehzeit erwartet euch hier eine knackige Tagestour.

Zwischen Mönchberg, Wildensee und Collenberg ist der Spessartwald am wildesten. Nach der Übernachtung im BAUMHAUSHOTEL WIPFELGLÜCK 1 geht ihr erst mal ein kleines Stück zurück Richtung Ortskern, um einen Ausläufer des Spitzensteins zu umgehen. Dazu folgt ihr dem Querbergweg und biegt dann rechts in den Spitzensteinweg ab. Es folgt der erste steile Anstieg. Bitte achtet darauf, ihn langsam zu nehmen, denn ihr braucht eure Kräfte noch! Unterhalb des Spitzenstein-Gipfels steht eine Schutzhütte (Grillstation), die sich für die erste Trinkpause anbietet. Von dort folgt ihr dem Weg nach rechts bis zur Landstraße, dann gleich wieder links und rauf auf den Eselsweg. Die Markierung E begleitet euch jetzt bis zur Hohen Sohl.

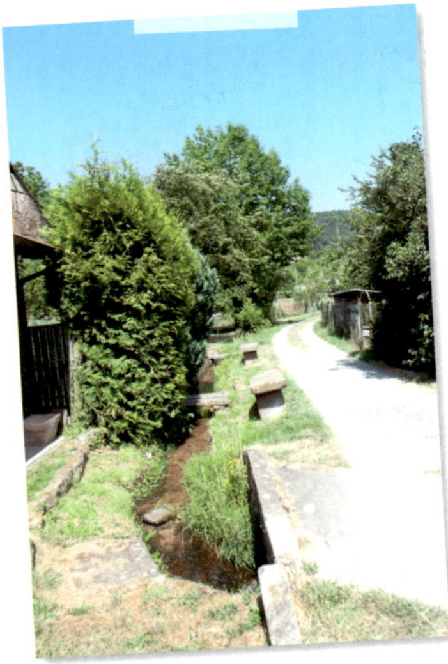

Der Eselsweg ist insgesamt 111 Kilometer lang und spielte bis ins 19. Jahrhundert hinein eine wichtige Rolle für die Wirtschaft in der Region. Er verläuft über Höhenzüge, meidet sumpfige Täler und war somit für die Esel ganzjährig begehbar. Die Esel waren deshalb so wichtig, weil sie Salz transportierten – und zwar von Bad Orb ganz im Norden des Spessarts bis ganz in den Süden zum Main. Dort wurde das Salz dann per Schiff weitertransportiert. Wenn ihr richtig gut in der Zeit liegt, Hunger habt und wenig zu essen dabei, dann solltet ihr erst dem Eselsweg zur Heidenplatte und von dort aus dem Räuberland-Wanderweg 2 Richtung Hofwildensee folgen. In Wildensee gibt es nämlich Einkehrmöglichkeiten: das Gasthaus Waldfrieden und das Gasthaus Zum Hirschen. Der Umweg wird euch aber Zeit kosten: Waldfrieden liegt ganz am anderen Ende des langgestreckten Dorfes, was hin und zurück sechs zusätzliche Kilometer bedeutet, allerdings führt der Spessartweg 2 auch sehr schön am Waldrand entlang.

Wenn ihr genügend Leckereien für ein Picknick dabei habt, biegt ihr nach der Hohen Sohl, wo auch eine Schutzhütte steht, rechts ab. Verschiebt eure Pause noch um ein paar Minuten, obwohl die Hütte an der Hohen Sohl auch sehr einladend aussieht, denn die Serpentinen führen euch erst nach unten auf den Braun-Weg (Markierung rotes Kreuz) und dann nach einer Rechtskurve zu einer Hütte, die besondere Annehmlichkeiten bereithält: Die LOCHTELHÜTTE 2 liegt direkt neben der Quelle »Brückenbrunn«, deren köstliches, klares Wasser absolut trinkbar ist. Und auf der anderen Seite der Hütte steht ein großer Schwenkgrill. Hier könnt ihr euch hier einen Kaffee kochen oder sogar Würstchen grillen,

vorausgesetzt, es besteht gerade keine akute Waldbrandgefahr. Darüber könnt ihr euch vor der Wanderung auf der Webseite des Deutschen Wetterdienstes informieren (www.wettergefahren.de). Auch einen Behälter mit Löschwasser solltet ihr immer neben dem Grill stehen haben. Das empfiehlt sich nicht nur aus Gründen der Vernunft, sondern auch wegen der besorgten Bürger, die hier mit ihren Mountainbikes im Wald patrouillieren und peinlichst auf die Einhaltung der Naturschutzregeln achten.
Wenn ihr merkt, dass ihr euch streckentechnisch doch zu viel vorgenommen habt oder das Grillfest an der Lochtelhütte ausgeartet ist, dann kürzt am besten hier ab, indem ihr dem Braun-Weg einfach weiter den Bach entlang folgt, denn so kommt ihr am schnellsten nach Collenberg. Allerdings verpasst ihr dann zwei echte Highlights: die Burg Collenberg und den höchsten Baum Bayerns!

Geheimnisvolle Einblicke: Vom Tal aus ist die Collenburg überhaupt nicht zu sehen

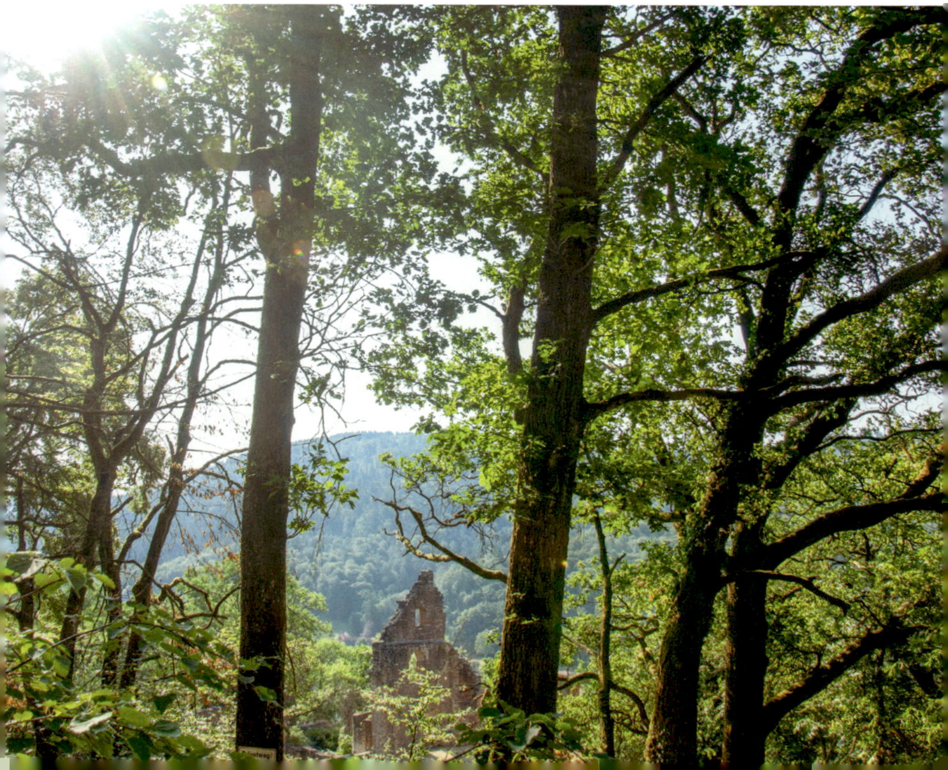

Hinter der Hütte könnt ihr über den »Ortswanderweg Collenberg 1« aufsteigen auf den Fechenberg. Von dort wieder hinunter führt ein steiler Trail, den ihr euch leider mit Mountainbikern teilen müsst. Also Kopfhörer abnehmen (sofern vorhanden) und Lauscher aufsperren, damit ihr im Zweifelsfall rechtzeitig zur Seite springen könnt! Bald lugen schon die wehrhaften Mauern der COLLENBURG 3 durch das Laub.

Die Collenburg, auch Burg Collenberg genannt, ist aus rotem Sandstein gebaut und liegt so versteckt im Wald, dass sie im Sommer vom Maintal aus gar nicht zu sehen ist. Nur wer wie ihr jetzt von oben kommt, kann sie überhaupt entdecken. Die Burg wurde im 13. Jahrhundert erstmals urkundlich erwähnt. Ursprünglich eine waschechte Ritterburg, fiel die Collenburg im 15. Jahrhundert an das Bistum Mainz und über Umwege an die Grafen von Reigersberg,

Forsthaus an der Landstraße: Jetzt seid ihr schon zu weit gelaufen. Bitte wenden!

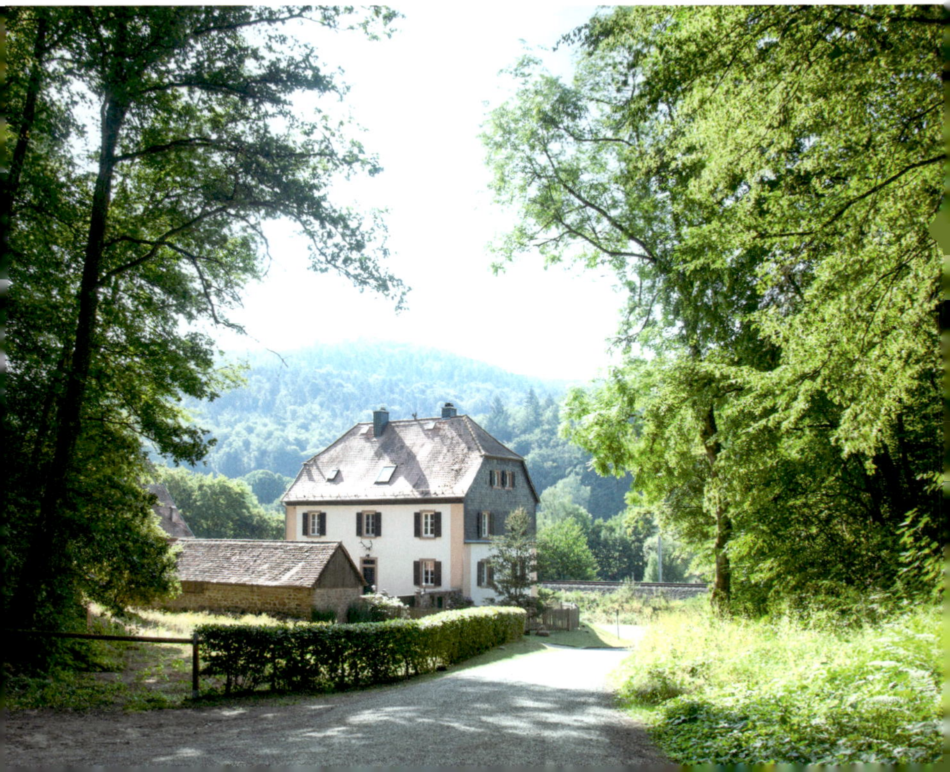

die, Ironie des Schicksals, mit dem Adelsgeschlecht verwandt waren, das die Burg ursprünglich erbaut hatte – aber leider »nur« über die mütterliche Linie.
Im 17. Jahrhundert muss es mal eine Phase gegeben haben, in der die Collenburg ein wunderhübsches Renaissance-Schloss war, ähnlich wie Schloss Lichtenberg im Odenwald. Aber leider beschlossen die Grafen, dass das Schlösschen ihnen nicht standesgemäß genug war, und verließen es. Es wurde noch als Forsthaus weitergenutzt, bis es im 18. Jahrhundert verfiel. In den 1980er Jahren wurden Maßnahmen ergriffen, um den totalen Einsturz zu verhindern, und Anfang dieses Jahrtausend wurde die romantische Ruine teilrestauriert.

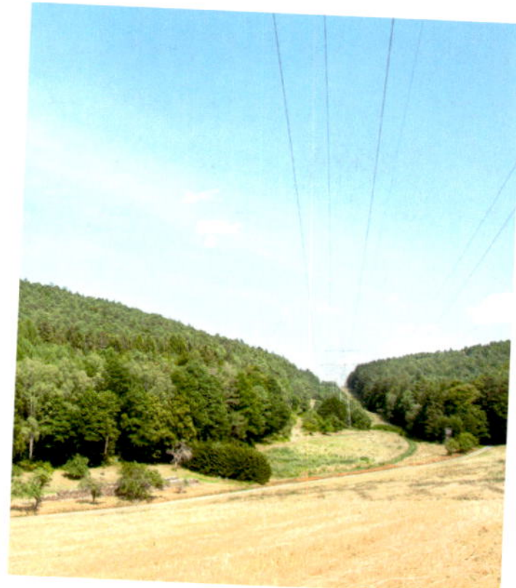
ABSTIEG NACH WILDENSEE

Ganz in der Nähe der Burg gibt es eine weitere Sehenswürdigkeit, die mit der geheimnisvollen Collenburg konkurriert: der HÖCHSTE BAUM BAYERNS 4! Dieser steht nicht, wie zu erwarten wäre, in den bayerischen Alpen, sondern im Spessart, und es handelt sich dabei auch nicht um eine einheimische Art, sondern um eine Douglasie aus Amerika, die 1907 gepflanzt wurde. Die Douglastanne fühlt sich im Spessart so wohl, dass sie eine Höhe von 63,33 Metern erreicht hat, vielleicht sind es mittlerweile auch schon 64,13 Meter, wie eine handschriftliche Notiz auf dem Schildchen behauptet, das ein stolzer Förster neben dem Baum angebracht hat.

LEHNT EUCH AN DEN STAMM DES BAUMRIESEN, SCHAUT HINAUF IN DIE KRONE UND FÜHLT, WIE EUCH EIN BISSCHEN SCHWINDLIG WIRD.

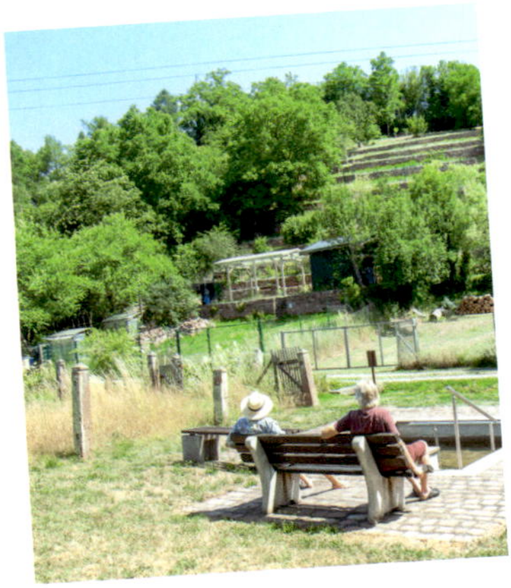

Kurze Kneipppause

Achtet auf dem Rückweg darauf, euch nicht zu verlaufen und rechtzeitig rechts abzubiegen, denn der sanft absteigende, breite Forstweg verführt dazu, einfach bis zum Forsthaus an der Landstraße weiterzugaloppieren. Der Fränkische Marienweg bringt euch zurück zur Burgruine, an ihr vorbei und durch Obstgärten am Berghang in das Städtchen, das natürlich, wie es sich gehört, ebenso heißt wie die Burg: Collenberg.

Der Ort Collenberg hat knapp 2.500 Einwohner und eine interessante Geschichte als Verladeplatz am Main, vor allem in Sachen Buntsandstein. Ein Museum am anderen Ende der Stadt, das in einer ehemaligen Kirche untergebracht ist, informiert darüber. Auf dem Weg dahin kommt ihr, wenn ihr die Abkürzung über den Braun-Weg gewählt habt, an einer Wassertretanlage vorbei, wo ihr euch noch die Füße kühlen könnt. Direkt daneben liegt der umtriebige Bogenschießverein. Auch das Gasthaus Zur Alten Eisenbahn liegt auf dem Weg, nämlich an der Hauptstraße. In Collenberg gibt es auch einen kleinen Bahnhof mit Regionalverkehr.

Wenn ihr noch könnt und nicht in den Regionalzug steigen müsst, führt euch der CF1-Weg Collenberg erst am Weißen Bild und am Jüdischen Friedhof vorbei hinauf zur Adolph-Kolping-Schutzhütte. Dieser letzte Anstieg ist noch mal steil und anstrengend, aber wenn ihr das Auto am Baumhaushotel geparkt habt, habt ihr keine Wahl! Bis auf 500 Meter steigt ihr auf den Geiersberg auf, bis euch der mit einem schwarzen Füchslein markierte Trail wieder hinab nach Mönchberg bringt.

Übrigens: Wenn ihr wirklich die ganze Wanderung ohne Abkürzung schafft, verbrennt ihr satte 2.200 Kilokalorien!

Alles, was ihr wissen müsst

Rundtour: viele Wasserstellen, bedeutet im Sommer aber auch: Mückenalarm! Insektenspray einpacken // ruhige Gegend // **nicht kinderwagentauglich**

Markierung: nicht einheitlich, bitte Text und/oder GPS beachten

Entfernung von: Aschaffenburg: 40 Kilometer // Würzburg: 62 Kilometer

ÖPNV: ab Miltenberg RE 87 bis Bahnhof Collenberg

Auto: Parken in Mönchberg oder in Collenberg

Einkehr: **Zur Alten Eisenbahn,** Hauptstraße 41, 97903 Collenberg // Zum Übernachten: **Baumhaushotel Wipfelglück**, Am Brunnweg, 63933 Mönchberg, www.wipfelglueck.de, oder **Camping im Maintal-Resort**, Schloßstraße 42, 97903 Collenberg, maintalresort.de

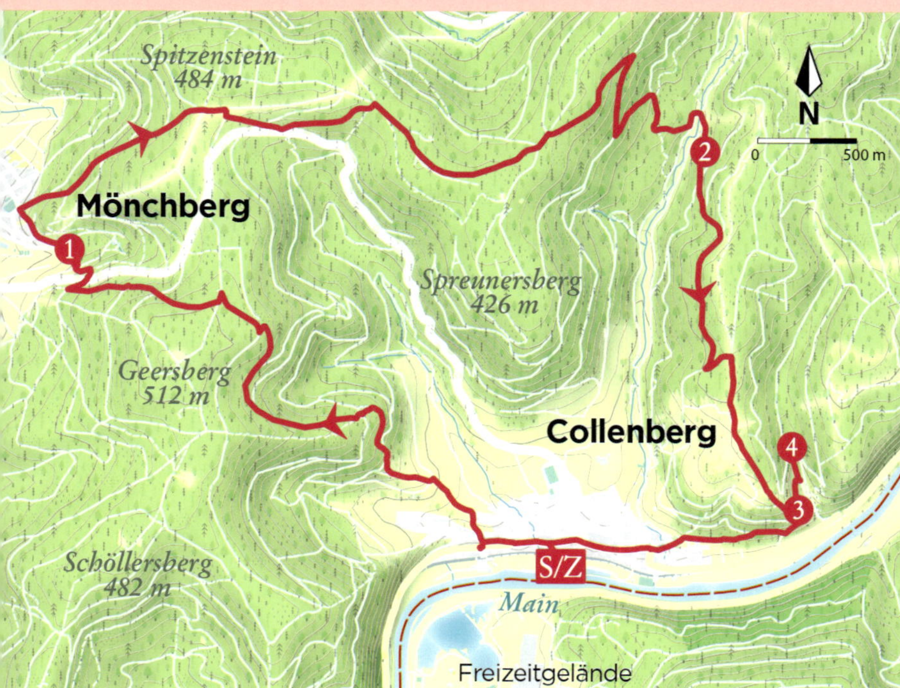

Durch das Hafenlohrtal

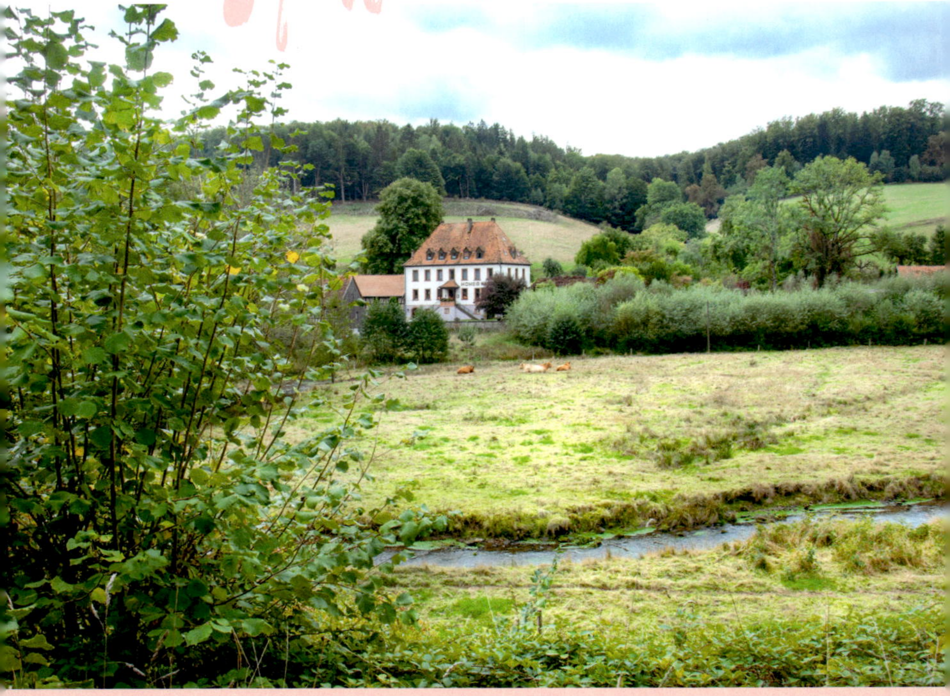

Schwierigkeit: schwer // 16 Kilometer // 530 Höhenmeter
Für Familien mit Kindern bedingt geeignet

WO DIE DICHTER MONDSÜCHTIG WERDEN: EINE WANDERUNG DURCH DAS SCHÖNSTE UND EINSAMSTE TAL IM GANZEN SPESSART

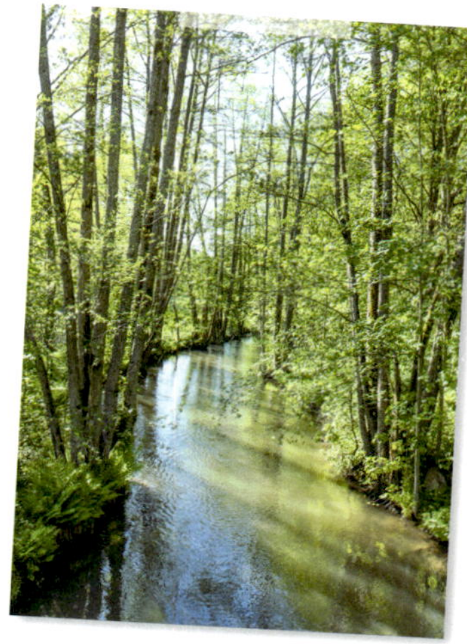

»Dies ist eine alte Landschaft. Die gibt es gar nicht mehr; hier ist die Zeit stehengeblieben. Wenn Landschaft Musik macht: dies ist ein deutsches Streichquartett. Wie die hohen Bäume rauschen, ein tiefer Klang; so ernst sehen die Wege aus ....«, schrieb Kurt Tucholsky, der im Jahr 1927 durch das Hafenlohrtal wanderte. Es liegt etwas in der Luft, in der Erde, im Wasser; oder vielleicht sind es auch die räumlichen Dimensionen, dieser Dreiklang zwischen Wald und Hang und Flüsschen, die jeden Dichter mondsüchtig werden lassen.

Das Hafenlohrtal ist das schönste und einsamste Tal im ganzen Spessart. Es ist so einsam, dass es geflutet werden sollte: In den 1970er Jahren war hier ein Staudamm geplant, der zwar mit Wasserkraft erneuerbare Energien erzeugt, aber eben auch Tucholskys Zauberlandschaft komplett unter Wasser gesetzt hätte. Unter der Führung der Aktionsgemeinschaft Hafenlohrtal gingen die wenigen Anwohner und die vielen Liebhaber des Tals so lange auf die Barrikaden, bis der Plan ad acta gelegt wurde. Eine frühe ökologische Bürgerbewegung traf sich also regelmäßig im Gasthaus Hoher Knuck in Lichtenau und machte so viel Wind, dass der Freistaat das Projekt wieder verwarf. Leider fiel der also historische Gastronomiebetrieb im Hohen Knuck der Corona-Pandemie zum Opfer, aber der Ort Lichtenau besteht zum Glück nicht aus einem, sondern aus zwei Gasthäusern (und einem Forsthaus, mehr Häuser wären von dem Staudammprojekt nicht betroffen gewesen) – und das zweite Gasthaus ist noch aktiv.

Dabei ist es verständlich, warum die bayerische Landesregierung ausgerechnet dieses Tal für ihr Projekt ins Auge fasste, wenn man nur von oben auf die Karte schaut: In dem rund 20 Kilometer langen, tiefen, von dem Flüsschen Hafenlohr durchflossenen Tal gibt es kein

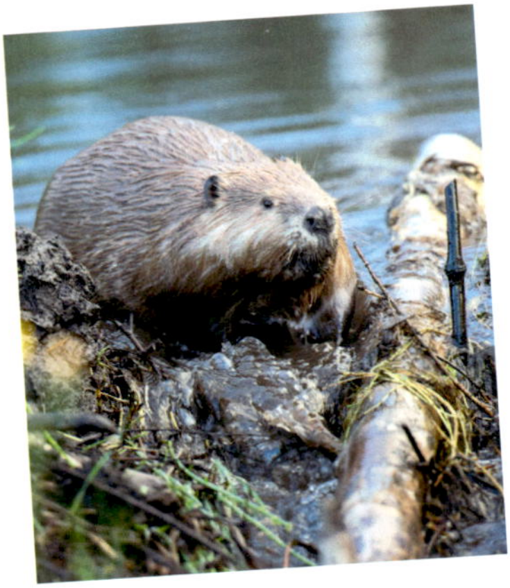

Einer, der hier Dämme baut

einziges Dorf, nur drei Einsiedlerhöfe, von denen einer tatsächlich auch Einsiedel heißt. Die perfekte Location für einen Stausee, zumindest aus der Vogelperspektive der Planer. Doch wenn man hindurchwandert, versteht man auch, warum Naturschützer sich mit Händen und Füßen gegen das Projekt gewehrt haben. Heute ist das Hafenlohrtal ein Naturschutzgebiet: Das Wasser hat beinahe Trinkwasserqualität; es gibt Flusskrebse hier, Biber und sogar Luchse und Eisvögel.

Ein klassischer Interessenkonflikt zwischen (lokalem) Naturschutz und (globalem) Klimaschutz, denn unter den Vorzeichen der Wende hin zu erneuerbaren Energien wären mehr Staudämme in Bayern, und damit mehr Strom aus Wasserkraft, absolut begrüßenswert. Wen also retten? Die Welt oder das Hafenlohrtal? Das Hafenlohrtal, wispern die Nixen, und der Wanderer muss ihnen zustimmen.

FÜR WANDERER GILT IN NATURSCHUTZGEBIETEN: AUF DEN WEGEN BLEIBEN, KEIN FEUER MACHEN UND KEINEN MÜLL LIEGEN LASSEN. KEINE PFLANZEN PFLÜCKEN ODER GAR AUSGRABEN!

Als Kurt Tucholsky in den 1920er Jahren durchs Hafenlohrtal wanderte, befand es sich in einer Hochphase des Tourismus: Im Gasthaus im Hochspessart in Lichtenau hängen noch Schwarz-Weiß-Bilder von Touristinnen in Hängekleidchen und mit Federhütchen, die aussehen, als kämen sie direkt von einer 20er-Jahre-Party in Berlin-Mitte. Was vor hundert Jahren schon touristisch erschlossen war,

war es meistens zu Recht: Von allen Wirtshäusern im Spessart, die in diesem Wanderführer vorkommen, atmet dieses hier in seiner poetischen Weltabgeschiedenheit am meisten den Geist von Wilhelm Hauffs Märchen-Almanach.
Und nicht nur liegt es im schönsten und einsamsten Tal des Spessarts, sondern es hat auch eine Geschichte, die wie die Miniaturversion der Geschichte des gesamten Spessarts wirkt: Bis ins 16. Jahrhundert jagten hier die Grafen von Rieneck, danach wurde in Lichtenau ein kurmainzerisches Jagdschloss errichtet. Im 19. Jahrhundert dann baute die Firma Rexroth hier einen Eisenhammer, der 1871 aufgegeben wurde. 1896 kauften die Brüder Eich das Anwesen; ihre Familie betreibt das Wirtshaus bis heute. Eigentlich ist die Geschichte des Gasthauses im Hochspessart die Geschichte des gesamten Spessarts – »in a nutshell«, wie der Engländer sagt.

Die Welt retten oder das Hafenlohrtal?
Ganz klar das Hafenlohrtal!

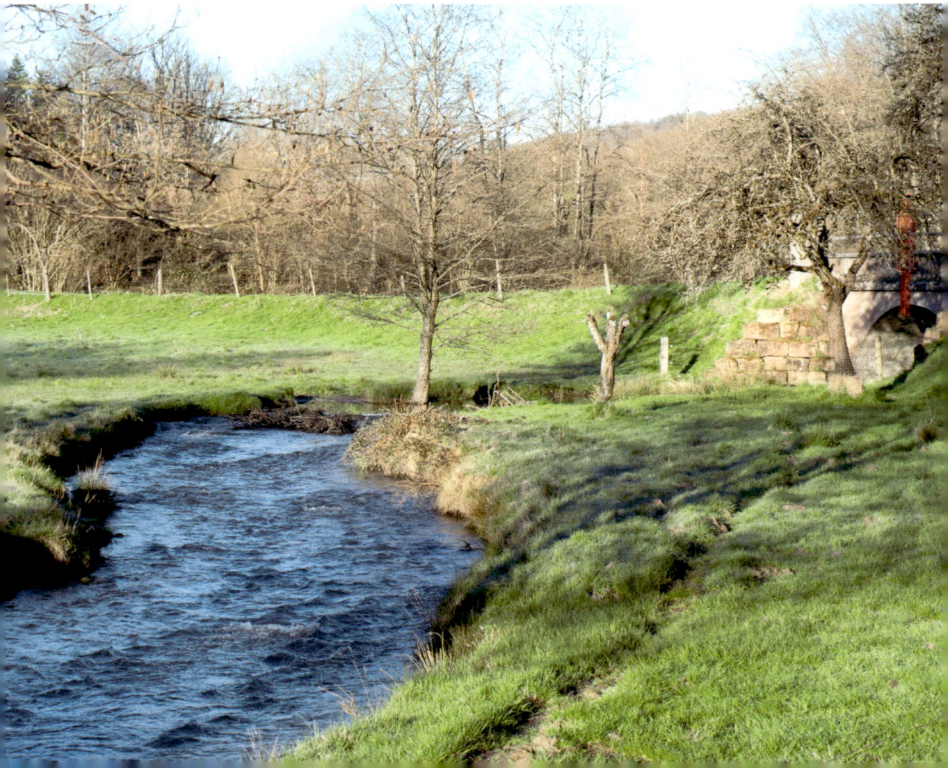

Ihr startet also am GASTHAUS IM HOCHSPESSART 1. Aus dem Eingang kommend haltet ihr euch zweimal links und überquert die Hafenlohr. Beim ehemaligen Gasthaus Hoher Knuck betretet ihr den Wald. Euer Weg führt nach rechts den Berg hinauf, in Richtung des Gipfels Hoher Knuck, und ist mit einem grünen Jäger markiert. Ganz bis zum Gipfel, der immerhin auf 539 Metern liegt, müsst ihr aber nicht aufsteigen, sondern ihr dürft vorher nach links in Richtung Saubuckel (379 Meter) abbiegen. In sanften Kehren führt der Weg hinab zum Klingengrund. Ihr geht weiter geradeaus und verlasst den Wald wieder, wenn ihr EINSIEDEL 2 erreicht. Der Ort macht seinem Namen alle Ehre: ein altes Mühlhaus, eine Kapelle und drei Wohnhäuser drumherum. Unwahrscheinlich, hier einem Menschen zu begegnen, und natürlich gibt es hier weder Wirtshaus noch Kiosk noch Toiletten. Dafür gibt es ein idyllisches

Kurmainz, Rieneck, Rexroth: Was den Spessart prägte, prägte auch das Gasthaus im Hochspessart

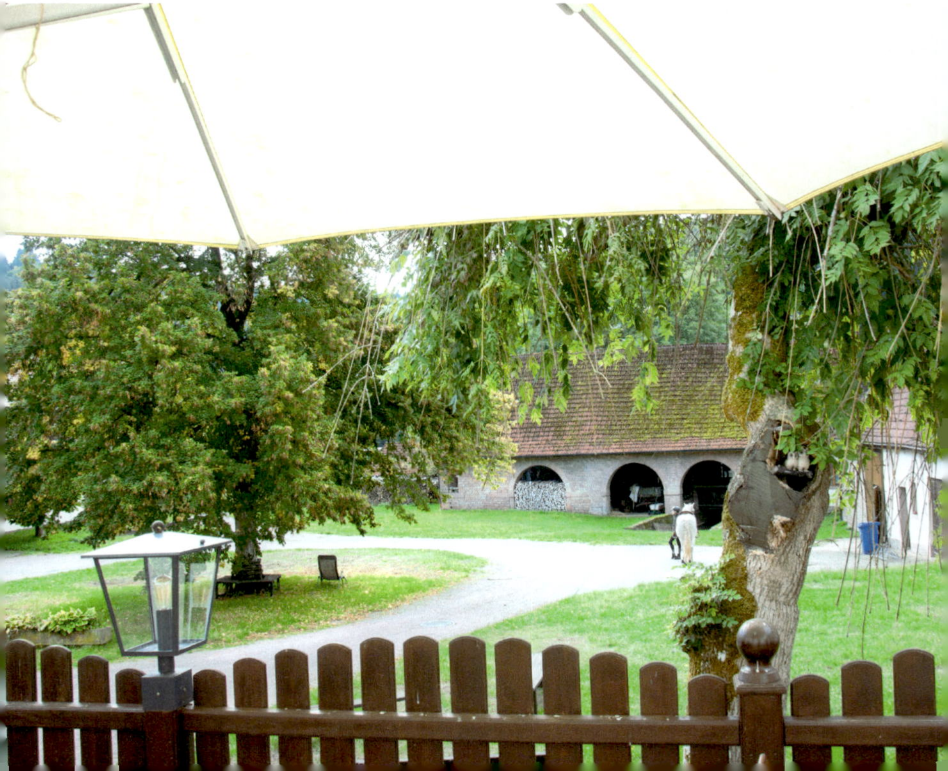

Brückchen über die Hafenlohr, die hier schon an Kraft und Breite gewinnt und sich Schritt für Schritt vom Bach zum Flüsschen wandelt.

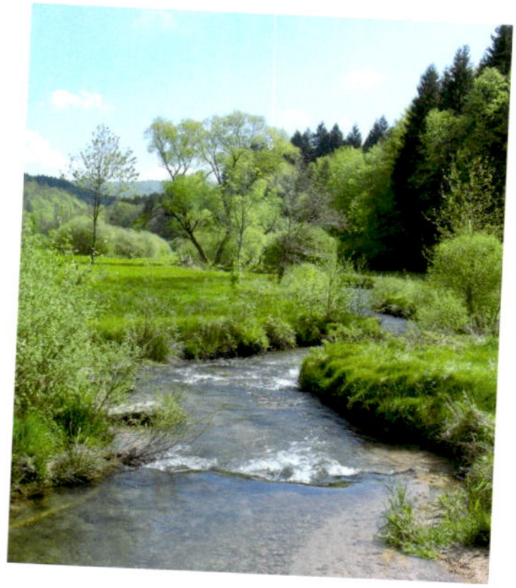

EIN PARADIES FÜR EREMITEN

Ihr überquert die Hafenlohr und müsst euch jetzt entscheiden: Habt ihr keinen Hunger oder genug Proviant dabei und würdet ihr die Wanderung gern bald beenden? Dann folgt einfach dem schönen Wanderweg mit der roten Diagonale die Hafenlohr entlang nach links, zurück Richtung Lichtenau. Beim Forsthaus Diana, leicht an der Wasserbüffel-Weide zu erkennen, wechselt ihr auf die Asphaltstraße und folgt ihr zurück nach Lichtenau zum Gasthaus im Hochspessart. Der Weg führt sanft bergan, die Geschwindigkeit für den motorisierten Verkehr ist auf 50 Stundenkilometer begrenzt, doch es sind ohnehin kaum Autos und Motorräder unterwegs. Diese Straße mit dem Fahrrad hinunterzufahren muss ein absoluter Hochgenuss sein! Links der Wald, durch dessen im Frühling zartes Laub noch die Sonne scheint, rechts das Flüsschen, mal näher, mal weiter weg, mäandernd und langsam breiter werdend.

IMMER WIEDER WURDE DAS WASSER ZU KLEINEN ENTEN- UND FISCHTEICHEN MIT KÜNSTLICHEN INSELN AUFGESTAUT. DÖRFER GIBT ES NICHT, NUR FORSTHÄUSER UND EINSIEDLERHÖFE, DIE SICH MALERISCH IN DIESE UNGLAUBLICHE LANDSCHAFT SCHMIEGEN.

Wenn ihr aber Lust habt auf ein gastronomisches Highlight und noch Kraft in den Beinen, dann steigt von Einsiedel aus auf zum FORST-

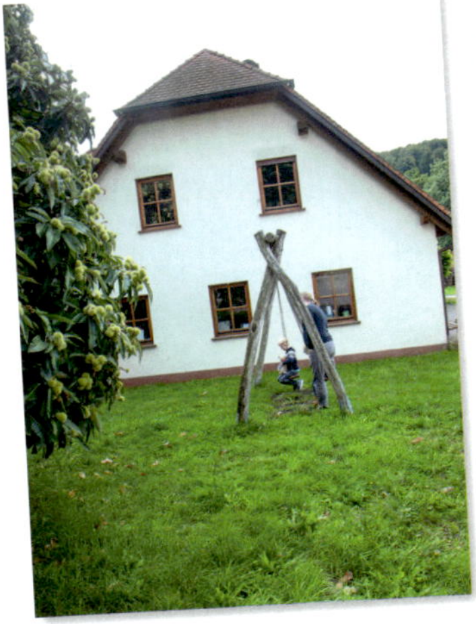

HAUS AURORA 3. Die Wildschweinbratwürste müsst ihr euch allerdings mit einem langen und anstrengenden Anstieg verdienen! Und bitte denkt daran, dass das Haus nur an Sonn- und Feiertagen bewirtet ist. Dazu folgt ihr dem Wanderweg mit dem roten X rechts in den Wald hinein. Hinter der Joseph-Ferber-Eiche geht es steil aufwärts und ihr müsst ein wenig schnaufen, aber weiter hangaufwärts beginnen sich zwischen den Bäumen schon wunderschöne Aussichten zu eröffnen. Auf dem Weg zur Aurora seht ihr auch den Gipfel Hoher Knuck auf der anderen Seite des Tals, den ihr vorher auf dem Weg von Lichtenau nach Einsiedel schon besucht habt. Am Forsthaus Aurora angekommen gibt es endlich die wohl verdiente Pause.
Wenn ihr mit dem Auto angereist seid und in Lichtenau geparkt habt, müsst ihr auf demselben Weg wieder absteigen und euch an der Wegkreuzung vor der Joseph-Ferber Eiche rechts halten, um wie oben beschrieben am FORSTHAUS DIANA 4 vorbei wieder zurück zum Gasthaus im Hochspessart zu kommen. Wer flexibel ist, kann vom Forsthaus Aurora aus auch über den Wanderweg mit dem roten Dreieck am Neuhöller Brunnen vorbei nach Neustadt am Main absteigen, wo es eine Busverbindung nach Lohr gibt.

Tipp: *DREI TAGE HAFENLOHR*

Diese Tour lässt sich mit 9 und 22 zu einer Mehrtagestour verbinden: Wer sportlich ist, läuft die 25 Kilometer von Weibersbrunn über Lichtenau und das Forsthaus Aurora nach Rothenfels, übernachtet dort und läuft am nächsten Tag über Lindenfurter Hof, Einsiedel und den Berg »Hoher Knuck« wieder zurück – oder umgekehrt.

ALLES, WAS IHR WISSEN MÜSST

Rundtour: Achtung Funkloch! GPS-Daten unbedingt vorher herunterladen und/oder Wanderkarte auf Papier mitnehmen // Streckentour bei Abstieg vom Forsthaus Aurora ins Maintal // **nicht kinderwagentauglich** // ohne den Abstecher zum Forsthaus Aurora für Schulkinder geeignet

Markierung: ab Lichtenau grüner Jäger, ab Einsiedel entweder rotes X oder rote Diagonale

Entfernung von: Aschaffenburg: 27 Kilometer // Würzburg: 45 Kilometer
ÖPNV: für Anreise nicht empfohlen; optional Rückfahrt von Neustadt mit Bus 614 nach Lohr
Auto: Parkplatz am Gasthaus im Hochspessart, Lichtenau

Einkehr: **Gasthaus im Hochspessart,** Lichtenau 3, 97840 Hafenlohr, www.gasthaushochspessart.de // **Forsthaus Aurora,** Spessartstraße, 97845 Neustadt am Main, forsthaus-aurora.business.site, Öffnungszeiten beachten

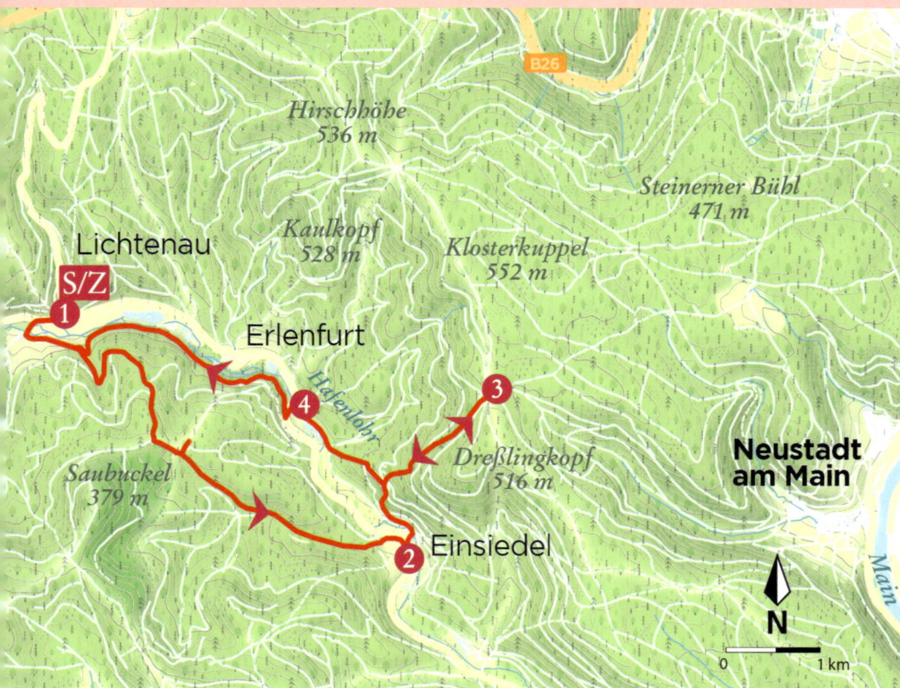

Bergstrasse für Sonnenanbeter

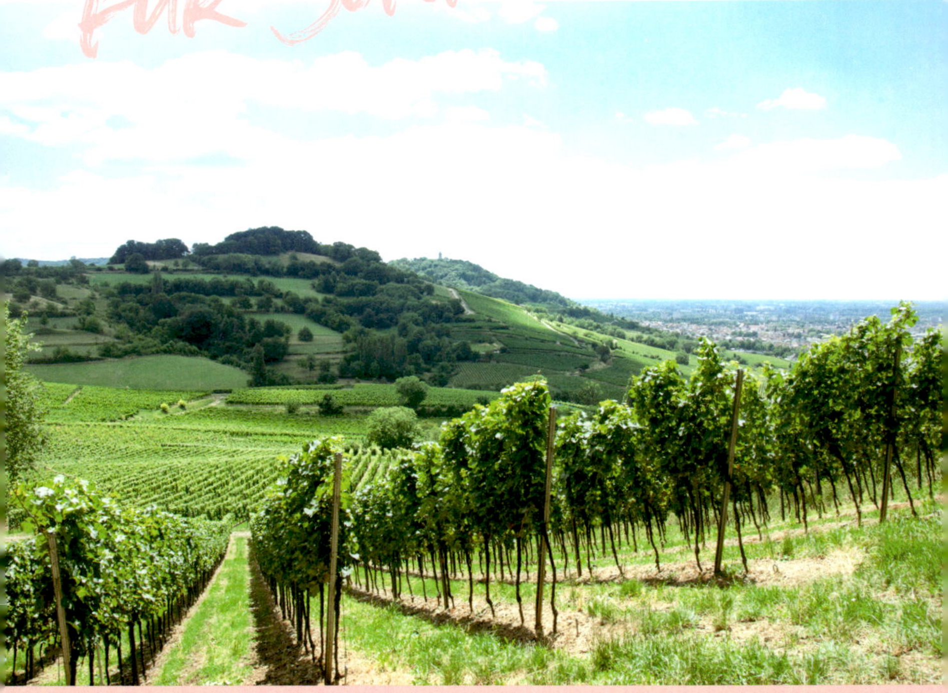

Schwierigkeit: schwer // 10 Kilometer // 380 Höhenmeter
Für Familien mit Kindern nicht geeignet

*DIE PERFEKTE FRÜHLINGSTOUR.
LASST EUCH NACH EINEM LANGEN, DUNKLEN
WINTER MAXIMAL UV-BESTRAHLEN!*

An der Westseite des Odenwalds führt die Hessische Bergstraße entlang, die im Süden in die Badische Weinstraße übergeht. Diese »Strata Montana« blickt auf eine lange Geschichte zurück.

SCHON DIE RÖMER LEGTEN AN DEN WESTHÄNGEN DES ODENWALDS ZUM RHEIN HIN WEINBERGE AN, DIE SIE MIT MANDELBÄUMEN UND ANDEREN MEDITERRANEN GEWÄCHSEN BEPFLANZTEN. BIS HEUTE IST DIE SONNENVERWÖHNTE BERGSTRASSE EIN STÜCK ITALIEN IN DEUTSCHLAND.

Am schönsten ist es hier im Vorfrühling, wenn der Rest von Deutschland noch unter einer Schneedecke liegt und hier bei angenehmen 15 Grad schon die ersten Schmetterlinge durch die Weinreben flattern und die Mandelbäume rosa blühen. Im Hochsommer dagegen können die Sonne und die Hitze schnell zu einem ernsthaften gesundheitlichen Problem werden; also achtet darauf, dass ihr einen kühlen Tag erwischt und eine Kopfbedeckung dabeihabt.
Wer es richtig krachen lassen will, geht den Blütenweg (Markierung gelbes B) in seiner gesamten Länge von Darmstadt bis nach Heidelberg. Wenn euch das mit 80 Kilometern zu lang ist, wählen wir heute eine kürzere Strecke über knapp zehn Kilometer von Bensheim bis nach Heppenheim. Wem das zu kurz ist, verlängert von Heppenheim an dem gelben B folgend bis nach Weinheim und kommt damit ungefähr auf 20 Kilometer. Endlich eine Wanderung, zu der ihr in jeder Variante problemlos mit öffentlichen Verkehrsmitteln an- und abreisen könnt!
Vom Bahnhof in Bensheim aus wendet ihr euch Richtung Innenstadt. Dazu müsst ihr durch die Unterführung unter die B3, die hier Rodensteinstraße heißt. Die Unterführung ist schon mit den Wanderwegmarkierungen 2 und 3 gekennzeichnet. Der 3 könnt ihr ein ganzes Stück durch die Stadt folgen: Immer geradeaus kommt ihr schließlich beim Marktplatz heraus, wo ihr den Brunnen mit

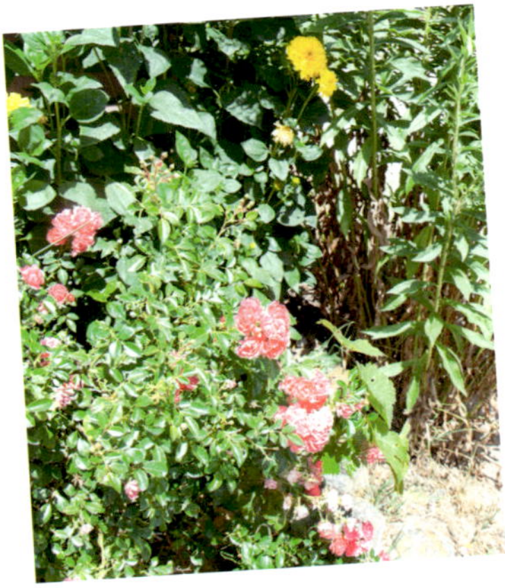

Blumen für Bismarck

der St.-Georg-Statue (sofern er nicht mit Buden eingerüstet ist, weil wieder irgendein Fest stattfindet) und die historische Stadtkirche bewundern könnt, die ebenfalls St. Georg heißt.
Ihr haltet euch weiter rechts und geht an Drogerie, Bäckerei und Rathaus vorbei über eine Brücke, weiter durch die Fußgängerzone an lauschigen Fachwerkhäusern vorbei bis zum Hospitalbrunnen, wo ihr halblinks abbiegt und einer Straße folgt, die schließlich Hauptstraße heißt. Diese mündet wieder in die Rodensteinstraße, und diese Einmündung markiert dann auch das Ende der Fußgängerzone. Ihr folgt der Rodensteinstraße nur ein kurzes Stück, bis sie Heidelberger Straße heißt und ihr zum Friedhof abbiegen könnt. Hier verlasst ihr die Streckenführung mit der Markierung 3.
Hinter dem Friedhof biegt ihr von der Friedhofstraße aus nach links in die Wilhelm-Euler-Straße ab und vor dort wieder nach links in den Hahnbergweg in etwas, das wie eine private Hofeinfahrt aussieht, aber keine ist. Hinter dem Haus mit der Nummer 2 führt nämlich ein Schleichweg rechts nach oben auf den HEMSBERGTURM 1. Zum Blütenweg ginge es im Hahnbergweg nach rechts in die Weinberge hinein, was auch schön und weniger anstrengend, aber auch weniger spektakulär ist. Denn der Bensheimer Hemsbergturm ist einen Abstecher allemal wert.

DER HEMSBERGTURM AUS DEM JAHR 1902, AUCH BISMARCKTURM GENANNT, SIEHT AUS, ALS WÜRDE RAPUNZEL PERSÖNLICH GLEICH IHR HAAR HINUNTERLASSEN.

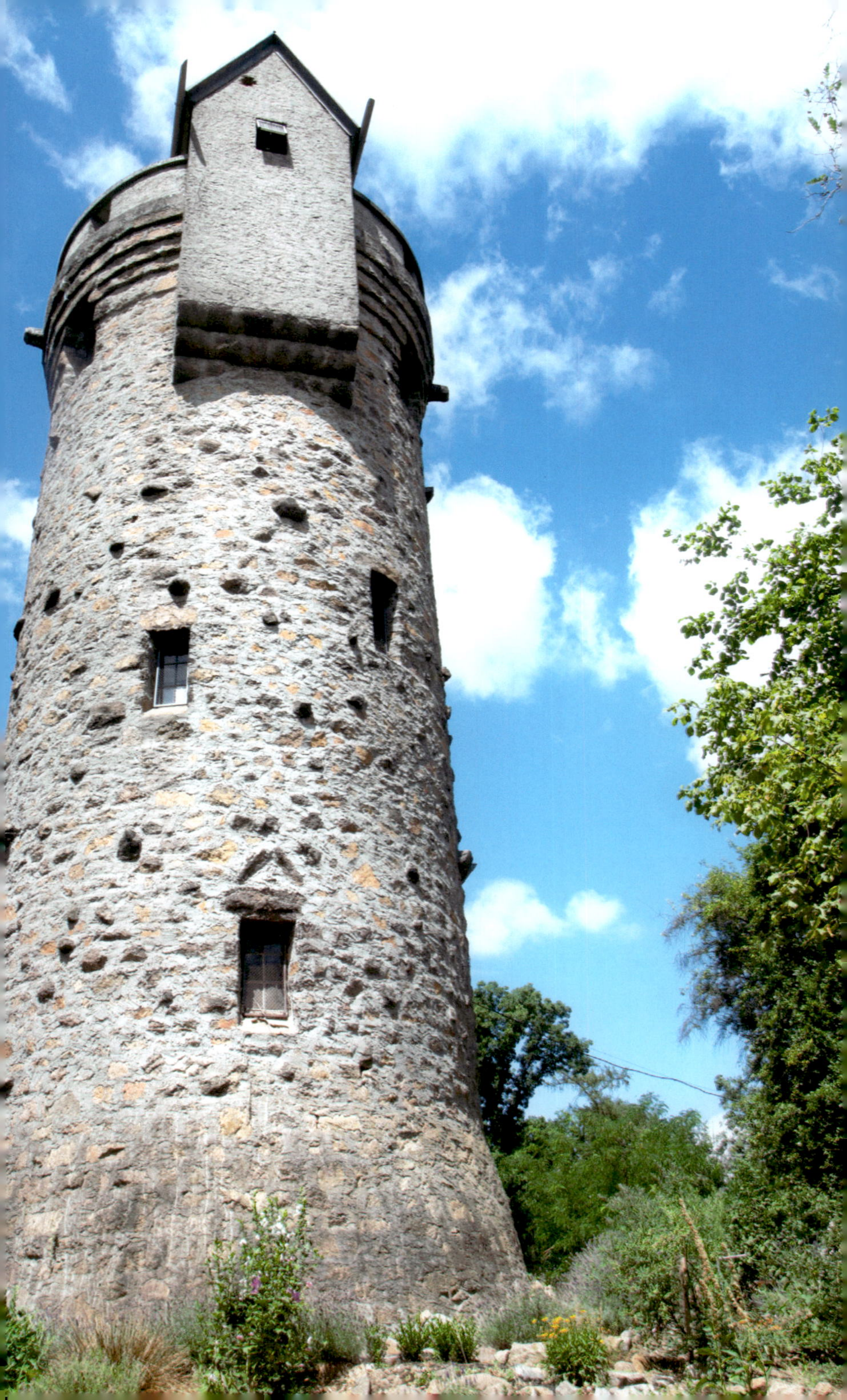

Der kleine Garten um den Turm herum besteht aus einem hübschen Kräutergarten und einem gemütlichen Biergarten, der am Wochenende im Sommer auch bewirtschaftet ist. Etwas abseits im Gebüsch steht auch ein Plumpsklo.
Hinter dem Hemsbergturm führt euer Weg noch ein Stück in einer Rechtskurve durch den Wald, dann links auf einem Trampelpfad den Hang hinunter in die Weinberge. Setzt eure Sonnenhüte auf und überquert den Blütenweg an einem kleinen Rastplatz mit Gebetsstätte. Christliche Bildstöcke sind in Hessen so selten, dass euch dieses kleine, von Weinranken überwachsene Marienbildnis mit Sicherheit auffällt.
Besonders Wanderer, die sonst eher in Bayern unterwegs sind, bemerken diese allgemeine Abwesenheit von Bildstöcken im hessischen Odenwald sofort. Schuld daran ist der sogenannte Bildersturm, den

Steile Anstiege, steile Abstiege: Hier in den Weinbergen ist Wadenkraft gefragt

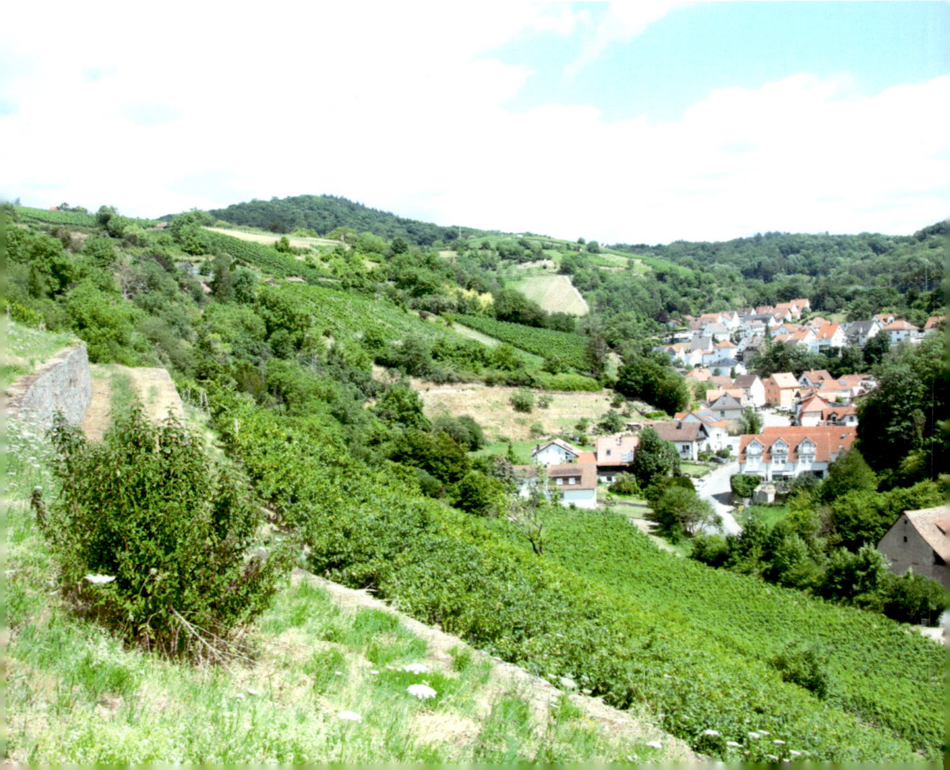

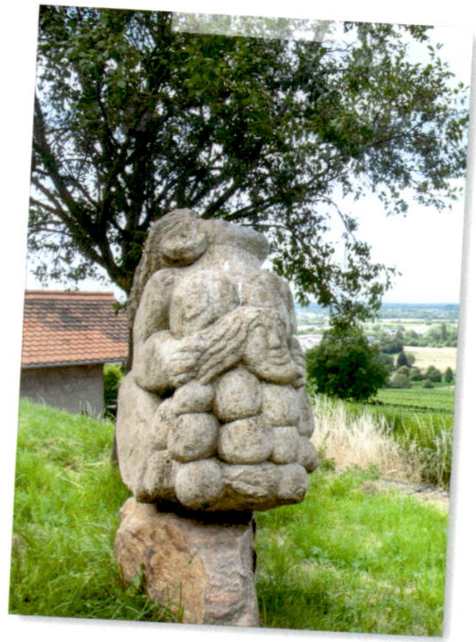

die Calvinisten Anfang des 17. Jahrhunderts in Hessen vollzogen, nachdem sie einer Art von oben verordneter religiösen Raserei zum Opfer gefallen waren. Sie vernichteten nicht nur Bildstöcke, sondern schlugen auch Marien- und Heiligenstatuen in Kirchen mit Hammer und Meißel Hände und Gesichter ab, manchmal auch die Köpfe. Ihr Rädelsführer, der Landgraf Moritz von Hessen-Kassel, trat 1605 zum Calvinismus über und rief eine »zweite Reformation« aus. Im Zuge dessen schrieb er die Zehn Gebote im Sinne Calvins um: »Du sollst dir kein Bildnis machen«, das Gebot, das zwar im Alten Testament, bei Luther aber gar nicht vorkommt, rückte damit auf Platz zwei.

Die Calvinisten nahmen dieses Gebot so ernst, dass sie nicht nur keine neuen Bilder von Jesus, Maria oder den Heiligen anfertigten, sondern auch die alten zerstörten. Wie die kleine Maria hier im Weinberg das Gemetzel überlebte, ist unbekannt – vielleicht hatte sie aber auch einfach nur das Glück der späten Geburt und wurde erst nach dem Bildersturm aufgestellt.

Von dort folgt ihr dem Weg mit der Markierung L im Zickzack durch die Weinberge, steigt vom Hemsbergturm ab bis In der Grube, wo eine Infotafel auf den Fund einer römischen Villa hinweist. In einen Felsen ist das Landschaftsrelief der Bergstraße aus dem 1. Jahrhundert nach Christus eingraviert. Ihr verlasst die so genannte RÖMERSCHLEIFE 2 dem Weg L weiter nach Süden folgend und steigt wieder auf in Richtung Unter-Hambach.

Von den Weinbergen nach Unter-Hambach könnt ihr auf unterschiedlichen Wegen absteigen; der sportlichste verläuft über eine Treppe den Hang vom Steinkopf hinab, kurz bevor der Weg L nach Osten abbiegt. Weniger Ambitionierte folgen dem Weg einfach und halten sich dabei rechts, bis er auf die Landstraße Hambacher Tal trifft. Die überquert ihr so oder so, und nach dem steilen Abstieg nach Unter-Hambach folgt direkt und gnadenlos der steile Aufstieg auf die Starkenburg. Vor dem Trafo-Häuschen bei der Hausnummer 13a führt ein Schleichweg den Hang hinauf, der erst durch ein Wohngebiet (Am weißen Rain) und dann dem Burgenweg folgend zur STARKENBURG 3 führt.

DIE MÄCHTIGE STARKENBURG AUS DEM 11. JAHRHUNDERT THRONT STOLZ HOCH ÜBER DER WEINSTADT HEPPENHEIM. MAUERN UND TÜRME SIND NOCH AUS DEM MITTELALTER ERHALTEN; DER BERGFRIED UND DER PALAS WURDEN ANFANG DES 20. JAHRHUNDERTS RESTAURIERT.

Im Hauptgebäude befindet sich eine Jugendherberge und im äußeren Zwinger ein wunderschöner Biergarten, der einen atemberaubenden Blick über die Bergstraße und die Rheinebene bis in die Pfalz bietet. Unterhalb der Burg liegt Heppenheim wie auf einem 3D-Stadtplan ausgebreitet; jede Straße und jedes einzelne Gebäude der Innenstadt lässt sich identifizieren.

Nach einer Stärkung im Biergarten (Flammkuchen und Bergsträßer Wein!) folgt der Abstieg über die spektakulär steilen Hänge von der Burg hinunter nach Hüttchen vorbei, neben dem eine Sonnenliege installiert ist. Von dort bietet sich ein toller Blick auf den »Dom der Bergstraße«, die katholische Pfarrkirche St. Peter. Unterhalb der Sonnenliege führt ein Wanderweg entlang: Hier könnt ihr euch links halten und auf einem halsbrecherischen Weg durch die Weinberge nach rechts zum Dom hin abkürzen, oder ihr wählt die gemäßigtere Variante, geht nach rechts und biegt später nach links auf den Burgenweg (Markierung blaue Zinne, Straße Starkenburgweg) ein, der euch in die ALTSTADT 4 führt. Hier könnt ihr dem idyllischen Lauf des Stadtbachs zum Bahnhof Heppenheim folgen.

Alles, was ihr wissen müsst

keine Rundtour: Fußweg vom Bahnhof Bensheim zum Bahnhof Heppenheim // Erweiterung bis nach Weinheim möglich (20 Kilometer Länge) // Achtung: steile An- und Abstiege // Kein Schatten! Kopfbedeckung tragen! // **nicht kinderwagentauglich**

Markierung: Blütenweg (gelbes B) // in den Weinbergen L

Entfernung von: Darmstadt: 23 Kilometer // Mannheim: 29 Kilometer
ÖPNV: RE 60 oder RB 68 bis Bahnhof Bensheim // zurück mit der Regionalbahn vom Bahnhof Heppenheim oder Weinheim
Auto: Parkplatz am Netto-Supermarkt hinter dem Bahnhof Bensheim

Einkehr: **Biergarten am Hemsbergturm** (Öffnungszeiten checken!), hemsbergturm-verein.de/bewirtung // **Burgschänke Starkenburg**, Starkenburgweg 51, 64646 Heppenheim, www.burgschaenke-starkenburg.de

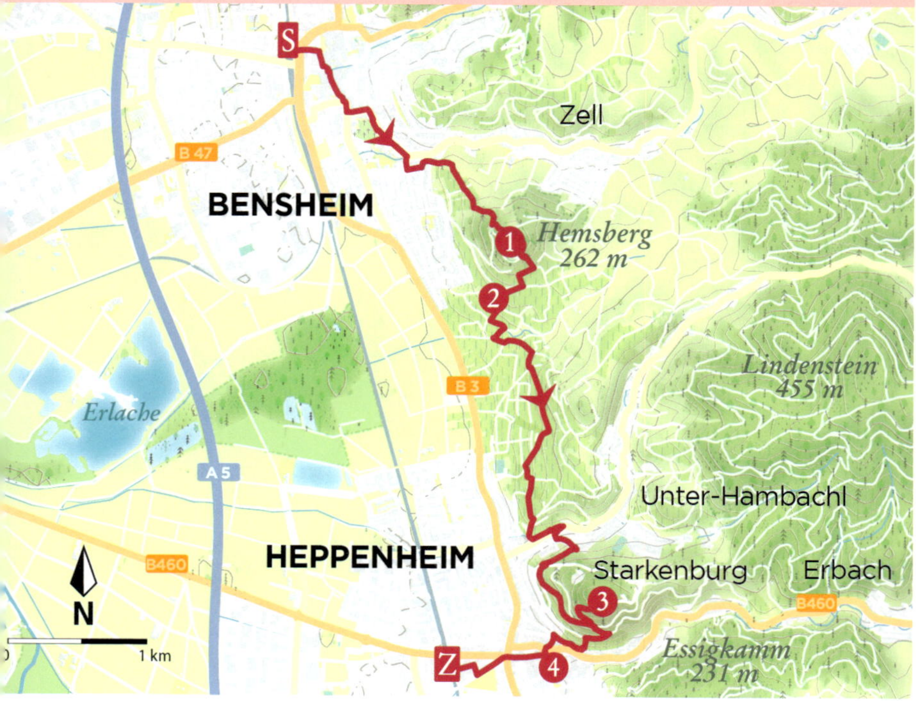

Zum Hexenhäuschen in Heubach

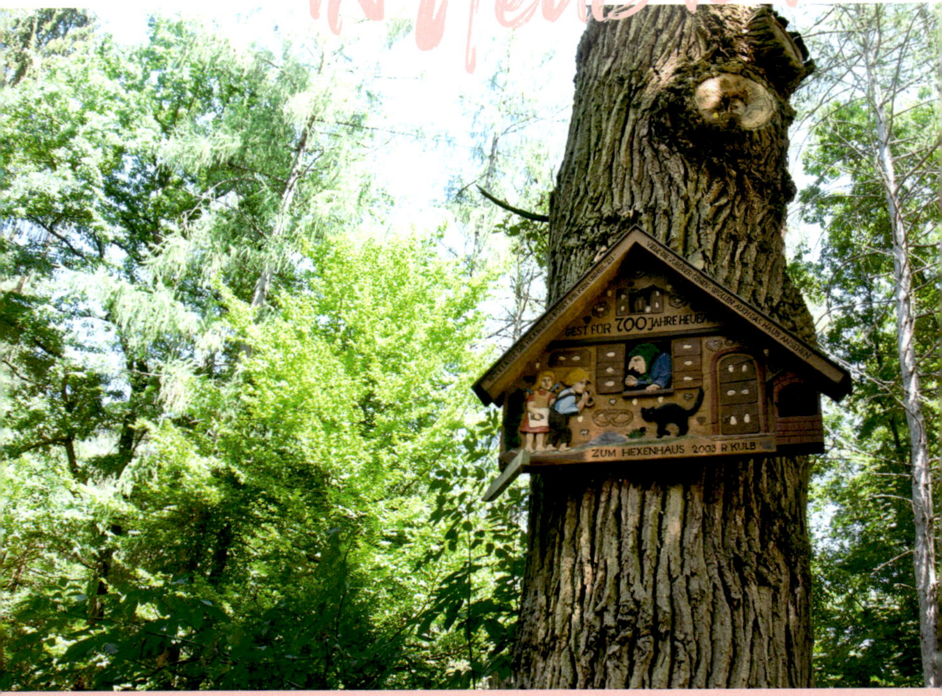

Schwierigkeit: leicht // 8 Kilometer // 180 Höhenmeter
Für Familien mit Kindern geeignet

PERFEKT FÜR HEISSE SOMMERTAGE: NICHT SO WEIT, NICHT SO STEIL, VIEL SCHATTEN, VIEL WASSER

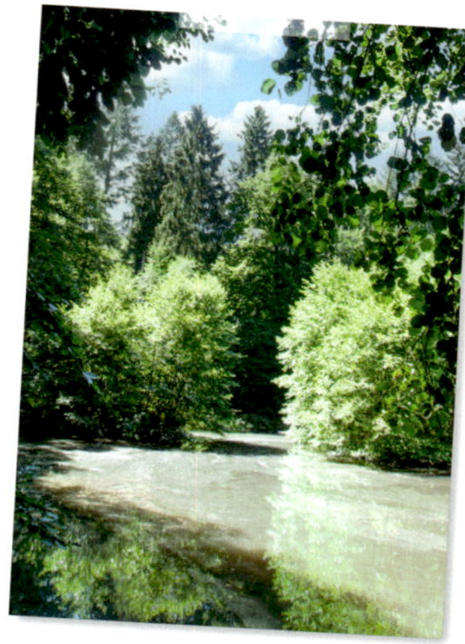

Der Ort Heubach gehört zu Groß-Umstadt und liegt ganz im Norden des Odenwaldes. Ein wenig außerhalb befindet sich der WANDERPARKPLATZ KELLERGRUND 1. Hier startet ihr eure Wanderung. Ein paar Schritte weiter in den Wald hinein seht ihr ein Holzbrett über dem Graben rechts des Weges liegen. Wenn ihr über dieses Holzbrett geht und dem Bachlauf hangaufwärts folgt, kommt ihr bald an einen kleinen Waldsee. Daran geht ihr vorbei und findet den Ursprung des Bachs, die HEINRICH-RAUCH-QUELLE 2.

HEINRICH RAUCH WAR NACH DEM ZWEITEN WELTKRIEG FÖRSTER IN HEUBACH UND HAT DIE QUELLE MIT DER HEUTE NOCH VORHANDENEN STEINFASSUNG GESTALTET UND, NACH GETANEM WERK, NACH SICH SELBST BENANNT.

Eventuell während der Autofahrt schon halb geleerte Wasserflaschen können an der Heinrich-Rauch-Quelle wieder aufgefüllt werden. Sie ist berühmt für ihre Wasserqualität; viele Wasser-Gourmets kommen von weither, um hier ihre Kanister vollzumachen.
Geht zurück zum Parkplatz und biegt rechts ab, um den Aufstieg zum Hexenhäuschen zu beginnen. Ihr überquert den Bach und steigt links neben dem Ponyhof (Erlenhof) auf zum Waldrand. Dort biegt ihr links auf den Waldweg ein und folgt ihm, bis ein schöner Wegweiser euch rechts den Hang hinauf den Weg zum Hexenhäuschen zeigt.
Das HEUBACHER HEXENHÄUSCHEN 3 ist eine Hütte, die nur nachts von Hexen, tagsüber auch von Jägern genutzt wird. Nachdem es hier tatsächlich schon Einbruchsdelikte gegeben hat – 2012 entwendeten Diebe einen kompletten gusseisernen Ofen samt

Ofenrohr – ist der Innenraum verschlossen, aber im Außenbereich gibt es ein Vordach und mehrere Bänke mit Tisch. Auf einem Schild am Hexenhäuschen steht geschrieben:

»OH WANDERER, GENIESSE DIESEN ORT.
ES IST DER HEXEN TANZPLATZ DORT.
UNHEIMLICH SIND SIE ANZUSCHAUEN
BEI IHREM TANZ IM MORGENGRAUEN.
AUCH IST DER JÄGER TREFFPUNKT HIER
AUS DEM HEUBACHER JAGDREVIER.«

Zum Thema Hexen im Odenwald gibt es eine Menge Literatur. Wie überall in Deutschland wurden Hexen und solche, die dafür gehalten wurden, während der »Kleinen Eiszeit« im 17. Jahrhundert rück-

Leider verschlossen:
das Hexenhäuschen in Heubach

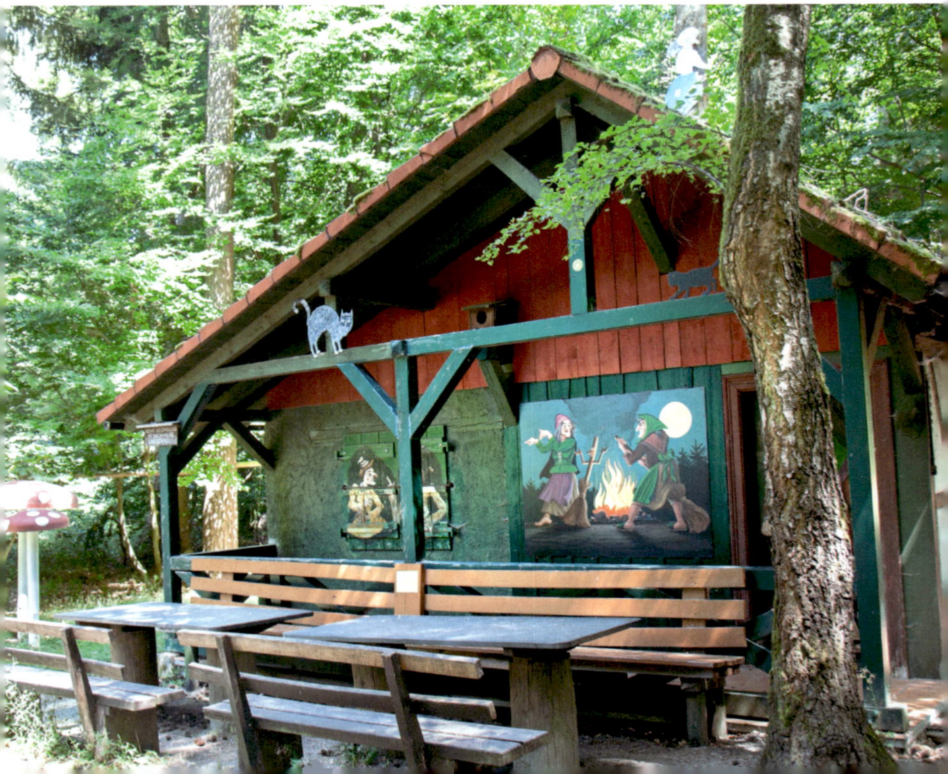

sichtslos verfolgt. Hexenverbrennungen fanden also nicht, wie häufig gesagt wird, im Mittelalter statt, sondern deutlich danach. Entgegen der landläufigen Meinung wurden sie auch nicht von den Kirchenoberen veranlasst, sondern eher von paranoiden Bauern, die nach Schuldigen für die damalige kleine Klimakatastrophe (und für die dadurch entstandenen Ernteausfälle) suchten. Die Lokalhistorikerin (nicht zu verwechseln mit der gleichnamigen Grünen-Politikerin) Antje Vollmer aus Würzberg hat sich intensiv mit dem Thema befasst und hält auch Vorträge dazu (www.antjevollmer.de); außerdem findet man im Internet die Regionalzeitschrift »Durchblick – die Monatszeitschrift für Lautertal und Modautal«, in der die auch als Felsenmeer-Kobold bekannte Odenwaldexpertin Marieta Hiller über Weiße und Schwarze Magie im Odenwald berichtet (https://dblt.de/).

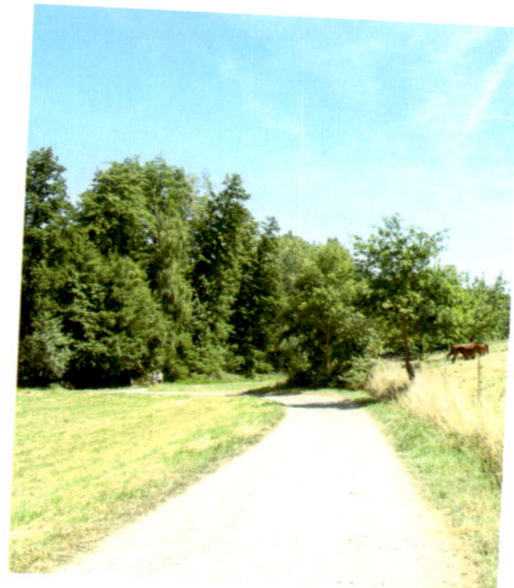

DA VORN IST WIEDER SCHATTEN

LAUT HILLER FINDET SICH SELBST AM ARC DE TRIOMPHE IN PARIS EIN WARNHINWEIS AUF DAS ODENWÄLDER DORF KNODEN, WO DIE BEVÖLKERUNG WÄHREND DES DREISSIGJÄHRIGEN KRIEGES DEN FRANZÖSISCHEN SOLDATEN MIT BANNZAUBERN DAS LEBEN SCHWER MACHTE.

Diese Knodener Kunst ist eine Spielart der Weißen Magie, die auch »Brauchen« genannt wird. Die Bannzauber, die die armen Franzosen erstarren ließen, fallen wohl in diese Kategorie, während Schwarze Magie hingegen im Odenwald nicht von christlichen Bauern, sondern nur von waschechten Hexen praktiziert wurde.

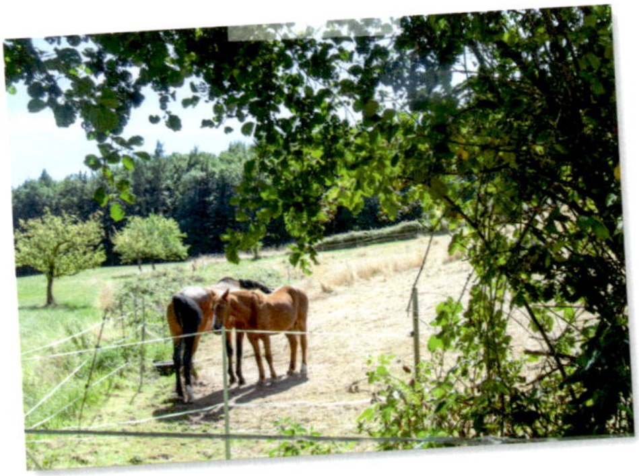

Das Hexenhäuschen bei Heubach ist mit liebevollen Malereien verziert, die Details wie etwa die berüchtigten buschigen Augenbrauen der Odenwald-Hexen illustrieren. Außerdem fliegt eine Hexe auf dem Besen über das Dach davon, eine blecherne Katze krümmt fauchend den Buckel, und neben der Hütte sind riesige Fliegenpilze montiert. Für Kinder ein Spektakel, für Erwachsene mindestens zum Schmunzeln. Leider fehlt eine Toilette, und einen Mülleimer gibt es auch nicht.

Nach einer Pause inmitten der tanzenden Hexen geht ihr den Berg, von der Veranda des Hexenhäuschens aus gesehen, geradeaus wieder hinab. Der Weg führt nach einer Linkskurve kurz in die Ortschaft Heubach hinein in die Wilhelm-Leuschner-Straße. Dort haltet ihr euch rechts und findet die Treppe zwischen den Hausnummern 171 und 173. Zwischen deren Gärten steigt ihr hinunter ins Tal, überquert den Bach wieder und findet am anderen Ufer ein gut gepflegtes KNEIPP-BECKEN 4.

Besonders an heißen Sommertagen ist es eine Wohltat, die Wanderstiefel auszuziehen und eine Runde durch das knietiefe, eiskalte Wasser zu drehen … Der Rückweg führt euch links am Bachlauf entlang durch das idyllische Tal. Bald taucht ihr wieder in den Schatten des Waldes ein; der Bach plätschert vor sich hin und kleine Teiche am Wegrand spenden Kühle. Links liegt der See des Angelvereins Heubach. Leider ist hier Baden verboten und Besucher sind ungern gesehen, weil sie die Fische vertreiben. Aber abenteuerlustige Wanderinnen können immerhin (vorsichtig!) die baufällige Holzbrücke über den Bach überqueren und finden auf der anderen Seite die Damentoilette in der Hütte des Angelvereins.

Um zum Parkplatz zurückzukehren, folgt ihr einfach dem Wanderweg weiter am Bach entlang. Vom Angelverein bis zum Kellergrund sind es nur noch 70 Meter. Ein Katzensprung also.

Alles, was ihr wissen müsst

Rundtour: mäßige Steigung und bequeme Wege // Kneippbecken und Trinkwasserquelle auf dem Weg // auch für kleine Kinder gut zu schaffen // wegen des Aufstiegs neben dem Ponyhof **nicht kinderwagentauglich**

Markierung: Hb2 (Aufstieg zum und Abstieg vom Hexenhäuschen) // Stichweg V (ab Kneippbecken) // Markierung 8 (ab Fischteich)

Entfernung von: Darmstadt: 30 Kilometer // Mannheim: 83 Kilometer
ÖPNV: nicht zu empfehlen
Auto: Parkplatz Kellergrund, Wilhelm-Leuschner-Straße 270, alternativ Heubach Wiesentalhalle, Am Turnplatz 7, 64823 Groß-Umstadt

Einkehr: **keine** // Picknick einpacken! Und Wasserflaschen!

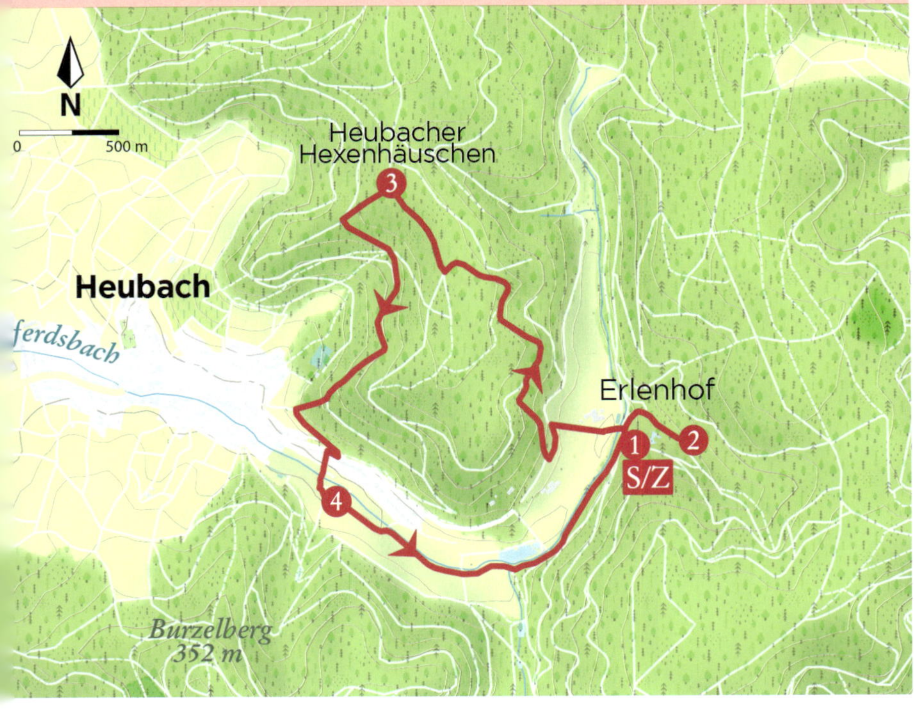

Frankenstein ohne Monster

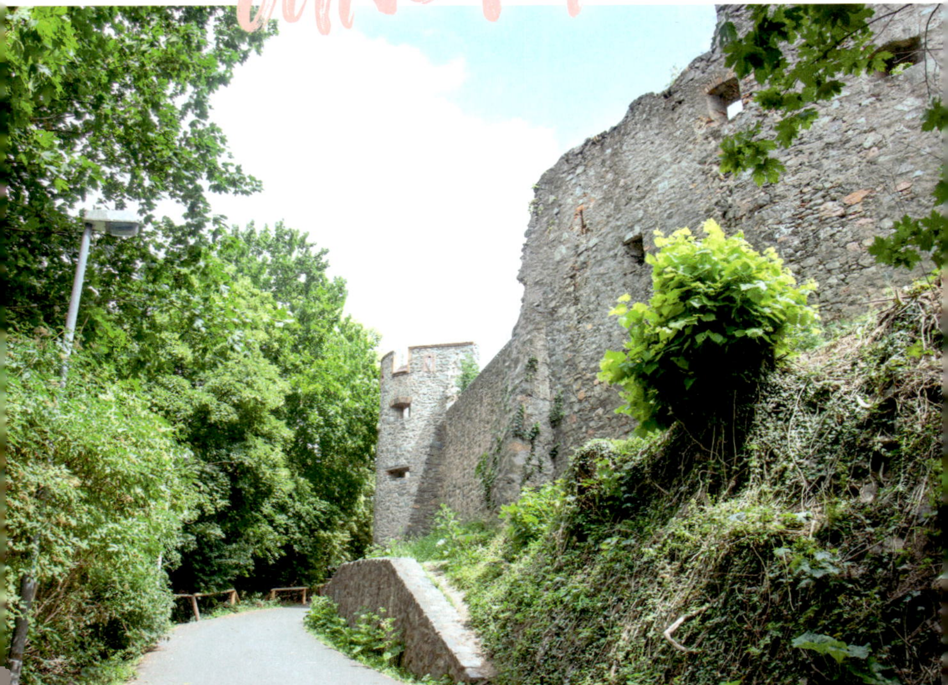

Schwierigkeit: mittel // 13 Kilometer // 420 Höhenmeter

Für Familien mit Kindern bedingt geeignet

VON DER LEGENDÄREN BURG ZUM ZEHN-WEGE-PLATZ

Die Burg Frankenstein liegt auf dem nordwestlichsten Ausläufer des Odenwaldes. Ob sie wirklich den berühmten Roman »Frankensteins Monster« von Mary Shelley inspirierte, ist zwar umstritten, aber die Burgruine aus dem 13. Jahrhundert profitiert so oder so von den gruseligen Assoziationen: Schon seit den 1970er Jahren findet hier jedes Jahr eine große Halloween-Party statt, die ursprünglich von den in der Nähe stationierten Soldaten der US-Army initiiert wurde.

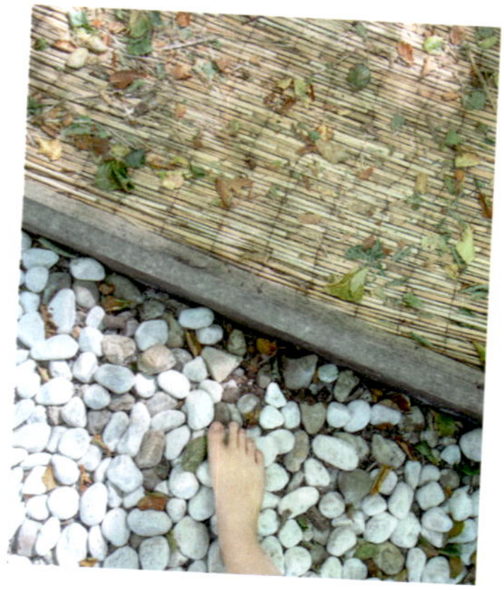

Auf dem Alemannenweg

Ihr könnt vom Wanderparkplatz Sommergrund zur Burgruine aufsteigen; wer von der Straßenbahnhaltestelle in Malchen kommt, kann auf dem Weg gleich noch die älteste Dorflinde des Odenwaldes besichtigen (Wanderweg mit der Markierung weißer Doppelbalken). Der Berghang zur BURG FRANKENSTEIN 1 hinauf ist besonders am Wochenende nicht nur von Wanderern, sondern auch von Mountainbikern und Motorradfahrern bevölkert, denn zur Burg hinauf schlängelt sich auch eine Landstraße. Vom Parkplatz Sommergrund aus ist der Aufstieg über den Burgenweg (Markierung blaue Zinne) am entspanntesten.

Auf der Burg Frankenstein ist eigentlich immer etwas los: Oktober und November ist Halloween-Zeit, aber auch im Sommer sind fast immer irgendwo Bühnen, Soundanlagen und Dixi-Klos aufgebaut; und in der Burgkapelle wird ständig geheiratet. So war es zumindest bis 2024, als die umfassenden Sanierungsarbeiten an der Burg begannen. Nachdem der Pächter eine Petition eingereicht hatte, sollen Tourismus und, im begrenzten Rahmen, auch Veranstaltungen auf der Burg weiterhin möglich sein – trotz der eingerüsteten Mauern. Vor dem Eingangstor stehen zwei Infotafeln, die den Besucher über den Legendengehalt der Burg informieren, der weit über Halloween und den amerikanischen Tourismus hinausgeht. Auf dieser Burg lebte nämlich einst ein waschechter Drachentöter! Georg von Frankenstein verstarb im Jahr 1531 angeblich durch den giftigen Biss eines Lindwurms. Der Ritter erschlug das Scheusal, das das nahe gelegene Dorf Nieder-Beerbach terrorisierte und nur durch das Fleisch junger Frauen zu besänftigen war. So jedenfalls geht die Sage, die vermutlich dadurch entstand, dass Georg auf seiner Grabplatte mit einem Drachen zu seinen Füßen dargestellt wurde – eine Anspielung auf seinen Namenspatron St. Georg.

Es gibt einen Naturlehrpfad rund um die Burg herum; und der hungrige Wanderer kann zwischen dem Kiosk im Innenhof (mit sehr zugänglichen und sauberen Toiletten!) und dem etwas schickeren Restaurant wählen, von dessen Terrasse sich ein schöner Blick

Halloween-Monster, Drachentöter, Downhill-Biker: Auf Burg Frankenstein ist immer etwas los

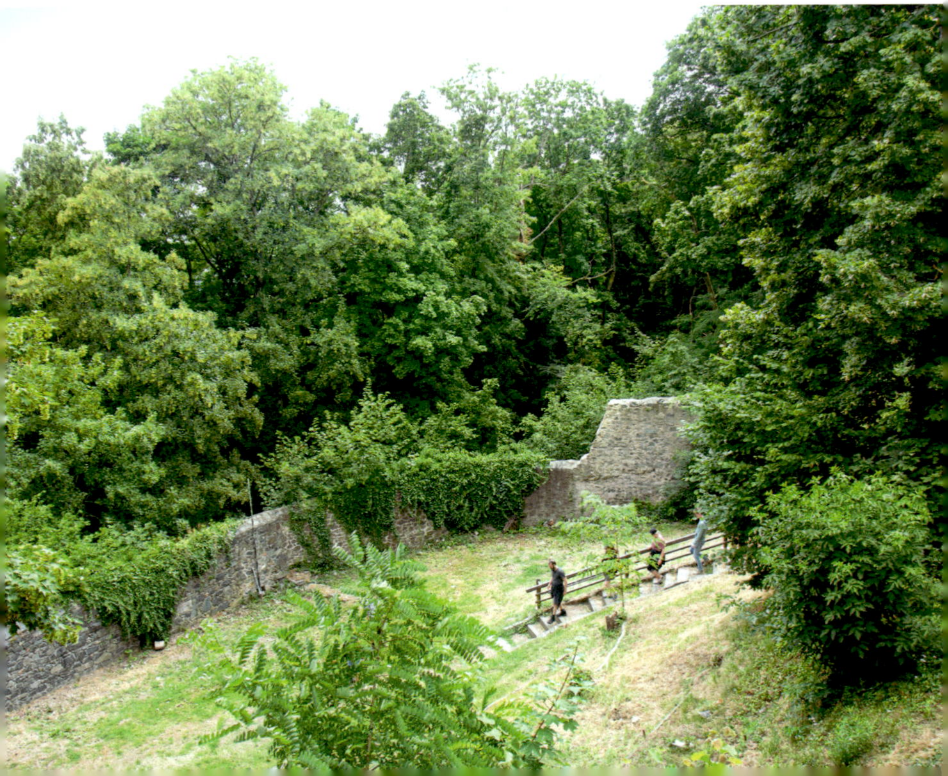

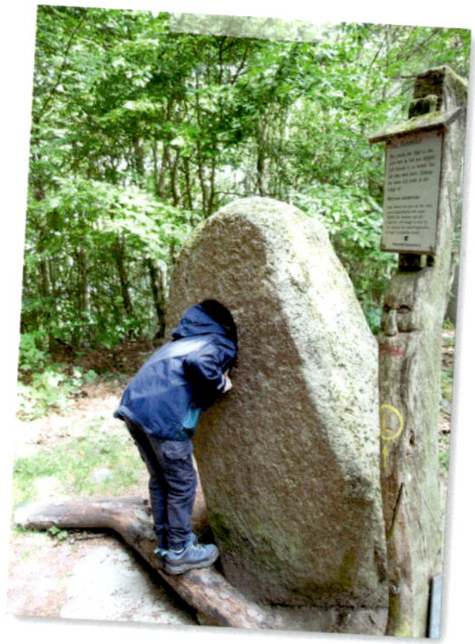

über die Rheinebene eröffnet. Wer die Aussicht so richtig genießen will, geht unter dem Turm hindurch in den Innenhof und steigt dort auf die Reste des Wehrgangs (wo auch ein Bezahlfernrohr steht) und schließlich auf den Turm: Pfälzerwald, Donnersberg, Hunsrück und Taunus sind bei klarer Sicht von dort zu sehen und natürlich die Steinbrüche auf der anderen Seite des Mühltals.

An den Wochenenden im Sommer ist ziemlich viel Betrieb auf der Burg. Besonders bei Radfahrern ist sie extrem beliebt. Lasst den Trubel hinter euch, indem ihr rechts am Parkplatz vorbeigeht, die Landstraße überquert und in den Wald eintaucht. Hier erschließt sich erst die wahre Magie dieses Ortes!

In einem Felsen oberhalb des Parkplatzes gibt es ein Summloch, das dafür gedacht ist, den Kopf hineinzustrecken und – genau: zu summen. Hinter der FELSINGHÜTTE 2 ein paar Meter weiter gibt es einen Barfußpfad im Wald, wo ihr im Sommer die Schuhe ausziehen und über die Fußsohle in Kontakt mit der Natur treten könnt. Dann folgt ihr dem Alemannenweg an der Hügelkuppe vorbei und gelangt an einen Platz, wo zwei große Felsen aus dem Boden ragen. Bei näherem Hinsehen sehen diese Felsen eher wie Metall aus und fühlen sich auch so an.

DER »FRANKENSTEINER PLUTON« GENANNTE VULKANISCHE FELS ENTHÄLT MAGNETIT, DAS DIE KOMPASSNADEL MERKLICH ABLENKT. DIESE MAGNETSTEINE SEHEN NICHT NUR DRAMATISCH AUS, SONDERN SIND TATSÄCHLICH AUCH EIN BISSCHEN MAGISCH, ENTSCHULDIGUNG, MAGNETISCH.

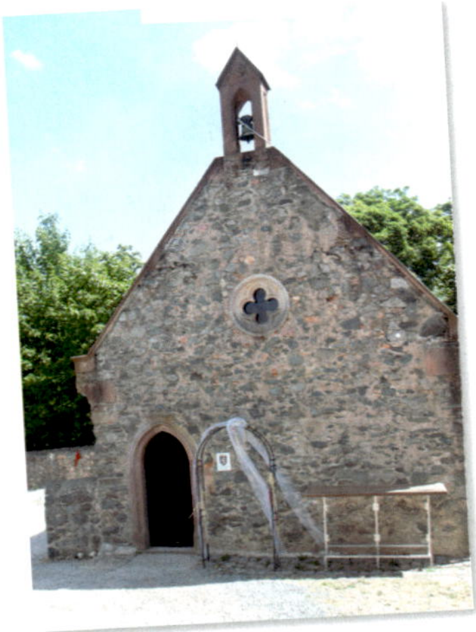

Sie erinnern an eine Zeit, als zwischen Wissenschaft und Zauberei noch keine klaren Grenzen gezogen waren. Im 17. Jahrhundert soll der Arzt, Alchemist und Theologe Konrad Dippel auf Burg Frankenstein gelebt haben, dessen Experimente angeblich als Vorlage für Mary Shelleys Monster dienten. Beide Behauptungen – sowohl dass er dort gelebt als auch dass er Mary Shelley inspiriert haben soll – sind jedoch historisch äußerst fragwürdig. Aber sie helfen, die Halloween-Party auf Burg Frankenstein zu vermarkten. Beziehungsweise haben geholfen, denn die Zukunft von Burg Frankenstein als Eventlocation steht derzeit noch in den Sternen.

Von hier aus solltet ihr unbedingt den Weg nach links über den Alemannenweg wählen (Markierung rotes A), denn der führt euch durch eine absolut spektakuläre Felsenlandschaft auf der Rückseite des Langen Berges: Der Alemannenweg schlängelt sich hier als schmaler Pfad an riesigen Felsen vorbei, die stimmungsvoll aus der Bergflanke ragen.

Nach einem Kilometer beruhigt sich die Landschaft wieder, und ihr steigt einen sanften Berghang durch mächtige Buchenwälder hinab zur KARLSHÖHE 3, auch »Zehn-Wege-Platz« genannt. Hier treffen wirklich zehn Wege aufeinander, und in der gepflegten Schutzhütte könnt ihr eine Pause einlegen, um in Ruhe zu überlegen, welchen der zehn Wege ihr einschlagen wollt:

ERSTE MÖGLICHKEIT

Der bequemste und kürzeste Weg zur Burg Frankenstein zurück ist der Herrnweg, ein breiter Forstweg, der ohne nennenswerte Steigung am Hang zur Bergstraße hin auf der Vorderseite des Langen Berges verläuft. Von der Ernst-Ludwigs-Hütte aus gesehen die dritte links.

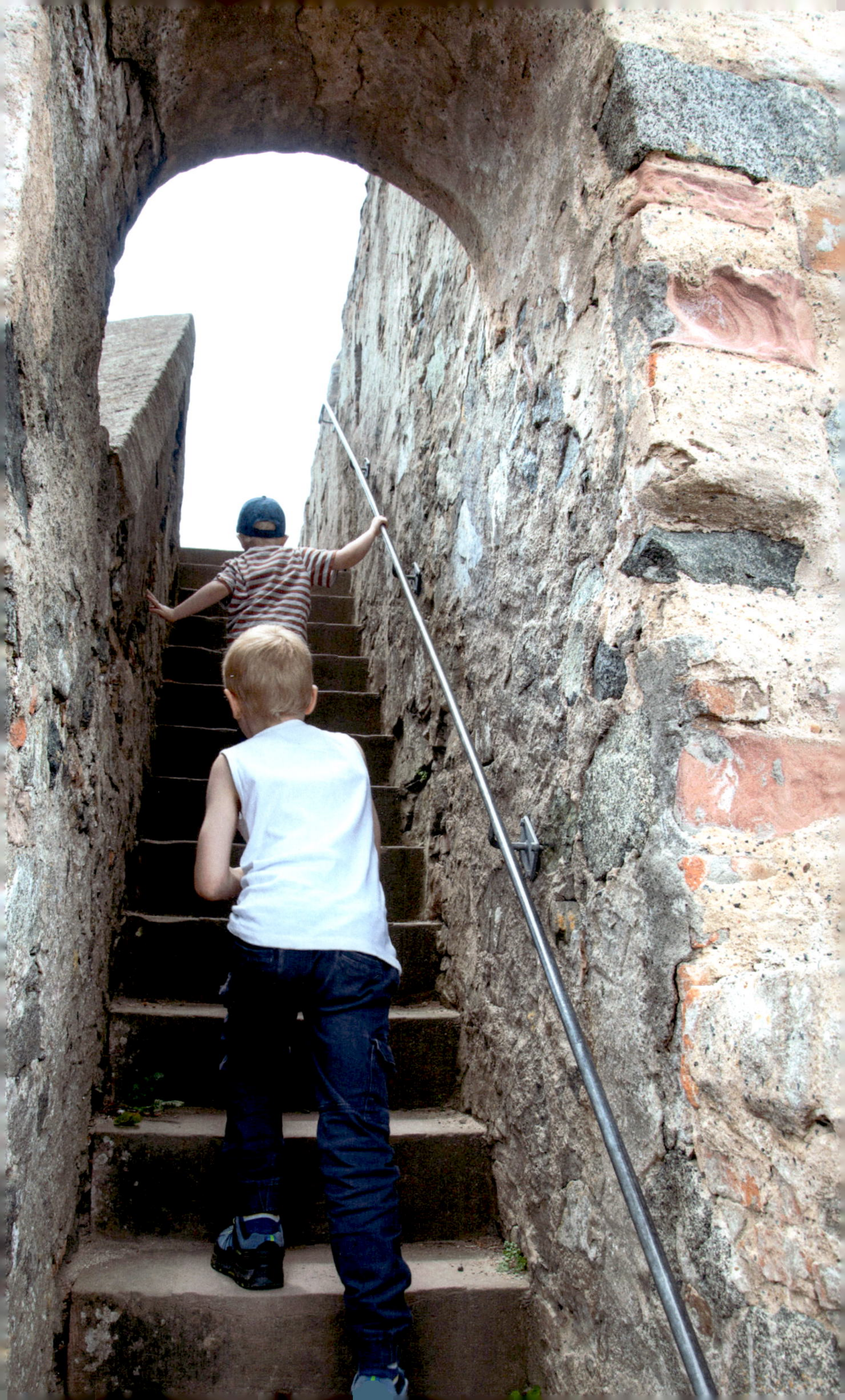

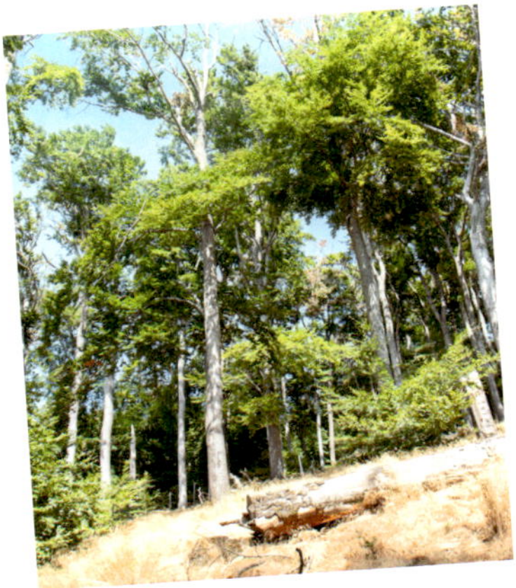

BUCHEN SOLLST DU SUCHEN

ZWEITE MÖGLICHKEIT

Wer sich sportlich noch nicht ausreichend gefordert fühlt, kann auch noch einen Abstecher zur Burgruine Tannenberg auf der anderen Seite des Elsbachtals einlegen: ein lohnenswertes Ziel, denn von der Burg ist zwar nicht mehr viel übrig, aber sie war einmal eine waschechte Räuberburg wie aus dem Astrid-Lindgren-Roman »Ronja Räubertochter«. Außerdem ist das Elsbachtal eines der lauschigsten Täler im ganzen Odenwald. Einmal in diesen kühlen Grund zur Elsbach-Mühle hinab- und auf der anderen Seite am Lufthansa-Hotel vorbei wieder hinaufzusteigen verbrennt jede Menge Kalorien! Diese Tour lässt sich auch mit Tour 24 zu einer Mehrtageswanderung verbinden; in diesem Fall bietet sich das Lufthansa-Hotel als Übernachtungsmöglichkeit an.

DRITTE MÖGLICHKEIT

Über den Verbindungsweg V könnt ihr auf dem Rückweg vom Zehn-Wege-Platz zur Burg Frankenstein noch einen kleinen Abstecher nach Osten über einen idyllischen Wiesengrund einlegen; hier führt euch der Wanderweg mit der Markierung 6 zurück auf den Alemannenweg.

Alle zehn Optionen aufzuzählen würde hier zu weit führen. Diese drei müssen reichen, und sie führen schlussendlich alle wieder zurück zur Burg Frankenstein. Bitte achtet beim Rückweg von der Burg zum PARKPLATZ SOMMERGRUND 4 darauf, auf den markierten Wanderwegen zu bleiben! So stört ihr das Wild nicht und minimiert die Gefahr, selbst den halsbrecherischen Downhill-Bikern zum Opfer zu fallen.

Alles, was ihr wissen müsst

Rundtour: erst steil, dann ruhige Waldwege // mehrere Optionen für den Rückweg ab Zehn-Wege-Platz // Möglichkeit einer Mehrtageswanderung in Kombination mit Tour 24 // Übernachten je nach Zeitplanung in Eberstadt oder Seeheim // **nicht kinderwagentauglich**

Markierung: blaue Zinne (Burgenweg) zwischen Burg und Parkplatz // rotes A (Alemannenweg)

Entfernung von: Darmstadt: 9 Kilometer // Mannheim: 45 Kilometer
ÖPNV: Straßenbahn Linie 8 von Darmstadt nach Malchen
Auto: Parkplatz Sommergrund, B426, 64297 Darmstadt

Einkehr: **Burg Frankenstein mit Restaurant,** www.frankenstein-restaurant.de/restaurant, und **Kiosk,** www.frankenstein-restaurant.de/kiosk

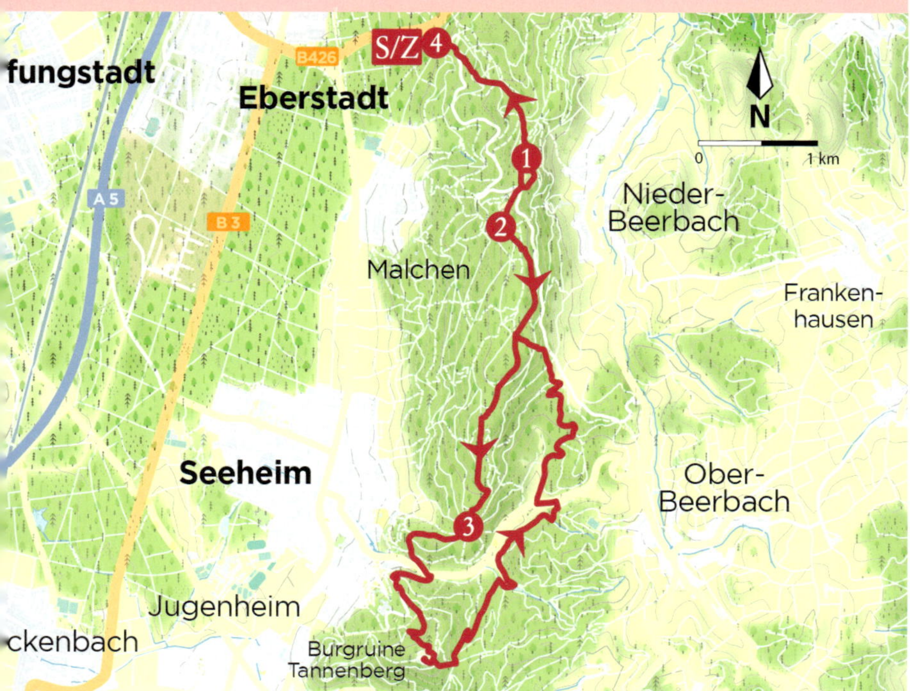

Wildromantisch durch die Margaretenschlucht

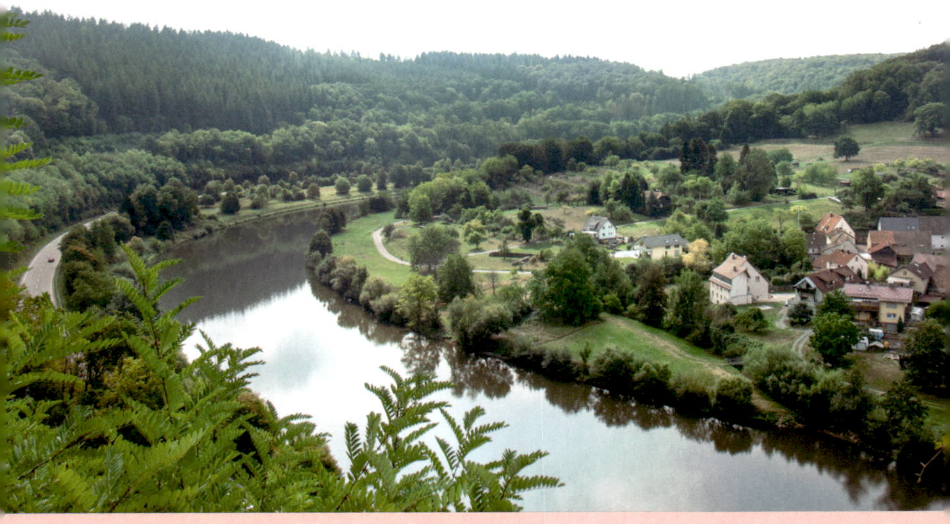

Schwierigkeit: mittel // 3 Kilometer // 110 Höhenmeter

Für Familien mit Kindern geeignet

IHR KLETTERT LINKS UND RECHTS
VOM WASSERFALL
INS TAL DER FEUERSALAMANDER

An den Wasserfällen vorbei ins Tal der Feuersalamander führt ein legendärer Klettersteig, der gut befestigt und auch für Kinder locker zu schaffen ist. Auf dem Weg dorthin bieten sich einige fantastische Ausblicke ins Neckartal.

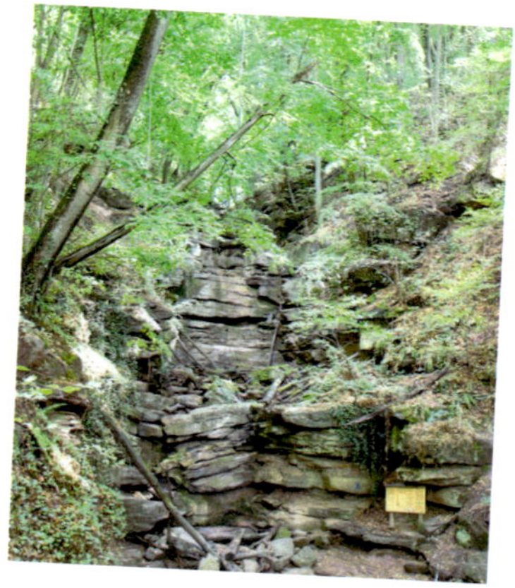

FALL OHNE WASSER

Von den harmlos wirkenden Daten sollt ihr euch erst mal nicht täuschen lassen: Diese Tour dauert zwar nur eine Stunde, hat es aber in sich. Denn der Weg durch die Margaretenschlucht ist ein richtiger Klettersteig, auf dem ihr stellenweise auch die Hände benutzen müsst. Am besten trockenes Wetter abwarten und auf jeden Fall Bergschuhe tragen! Turnschuhe reichen nicht, denn deren Sohlen sind viel zu glatt.

Trotzdem ist diese Route gut für Kinder geeignet: An keiner Stelle müsst ihr richtig »in die Wand«, und Überhänge gibt es auch nicht. Die Kletterei ist für Schulkinder schon gut zu bewältigen, und der Steig ist mit Drahtseilen und Tritten und Griffen wunderbar gesichert. Auch Erwachsene haben hier ihren Spaß.

Die Margaretenschlucht ist ein Seitental des Neckartals, befindet sich also ganz im Süden des Odenwaldes, der im Westen von der Rheinebene, im Nordosten vom Main und im Süden vom Neckar begrenzt wird. Ausgangspunkt ist der Bahnhof in NECKARGERACH 1, wo es auch für Autofahrer kostenlose Parkmöglichkeiten gibt. Eine gewundene Rampe führt hinauf auf eine Fußgängerbrücke über die Gleise; nach der Brücke biegt ihr rechts auf den gut markierten Wanderweg ein, der euch erst mal zwischen den Bahngleisen und den Gärten eines Wohngebiets hindurchführt. An einer Wegkreuzung hat sich ein Schnitzer ausgetobt und viele große Holzfiguren auf-

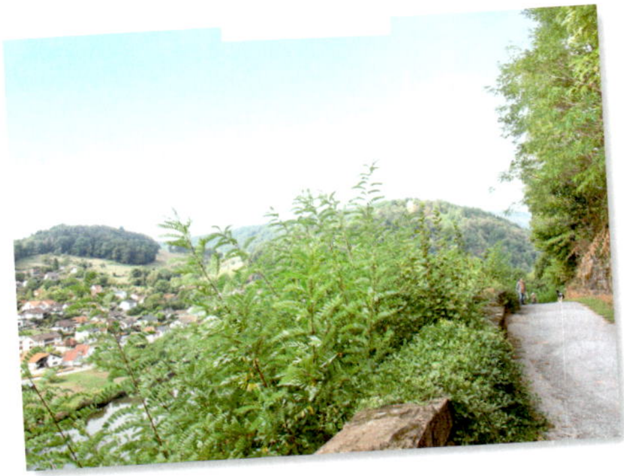

gestellt, dankenswerterweise auch eine Bank, einen Abfalleimer und ein großes Holzschild, das Richtung Margaretenschlucht weist. Bald führt der Weg auf einen kinderwagentauglichen »Balkon« über dem Neckartal, der immer wieder atemberaubende Aussichten eröffnet. Das Dorf Guttenbach auf der anderen Neckarseite wirkt von hier aus wie ein Spielzeugdorf der Modelleisenbahn.
Ein geologischer Lehrpfad begleitet euch und erläutert auf hübschen Holztafeln gelegentlich die Eigenheiten des Buntsandsteins.

DER NORDWESTLICHE, HESSISCHE TEIL DES ODENWALDS WIRD AUCH »KRISTALLINER« ODENWALD GENANNT, WEIL ER AUS GRANIT BESTEHT; DER SÜDLICHE (BADISCHE) UND ÖSTLICHE (BAYERISCHE) TEIL BESTEHEN AUS BUNTSANDSTEIN.

Welche Gesteinsschicht die Grundlage für das Ökosystem bildet, ist entscheidend für die Landschaft, die Vegetation und letztlich auch die Tiere, manche behaupten, sogar für die Menschen.
In ihrer lebenslustigen, offenen Art unterscheiden sich die badischen Buntsandstein-Odenwaldbewohner gefühlt tatsächlich von den schweigsamen, disziplinierten Granit-Odenwäldern, aber das kann auch Einbildung sein. Was aber sicher keine Einbildung ist, sind die physikalischen Eigenschaften des Gesteins: Buntsandstein ist viel weicher als Granit, und deswegen schneiden sich auch Wasserläufe tiefer darin ein. So kommt es, dass hier am Neckar eine derart dramatische Landschaft entstehen konnte: Der Neckar selbst hinterlässt links und rechts mächtige Erhebungen (wie etwa die Hirschhorner Höhe ein Stück weiter westlich), und die Zuflüsse zum Neckar, die im Oden-

wald entspringen, graben sich tief in das Gestein und hinterlassen dabei gewaltige Schluchten. Die Margaretenschlucht ist eine davon. Von diesem bequemen Weg biegt ihr bald nach links ab in die eigentliche MARGARETENSCHLUCHT 2. Eltern mit Kinderwagen, die aber auch große Kinder dabei haben, können sich hier trennen und später (zum Beispiel am Rastplatz oberhalb, sofern das babybetreuende Elternteil ein Auto hat) wieder treffen, denn mit Kinderwagen kommt ihr nicht durch die Schlucht. Selbst mit Babytrage auf dem Rücken wird es schwierig, weil ihr teilweise unter niedrigen Felsüberhängen durch müsst. Am Eingang zur Schlucht gibt es noch eine Rastmöglichkeit in Form einer überdachten Hütte, und diverse Schilder weisen auf Gefahren und Verhaltensregeln hin. Hier beginnt die Kletterei auf dem Steig, der über weite Strecken mit Drahtseilen gesichert ist. Wenn ihr gute Schuhe tragt und aufpasst, wo ihr hin-

Der freundliche Holzwicht weist den Weg in die Margartetenschlucht

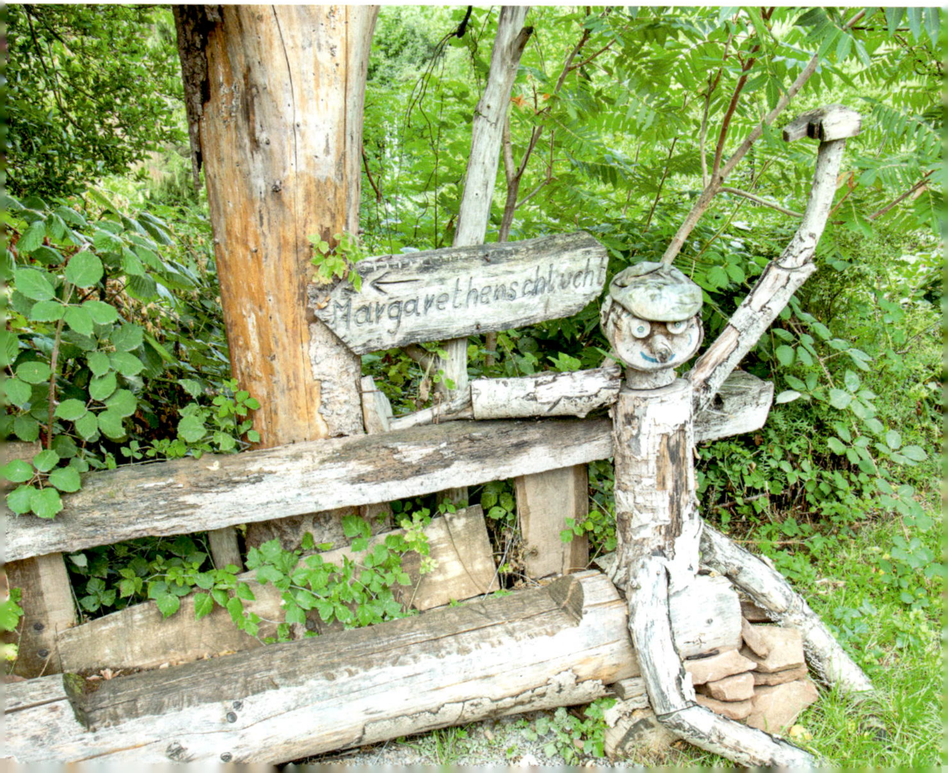

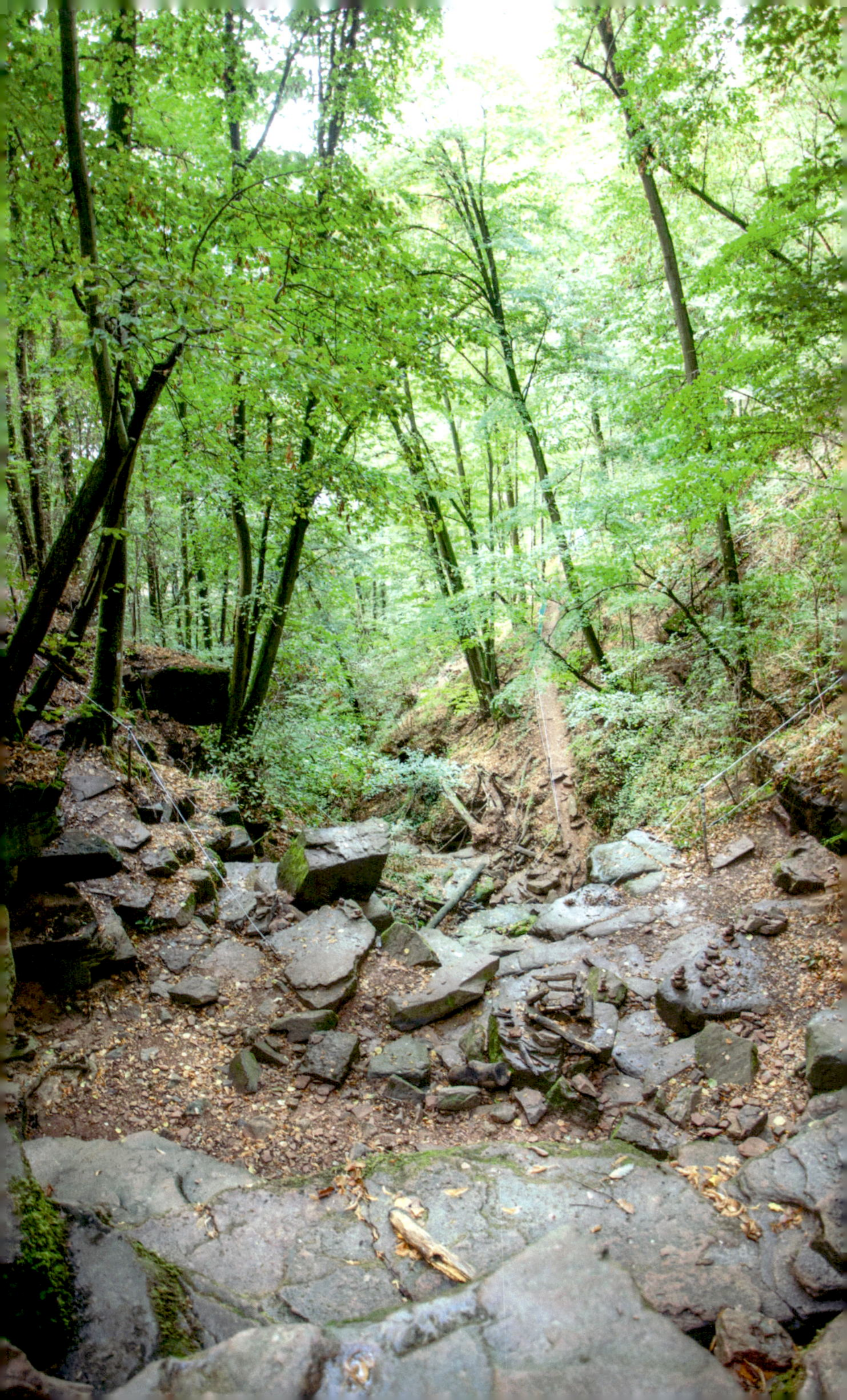

tretet, kann euch nichts passieren, also keine Angst. Normalerweise fließt ein kleiner Bach durch die Schlucht, der Flursbach, der sich immer wieder in Wasserfällen über die Felsen ergießt. Am Fuß dieser Wasserfälle müsst ihr dann über Steine hüpfen, damit die Füße trocken bleiben, aber auch das ist für Schulkinder oder ältere Menschen gut zu bewältigen. Ihr könnt die Schuhe anbehalten, besonders im Sommer. Nach dem Trockensommer 2022 war der Bach so ausgetrocknet, dass über die untersten Felsen überhaupt kein Wasser mehr fiel; und dank Klimawandel werden auch die Margaretenschluchtbesucher der Zukunft wohl öfter trockenen Fußes durch die Schlucht können. Bequem für uns, aber schade um die schönen Wasserfälle. Und fatal für das Ökosystem.

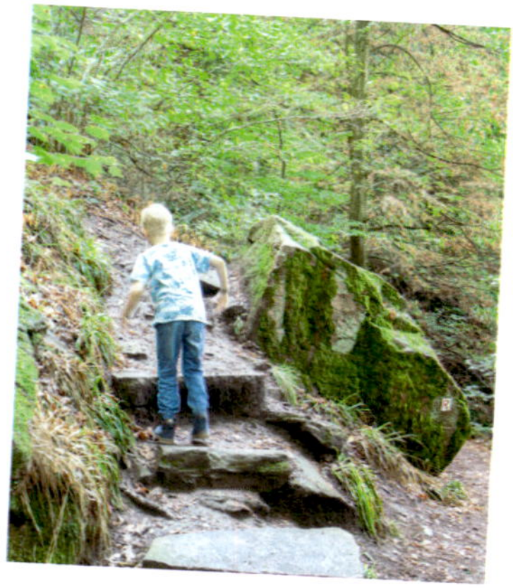

SPAß FÜR GROß UND KLEIN

DIE MARGARETENSCHLUCHT IST EIN SCHUTZGEBIET: WEITER OBERHALB BETRETET IHR DAS »TAL DER FEUERSALAMANDER«. DAS TIER STEHT IN DEUTSCHLAND AUF DER ROTEN LISTE GEFÄHRDETER ARTEN. INFOTAFELN INFORMIEREN ÜBER DIE SCHEUEN LURCHE.

In der Margaretenschlucht fühlten sich die auffällig gelb-schwarzen Salamander bislang pudelwohl, aber das ändert sich gerade. Als Amphibien muss ihre Haut immer feucht bleiben; werden sie zu trocken, sterben sie. Der Klimawandel macht den Tieren nicht nur hier, sondern überall in Europa das Leben schwer. Dazu grassiert ein gefährlicher Hautpilz. Dieser Pilz wird von Menschen verbreitet, zum Beispiel durch Erde an den Schuhen. Ein Grund mehr, immer auf

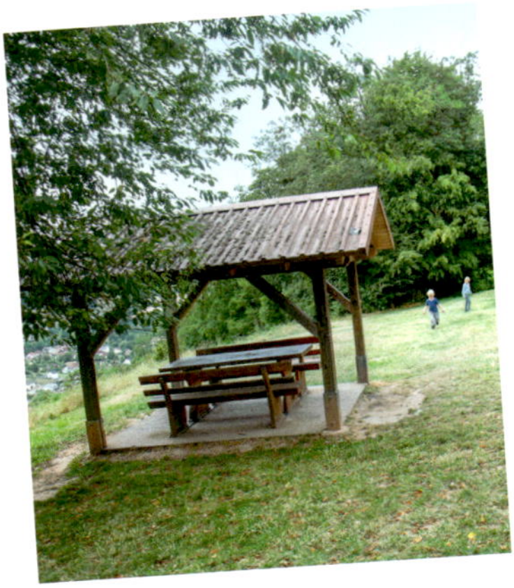

LETZTE AUSSICHT VOR ABSTIEG

den markierten Wanderwegen zu bleiben!

Acht Mal stürzt sich der Flursbach über die Buntsandsteinfelsen in die Tiefe und überwindet dabei insgesamt mehr als 100 Höhenmeter. Je länger ihr dem Klettersteig nach oben folgt, desto mehr beruhigt sich die Landschaft. Die Stufen des Wasserfalls werden flacher, und schließlich mündet der Klettersteig in eine quer verlaufende Asphaltstraße. Hier gleich rechts gibt es einen schönen RASTPLATZ 3 unter einer mächtigen Eiche. Gastronomie im engeren Sinn ist zwar nicht vorhanden, aber gleich um die Ecke hat eine findige Landwirtin einen »Regiomat« aufgestellt, also einen Automaten mit Getränken und Snacks aus der Region.

Vom Rastplatz aus geht ihr schließlich rechts (vom Regiomat aus gesehen, vom Klettersteig aus gesehen links) die Asphaltstraße wieder zurück und folgt ihr an der Einmündung des Klettersteigs vorbei über eine Brücke. Die Straße ist kaum befahren und führt durch Wiesen und sanfte Hügel über den Höhenzug zu einem Wanderparkplatz. Dort haltet ihr euch links und folgt nicht der Landstraße L527, sondern dem parallel verlaufenden Wanderweg. Hier gibt es noch mal einen schönen AUSSICHTSPUNKT 4 mit Rastmöglichkeit, bevor der Abstieg durch den Wald beginnt. An einer Pferdeweide vorbei haltet ihr euch an den Wanderweg mit dem blauen N und landet schließlich wieder auf dem Fußweg mit den geschnitzten Holzfiguren, der an den Bahnschienen entlangführt. Auf den biegt ihr rechts ein und kommt schließlich wieder am Ausgangspunkt an, dem Bahnhof Neckargerach.

Alles, was ihr wissen müsst

Rundtour: Spazierweg bis zum Klettersteig **kinderwagentauglich** // mit Babys am Eingang zur Schlucht lieber umkehren; auch mit Kindertrage auf dem Rücken ist der Klettersteig schwierig // großer Kletterspaß für Schulkinder // Wichtig: festes Schuhwerk!

Markierung: blaues N

Entfernung von: Darmstadt: 75 Kilometer // Mannheim: 55 Kilometer

ÖPNV: S1 und 2 bis Bahnhof Neckargerach

Auto: Parken am Bahnhof Neckargerach

Einkehr: keine, auch am Bahnhof nicht, aber oberhalb der Schlucht gibt es einen schönen Rastplatz mit einem Automaten für Snacks und Getränke

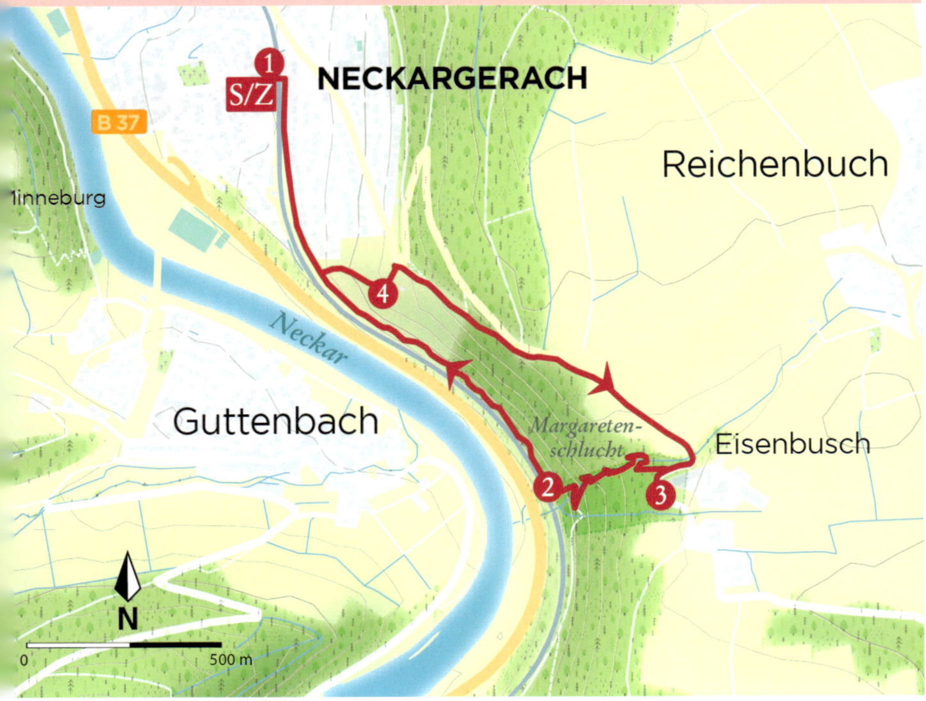

Träumerei in Michelstadt

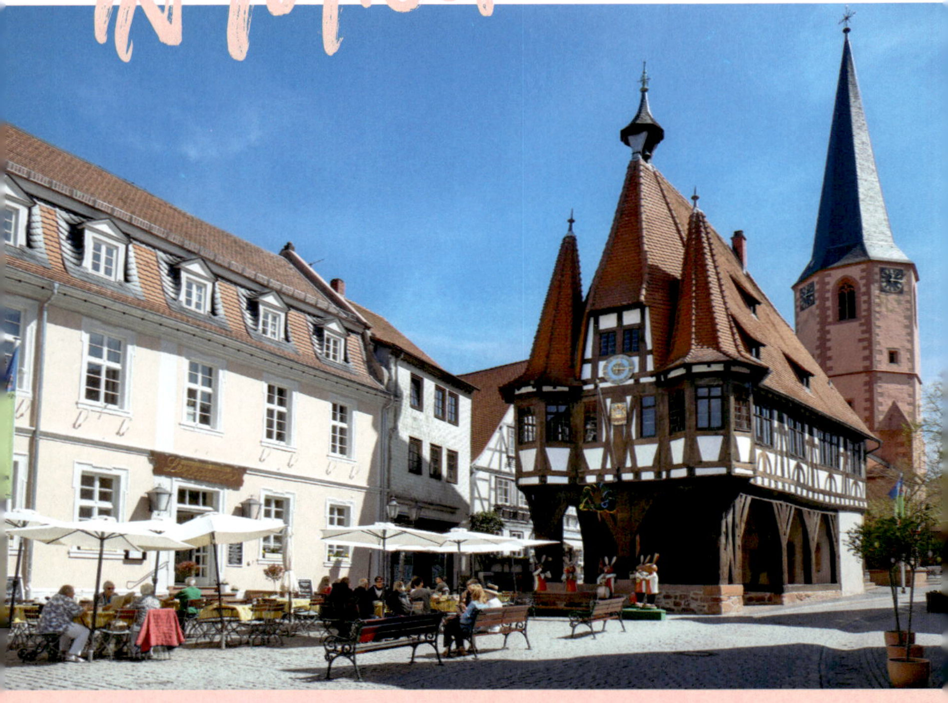

Schwierigkeit: mittel // 15 Kilometer // 320 Höhenmeter

Für Familien mit Kindern geeignet

DAS LETZTE EINHARD.
WIE KONNTE MICHELSTADT SO LANGE
EIN GEHEIMTIPP BLEIBEN?

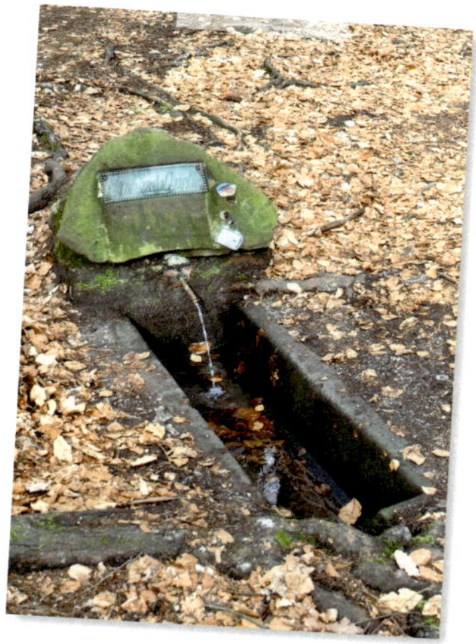

Nach Michelstadt könnt ihr bequem mit der Bahn anreisen: Vom Frankfurter Hauptbahnhof aus gibt es eine Direktverbindung ohne Umsteigen. Wer mit dem Auto kommt, parkt am besten am Parkplatz am Burggraben (auf Google Maps zu finden unter dem Namen »Kellerei Parkplatz«), denn von hier könnt ihr schon direkt einen Blick auf die MICHELSTÄDTER ALTSTADT 1 werfen. Durch den Park und über den Burggraben kommt ihr am sogenannten Diebsturm vorbei, das historische Untersuchungsgefängnis von Michelstadt, und nach ein paar Schritten durch die Häfnergasse landet ihr direkt vor dem alten Rathaus von Michelstadt – jenes Fachwerkhaus mit Erkertürmchen und Kutschen-Carport im Erdgeschoss, das so viele Titelseiten von Wanderführern und Wandkalendern über den Odenwald ziert.

IM OBERGESCHOSS DES HEUTIGEN RATHAUSES SASSEN FRÜHER DIE STEUEREINTREIBER. DAMALS WURDE NOCH IN NATURALIEN BEZAHLT, DESHALB SOLLTEN DIE FUHRWERKE DER STEUERZAHLER DIREKT IM UNTERGESCHOSS HALTEN, UM DORT ENTLADEN ZU WERDEN.

Schräg gegenüber liegt ein hübsches barockes Kaffeehaus, das Conditorei-Café Leyhausen. Das ist aber nicht bei Weitem nicht die einzige Option, falls ihr Hunger oder Durst habt: In Michelstadt könnt ihr auch klassisch-bürgerlich essen gehen in den Drei Hasen hinter dem Rathaus oder hip-alternativ in der Träumerei gleich um die Ecke. Das Beste aus beiden Welten findet ihr im Michelstädter Rathausbräu, wo ihr vom Gastraum beim Brauen zuschauen könnt.

Dazwischen liegt an der Straßenecke Braunstraße/Mauerstraße ein Elfenbeinmuseum, das auf die private Sammlung des Schnitzers Ulrich Seidenberg zurückgeht. Und das alles findet auf Kopfsteinpflastergäßchen zwischen Fachwerkhäuschen statt, die sich in den Schutz der alten Stadtmauer schmiegen.

DER WEIHNACHTSMARKT IN MICHELSTADT IST BERÜHMT, UND AUCH ALS HOCHZEITSLOCATION IST DAS STÄDTCHEN BELIEBT – EBEN BEI ALLEN GELEGENHEITEN, WO DER MENSCH EIN BISSCHEN MAGIE BRAUCHT.

Kaum vorstellbar, wie sich jemand fühlen muss, der in den USA aufgewachsen ist und in seinem Leben noch kein Haus gesehen hat, das älter als 200 Jahre ist – und dann nach Michelstadt kommt. Erstaunlich eigentlich, dass die Altstadt von Michelstadt nicht komplett von amerikanischen Touristen besetzt ist, aber umso angenehmer natürlich für euch als Wanderer.
Vom Kellerei Parkplatz aus gesehen (mit dem Diebsturm im Nacken) haltet ihr euch rechts und folgt der Kellereibergstraße, die bald in den Hammerweg übergeht. Dem folgt ihr bis zu den Bahnschienen und unterquert sie mithilfe der Unterführung, die in die Mossauer Straße mündet. Bahnreisende können zu dieser Unterführung direkt vom Bahnhof über die Contistraße abkürzen. Nach der Unterführung haltet ihr euch rechts und folgt nicht der Mossauer Straße, sondern dem Wanderweg mit der Markierung L. Er führt euch zu einem Birnbaum, vor dem eine Infotafel die unbedingt lesenswerte Geschichte des Wunderheilers Seckel Löb Wormser erzählt und was dieser zauberkräftige Rabbiner mit Birnen zu tun hat. Folgt dem Weg weiter am Berghang entlang, bis der Pfad am Waldrand rechts abbiegt und euch über den Steinbach führt. Jetzt müsst ihr ganz kurz – wirklich nur ganz kurz, versprochen – der Landstraße nach links folgen, bevor rechts vor dem Friedhof wieder der Wanderweg L abbiegt und euch den Berghang hinaufführt. In den Streuobstwiesen

knickt der Weg nach links ab und ihr folgt ihm bis zum Waldrand, wo ihr den Weg mit der Markierung L verlasst und den Wald links auf dem Asphaltweg mit der Markierung St1 und St2 durchquert. Gleich öffnet sich der Wald wieder und gibt einen wunderschönen Höhenwanderweg über dem Steinbachtal frei. Ihr umgeht das Dorf Steinbuch und folgt dem Weg immer am Waldrand entlang, biegt am Ende des asphaltierten Waldwegs also nach rechts ab. Hier stehen immer wieder Bänke und bieten Gelegenheiten zu einer kurzen Rast, um die Aussicht zu genießen. Vom Forsthaus Kohlgrube aus eröffnet sich der ultimative Blick zurück ins Steinbachtal, bevor ihr rechts in den Mossauer Weg einbiegt und in den Wald eintaucht.
Der Mossauer Weg ist ein schöner Waldweg, der euch über den Höhenzug in das Dörfchen REHBACH 2 bringt. Rehbach empfängt euch mit einem idyllischen Dorfteich, an dessen Ufer Schafe grasen.

Was hat der Birnbaum mit einem zauberkräftigen Rabbiner zu tun?

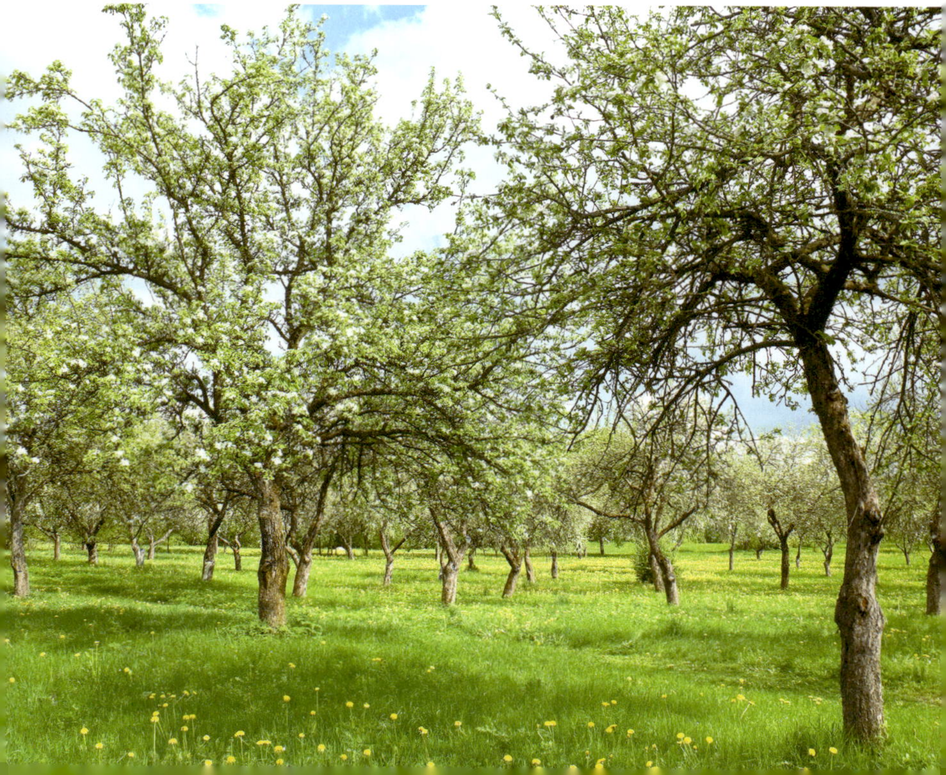

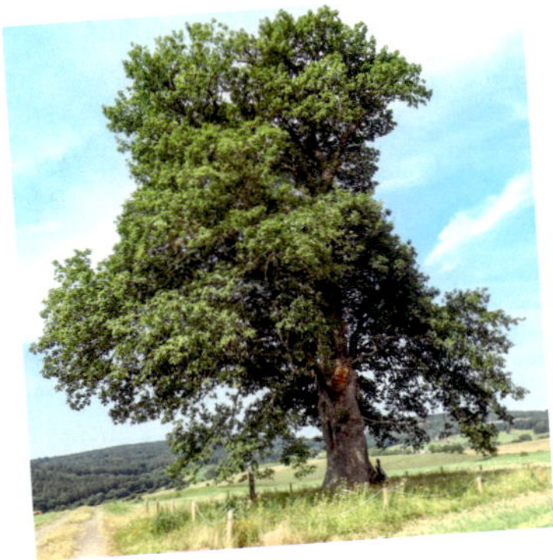

Die Russeneiche hat viel erlebt

Ihr überquert die B47 und geht am Hohenloher Hof vorbei, einem Erlebnisbauernhof für Kinder. Dahinter biegt ihr rechts auf den Schanzenweg ein und gleich wieder links in den sogenannten Schulweg, der in den Wanderweg mit der Markierung V übergeht. Dieser Weg führt euch den Hang hinauf zur sogenannten RUSSENEICHE 3, einem knapp 500-jährigen Baum, der als Solitär majestätisch über dem Rehbachtal thront. Im Schatten dieser Eiche sollen schon russische Soldaten auf der Flucht vor Napoleon gelagert haben, daher der Name. Ihr geht an der Eiche vorbei und biegt danach rechts auf den Wanderweg 2 ein, der mit einem gelben Viereck markiert ist.

Der Weg führt euch jetzt über offenes Feld zurück in Richtung Michelstadt, in den Wald hinein und von jetzt an jagt ein Highlight das nächste: Michelstadt, das vielleicht hübscheste Städtchen des Odenwalds war ein Geschenk Karls des Großen an seinen Günstling und Biografen Einhard. Zahlreiche Orte in Michelstadt erinnern noch immer an diesen mittelalterlichen Gründervater. Schon vor der Stadtgrenze erwartet euch das erste Einhard-Monument im Wald: Die EINHARDQUELLE 4 ist mehr als nur ein gewöhnlicher Rastplatz. Esoterisch angehauchte Wanderer würden diesen Ort vermutlich als »Kraftort« bezeichnen: Neben der sprudelnden Quelle befindet sich eine kleine Schutzhütte, in der ihr auch spirituell auftanken könnt. Von dort führt der Alemannenweg steil den Berg hinab und in das Wohngebiet hinein, das den ersten Ausläufer von Michelstadt markiert. Gleich am Ortseingang liegt die Einhardsbasilika, ein auf den ersten Blick unscheinbarer Bau, der auf den zwei-

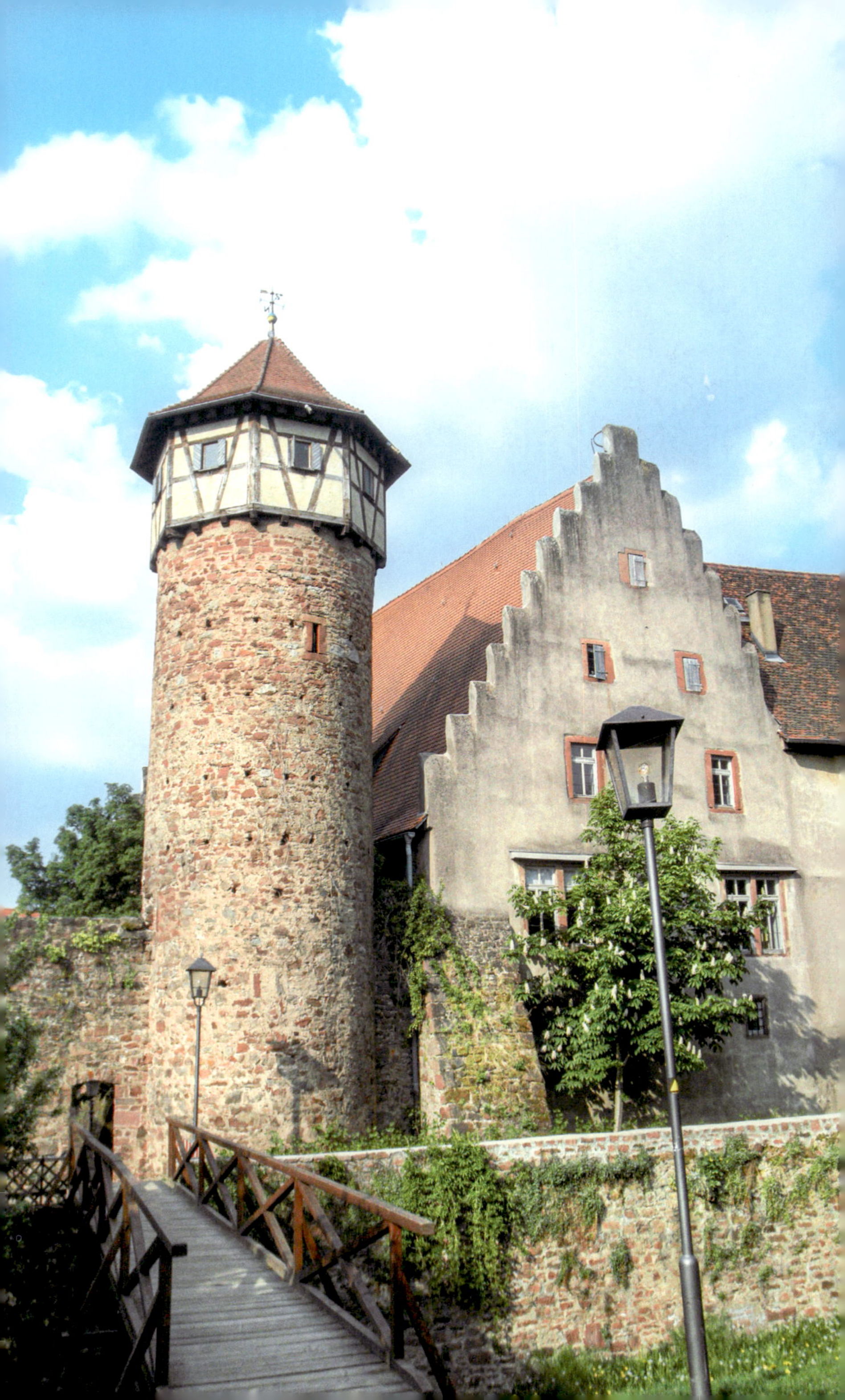

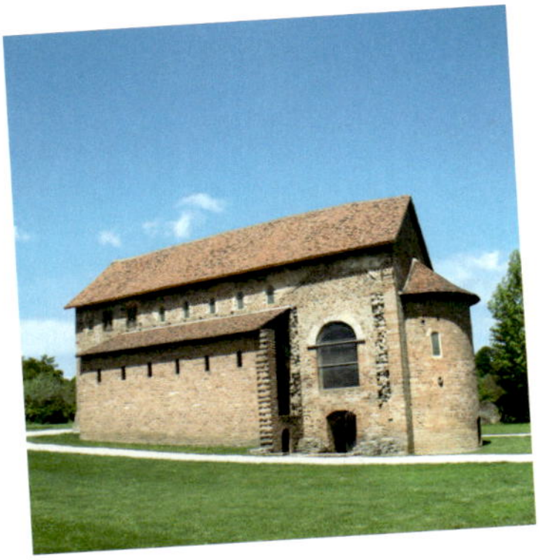

Holzlager oder Kathedrale?

ten Blick den Geist einer großen Kathedrale atmet.

Einhard, Gründervater von Michelstadt und Günstling von Ludwig dem Frommen, seinerseits Sohn von Karl dem Großen, wollte hier eine Grablege für sich und seine Frau errichten. Gleichzeitig entwickelte Einhard Ambitionen, diese Kirche zu einer bedeutenden Wallfahrtskirche zu machen. und organisierte die dafür notwendigen Reliquien. Die Basilika hat in Seligenstadt noch eine Schwesterkirche, die letztlich zur letzten Ruhestätte des Gelehrten Einhard und seiner Frau werden sollte. Der romanische Bau fiel 200 Jahre nach Einhards Tod zunächst an das Kloster Lorsch und wurde als Probstei ausgebaut und erweitert. Im späten Mittelalter errichteten Benediktinerinnen hier ein Spital. Doch wie so viele Sakralbauten verfiel die Einhardsbasilka im Laufe des 19. Jahrhunderts und wurde als Holzlager genutzt. Erst 2008 wurde sie aufwendig restauriert. Ein Besuch lohnt sich unbedingt: Die großzügige, geradlinige Architektur vermag auch nach 1.200 Jahren noch zu begeistern.

Gleich gegenüber der Einhardsbasilika befindet sich Schloss Fürstenau, ein romantisches Wasserschloss, dessen Schlosspark besonders schön ist. Das Schloss ist bewohnt und darf deshalb nur tagsüber und von außen besichtigt werden, aber im Bächlein Mümling, das den Park durchmurmelt, könnt ihr die müden Füße kühlen und noch ein bißchen Zeit schinden, bevor ihr aus diesem Traum wieder in die Realität des Alltags zurückkehren müsst. Zweige hängen auf das stille Wasser hinab, in dem sich die Türme des Schlosses spiegeln.

Die Einhardstraße bringt euch zurück zur B47, die links in die Stadt hinein und direkt zum Bahnhof führt.

Alles, was ihr wissen müsst

Rundtour: bequeme Wanderung, teils über offene Felder, teils durch den Wald // für Schulkinder machbar, eventuell einen Besuch beim Hohenloher Hof in Rehbach planen: www.hohenloherhof.de // **kinderwagentauglich**

Markierung: Mossauer Straße // Mossauer Weg // Wanderweg L // gelbes Viereck

Entfernung von: Darmstadt: 47 Kilometer // Mannheim: 64 Kilometer
ÖPNV: VIA RE 80 oder VIA RB 82 bis Bahnhof Michelstadt
Auto: Parkplatz am Burggraben (Kellerei)

Einkehr: **Conditorei-Café Leyhausen,** Marktplatz 1, 64720 Michelstadt, www.cafe-leyhausen.de // **Drei Hasen,** Braunstraße 5, 64720 Michelstadt, www.dreihasen.de // **Die Träumerei,** Obere Pfarrgasse 3, 64720 Michelstadt, www.die-traeumerei.com // **Michelstädter Rathausbräu,** Mauerstraße 1–3, 64720 Michelstadt, rathausbraeu.de

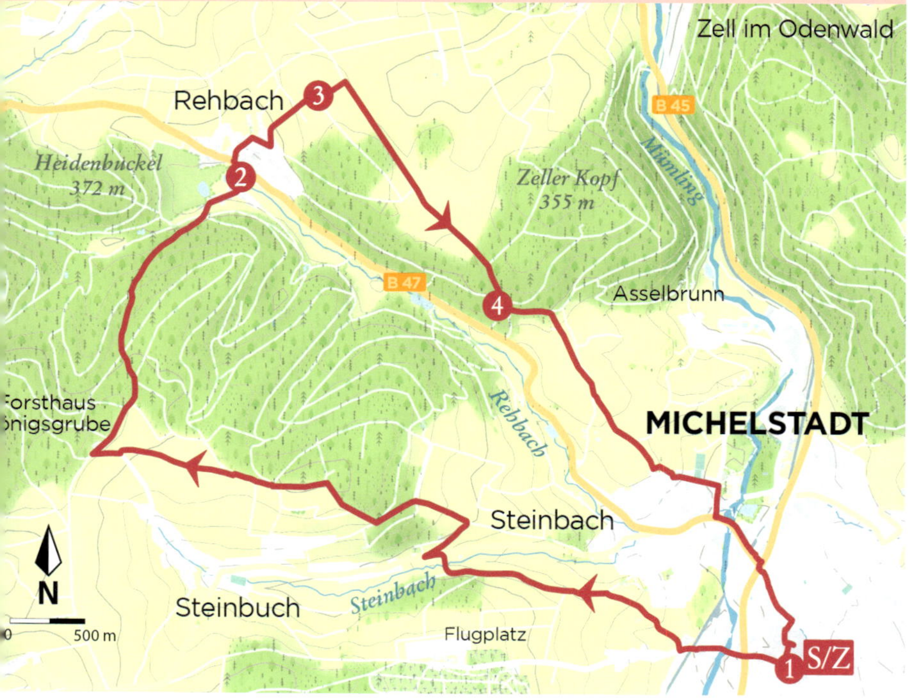

Take me down to the Paradeismühle

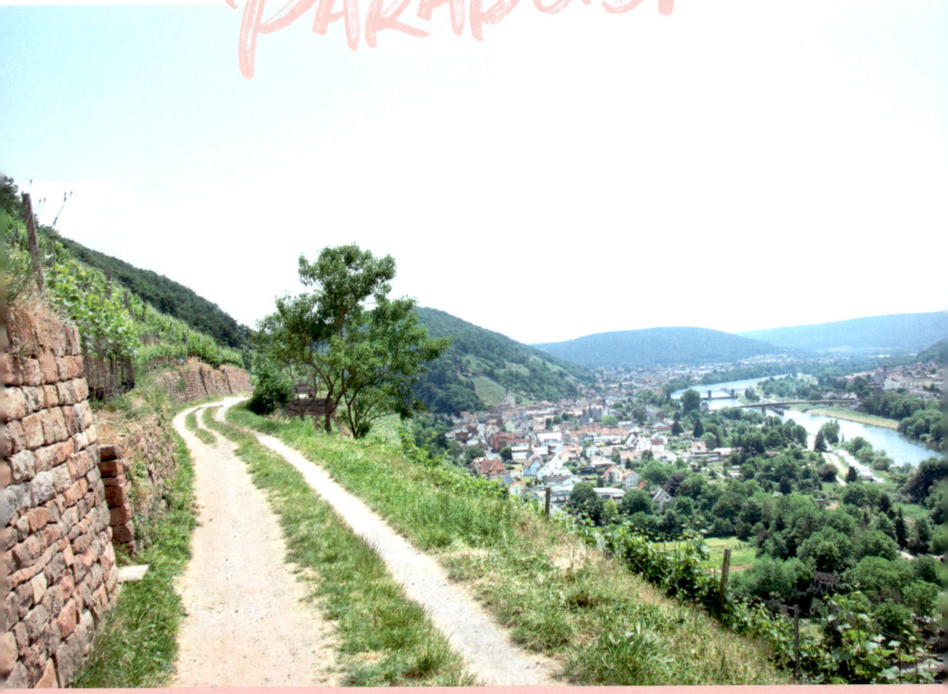

Schwierigkeit: schwer // 16 Kilometer // 460 Höhenmeter
Für Familien mit Kindern bedingt geeignet

ÜBER DEN FRÄNKISCHEN ROTWEINWANDERWEG IN DIE WILDEN TÄLER IM CHURFRÄNKISCHEN WALD

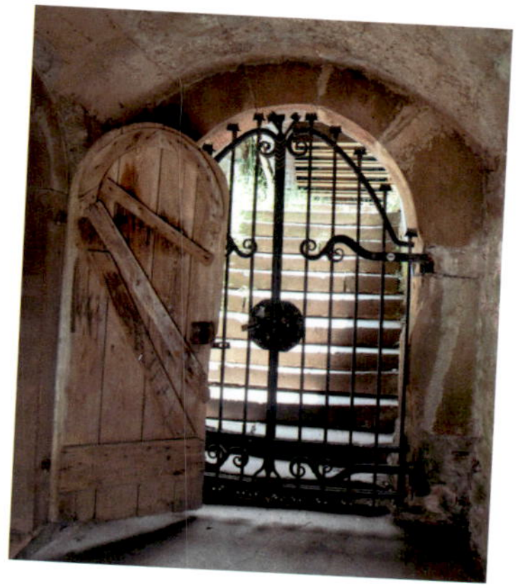

STIMMUNG AUF DER CLINGENBURG

Churfranken! Schönste Region zwischen Spessart und Odenwald! Diese Wanderung führt euch auf einen Abschnitt des Fränkischen Rotweinwanderwegs, zur Burgruine Clingenburg und dann durch den Wald zur Paradeismühle in ihrem stillen Talgrund. Auf dem Rückweg durchquert ihr noch die Seltenbachschlucht, eine urige, abenteuerliche Landschaft mit bewegter Geschichte.
Ihr startet eure Wanderung in ERLENBACH 1 am Main. Umweltbewusste Wanderer reisen mit der Bahn zum Bahnhof Erlenbach, faule Autofahrer können direkt am Bergschwimmbad parken, wenn dort nicht gerade alles mit Badegästen voll ist. Falls ihr die Toilette hinter dem Schwimmbad aufgesucht habt, seid ihr schon auf dem richtigen Weg! Denn der führt am Schwimmbadgelände entlang bergauf und hinter dem Zaun rechts in den Wald hinein. Dort stoßt ihr bald auf eine Treppe, die euch zum Pavillon Erlenbach führt. Dieses gelb gestrichene Objekt thront hoch über dem Ort und ist fast von überall in Erlenbach sichtbar. Wenn ihr dort ankommt, fallen euch sicherlich die kunstvolle Deckenmalerei und die atemberaubende Aussicht auf, die allerdings nur ein Vorgeschmack ist auf das, was kommt.
Nach dem etwas anstrengenden Aufstieg führt der Weg bequem am Hang entlang, links der Wald, rechts die historischen Weinterrassen und der unglaubliche Blick hinunter ins Maintal. Es lohnt sich, immer wieder stehen zu bleiben und die Aussicht zu genießen: Erlenbach und Klingenberg auf dieser, Wörth am Main auf der anderen Seite des Flusses liegen wie Spielzeugdörfer vor euren Augen ausgebreitet. Dabei fallen euch immer wieder neue Details auf, zum

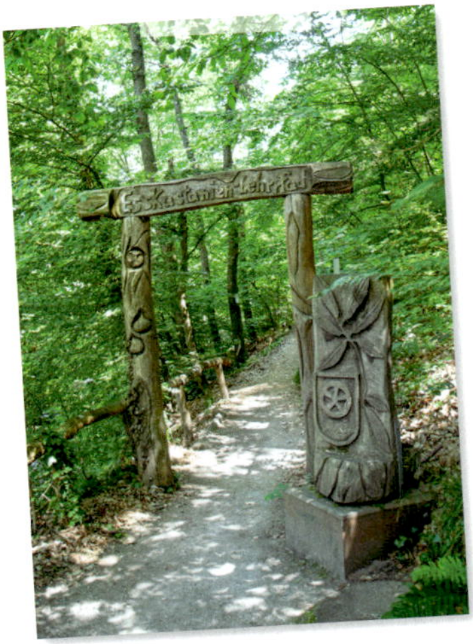

Beispiel eine richtige Schiffswerft in Erlenbach. Mit etwas Glück seht ihr dort einen großen Kahn auf dem Trockenen liegen, an dem gerade herumgewerkelt wird. Ungefähr auf halber Strecke zwischen Erlenbach und Klingenberg lädt eine Terrasse mit Picknickplatz und Relax-Bänken zum Chillen ein.

Von einer weiteren Terrasse, die eigentlich nur eine mit einem Geländer gesicherte Verbreiterung des Wanderweges ist, führt ein kleiner, mit einem roten Kolibri markierter Fußpfad steil hinunter nach Klingenberg. Hier begrüßt euch eine Häuserfassade mit der Beschriftung »Rotweinstadt Klingenberg«, während ihr von dem Fußpfad links auf die Hauptstraße einbiegt. Der Bürgersteig der St2309 führt euch tiefer nach KLINGENBERG AM MAIN 2 hinein.

In der Mitte des hübschen Weinstädtchens zweigt links ein kleiner Fußweg ab, unmittelbar nach der Abzweigung für Autofahrer nach Schmachtenberg, der schon als Zugang zur Schlucht ausgeschildert ist. Dieses Highlight spart ihr euch aber für das Ende der Wanderung auf und steigt stattdessen die Treppe nach oben, die rechts zur Burgruine Clingenburg führt. Diese Treppe ist leider lang und steil, aber der Aufstieg lohnt sich!

DIE CLINGENBURG IST NICHT NUR EINE WUNDERSCHÖNE BURGRUINE AUS DEM 11. JAHRHUNDERT, DIE AUS DEM ROTEN BUNTSANDSTEIN DER REGION GEFERTIGT WURDE – SIE HAT AUCH GASTRONOMISCH EINIGES ZU BIETEN.

Die malerische Kulisse der Clingenburg wird regelmäßig für Veranstaltungen genutzt, und auf Alexanders Burgterrasse könnt ihr es euch endlich mal so richtig gut gehen lassen, Aussicht inklusive.

Oberhalb der Burg verläuft der Esskastanienlehrpfad, der absolut hält, was er verspricht. Wetten, dass ihr in freier Wildbahn noch nie so viele Esskastanien gesehen habt? Ihr folgt dem Lehrpfad zum Aussichtsturm, aber Vorsicht: Der Turm ist an einer Stelle (mit Markierung K1 und dem goldenen Schiff der europäischen Kulturwege) nach links ausgeschildert; rechts den steilen Hang hinauf ist es aber deutlich kürzer. Optisch passt der Turm zur Burg und ragt stolz auf einem Hügel auf, der vollständig mit Esskastanien bedeckt ist. Nur am Fuße des Turm wurde eine kleine Bresche in die Kastanien geschlagen, um einen Spiel- und einen Grillplatz zu errichten. Leider hat der Turm selbst sehr unregelmäßige Öffnungszeiten, aber es gibt auch so genügend Möglichkeiten, sich unterzustellen oder hinzusetzen.
Zum Turm hinauf führt eine Treppe. Um weiterzulaufen, geht nicht auf den Weg unten an der Treppe zurück, sondern oben rechts am

Die Eiche steht hier schon lang, aber die Burg noch länger: Um 1100 wurde die Clingenburg gebaut

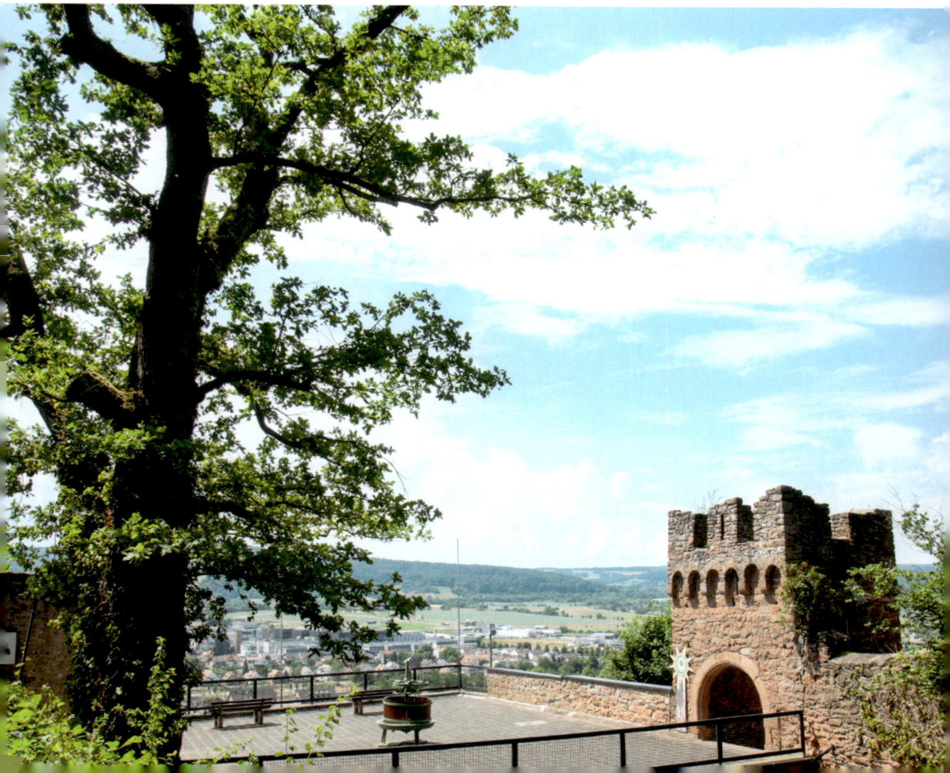

Spielplatz vorbei in den Wald hinein. Der Weg führt euch an einem Denkmal für verstorbene Wanderer vorbei zu einer kleinen Schutzhütte und von dort den Hang hinab zur Paradeismühle. Die Tatsache, dass der Weg mit einem schwarzen Eber markiert ist, und die immer wieder links und rechts des Weges auftauchenden kleinen schlammigen Teiche lassen vermuten, dass wir uns hier in einem Wildschweinrevier befinden. Also verhaltet euch ruhig und bleibt auf den markierten Wegen! Besonders im Frühling, denn die Bachen verstehen keinen Spaß, wenn man ihren Frischlingen zu nahe kommt. Dem schwarzen Eber folgend steigt ihr also von der Schutzhütte ab ins Tal der Ahnungslosen.

Das Tal der Ahnungslosen heißt eigentlich Röllbachtal. Adam und Eva durften nur so lange im Paradies bleiben, wie sie ahnungslos waren – sobald sie vom Baum der Erkenntnis aßen, wurden sie aus dem

Die Terrassierung der Weinberge geht auf das Mittelalter zurück, aber die Bänke sind neu

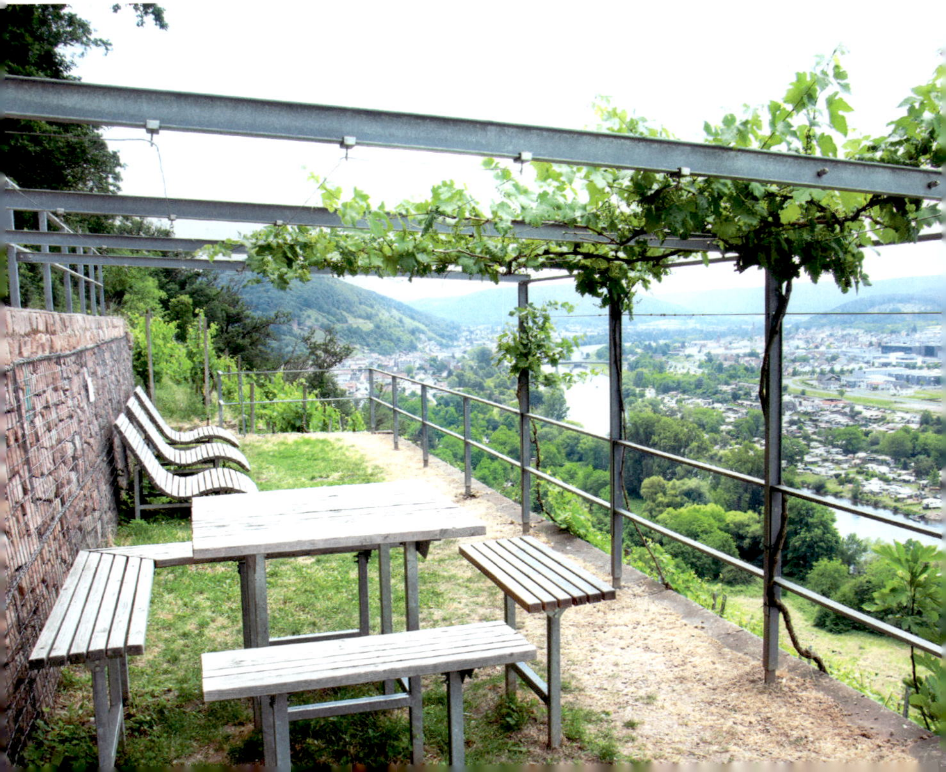

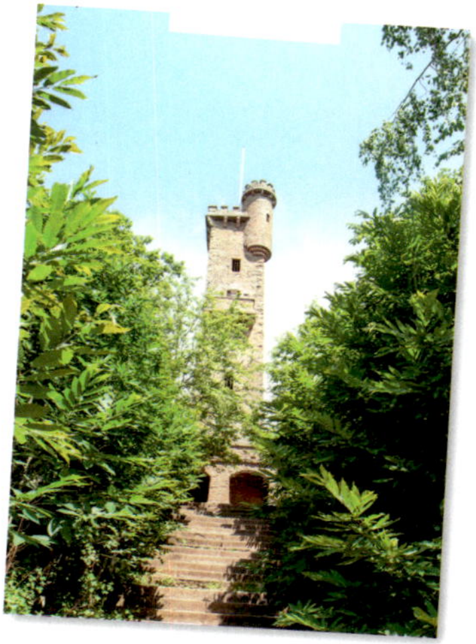

Paradies verbannt (1. Mose 3). So ist es auch im Röllbachtal, denn hier steht die PARADEISMÜHLE 3 – und hier rödeln die Smartphones auf der Suche nach GPS- und Wetterdaten vergeblich. Die Paradeismühle ist ein ulkiges Konstrukt aus einem wunderschönen Fachwerkbau aus dem 18. Jahrhundert, einer Bausünde aus den 1980er Jahren, einem schlichten Landgasthof und einem fancy Hotel-Restaurant mit Spa und Sterneküche, alles irgendwie gleichzeitig und nichts davon so richtig. Die Bedienung ist jedenfalls sehr nett, Essen und Getränke köstlich und die Preise angemessen. Aber freut euch nicht zu früh, wenn ihr die WLAN-Zugangsdaten auf der Speisekarte entdeckt, denn das bedeutet noch lange nicht, dass ihr wirklich ins Internet kommt.
Nach der Offline-Pause im Paradeis folgt ihr dem schwarzen Eber auf demselben Weg wieder zurück, überquert wie schon auf dem Hinweg die Landstraße und geht an etwas entlang, was früher mal ein Weinberg war. An der kleinen Schutzhütte biegt ihr dann aber rechts ab statt links, woher ihr kamt, und geht durch den stillen Wald zum Bergwerk. Das allerletzte Stückchen müsst ihr leider an der Landstraße entlang. Auf der rechten Straßenseite taucht bald ein Rastplatz auf mit Infotafeln, Picknicktisch und einem Insektenhotel – und dann biegt ihr um die Ecke und traut euren Augen nicht. Denn hier steht das Tonwerk Klingenberg, oder das, was davon noch übrig ist: Eine mächtige Sortieranlage mit Förderbändern, ein Industriedenkmal aus Holz!

NOCH BIS 2011 WURDEN IM TONWERK KLINGENBERG DIE TONSCHOLLEN SORTIERT UND PER HAND IN GÜTEKLASSEN UNTERTEILT. AUS DIESEM TON LIESSEN SICH MIT GRAPHIT BLEISTIFTMINEN HERSTELLEN, WOZU ER BIS NACH JAPAN EXPORTIERT WURDE.

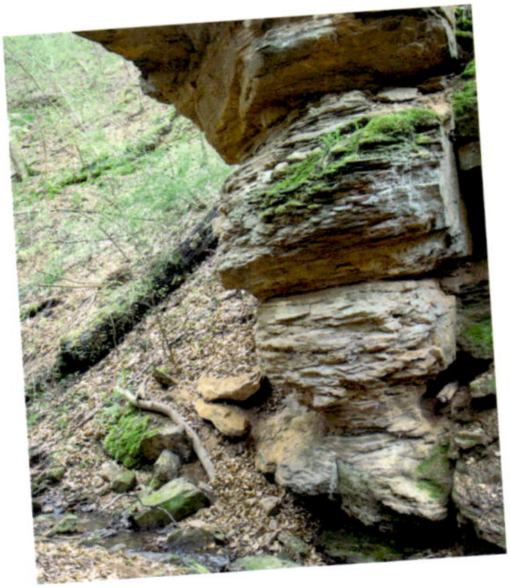

FRÄNKISCHES URGESTEIN

Die alten Bürogebäude auf der anderen Seite der Landstraße wurden zu einer Greifvogelstation des Landesbundes für Vogelschutz umgebaut.

Ihr könnt unter der alten Sortieranlage hindurchgehen und euch dann links halten. Der Fußweg biegt links ab in die SELTENBACHSCHLUCHT 4. Dieses außergewöhnliche Stück Landschaft zieht sich, einem kleinem Bach folgend, unter Buntsandsteinfelsen hindurch. Immer wieder führen kleine Holzbrücken über das Wasser; teilweise muss der Bach auch auf einzelnen Felsbrocken überquert werden. Feuersalamander leben in diesem Wasser. Kleine Steinpyramiden künden davon, dass dieser stimmungsvolle Ort viele Besucher anzieht – und das, wie wir auf einer Infotafel am Eingang der Schlucht erfahren, schon seit dem 19. Jahrhundert, also seit es überhaupt Tourismus in Deutschland gibt.

Am Ausgang der Seltenbachschlucht kommt ihr bald wieder an die Stelle, wo die Treppe hinauf zur Clingenburg abzweigt. Jetzt könnt ihr euch entscheiden, ob ihr noch einmal in die Weinberge zwischen Klingenberg und Erlenbach zurückkehren und dort die Abendsonne genießen wollt – oder ob eure Beine eher dafür sind, ab Klingenberg Mitte den Bus zu nehmen. Wenn ihr in Klingenberg den Fluss überquert, findet ihr auf der anderen Mainseite auch einen Bahnhof. Der Verein Churfranken e.V. hat sich mächtig ins Zeug gelegt, um diese besonderen Weinberge zu vermarkten. Deswegen säumen zahlreiche mehr oder weniger gelungene Kunstwerke den Weg, und an den terroir f- Stationen werden Informationen bereitgestellt und unter Umständen auch Wein ausgeschenkt. Mehr Informationen findet ihr z. B. unter www.franken-weinland.de.

Alles, was ihr wissen müsst

Rundtour: teils steile Auf- und Abstiege // mit kleinen Kindern also lieber auf die Seltenbachschlucht mit Greifvogelwarte im Anschluss beschränken // **nicht kinderwagentauglich**

Markierung: nicht einheitlich, bitte Text und/oder GPS beachten

Entfernung von: Aschaffenburg: 26 Kilometer // Würzburg: 79 Kilometer
ÖPNV: RB 88 oder Bus 61 bis Bahnhof Erlenbach
Auto: Parkplätze in der Erlenbacher Innenstadt

Einkehr: **Diner Coffee & Grill Imbiss,** Mechenharder Straße, 63906 Erlenbach, diner-restaurant.de/erlenbach-schwimmbad // **Alexanders Burgterrasse auf der Clingenburg,** Clingenburgstraße 5, 63911 Klingenberg am Main, www.burgterrasse.de // **Paradeismühle,** Paradeismühle 1, 63911 Klingenberg am Main, www.paradeismuehle.de/de/restaurant

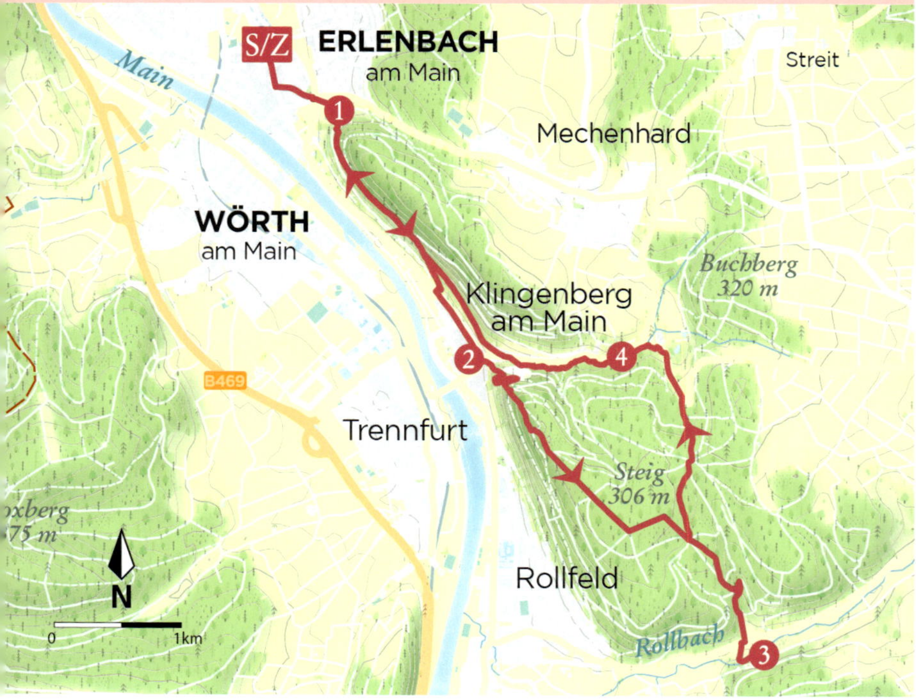

Spannender Spessartbogen

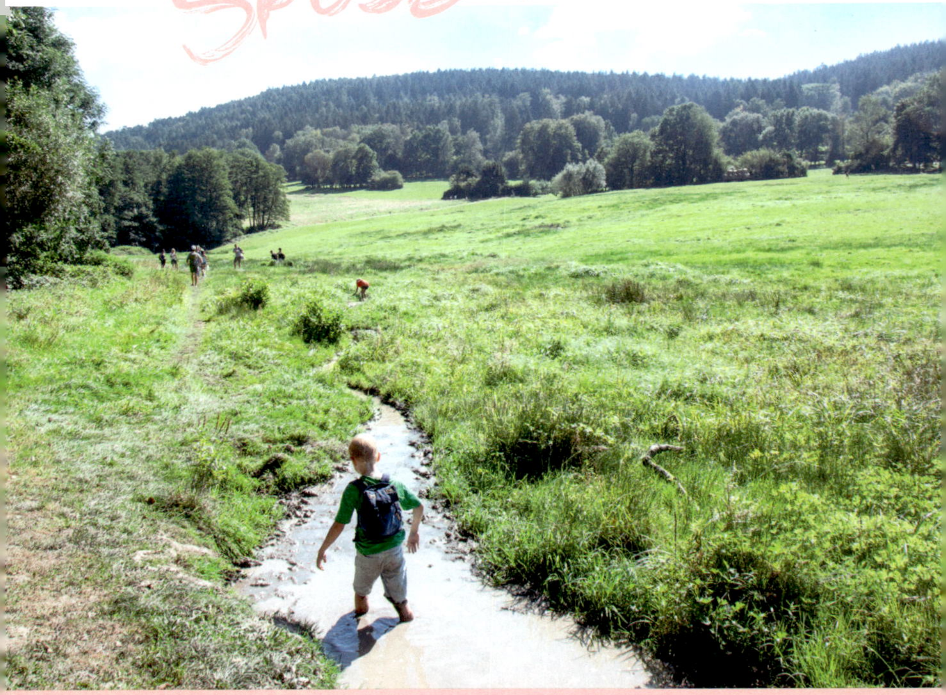

Schwierigkeit: schwer // 18 Kilometer // 500 Höhenmeter
Für Familien mit Kindern bedingt geeignet

DAS TAL DES BACHES ORB KÖNNT IHR KOMPLETT BARFUSS DURCHWANDERN

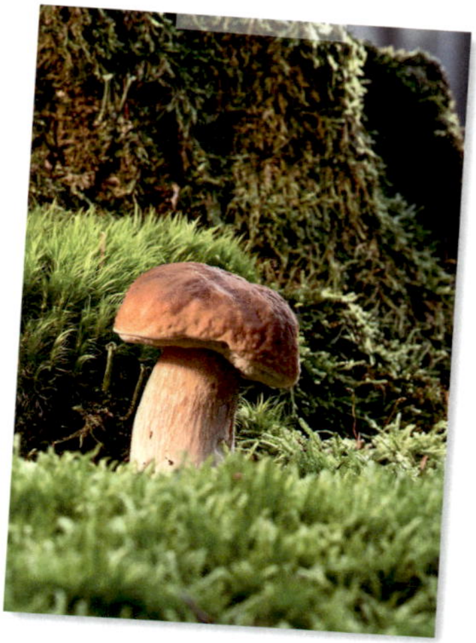

Bevor ihr am Bach Orb und den letzten 4,5 Kilometern dieser Wanderung ankommt, die ihr problemlos ohne Schuhe zurücklegen könnt (sofern die Temperaturen das hergeben, versteht sich), dürft ihr erst mal 14 Kilometer lang durch den schönen Spessartwald laufen. Was Moos, Pilze, rieselnde Bäche und plötzliche Sonnenstrahlen angeht, steht der Norden des Spessarts dem Süden in nichts nach – auch wenn es hier nicht, wie bei Rohrbrunn, tausendjährige Eichenbestände zu bewundern gibt, sondern vorrangig Nadelwald.

DER NORDEN DES SPESSARTS IST BRÜDER-GRIMM-LAND: JAKOB UND WILHELM GRIMM SIND IN STEINAU AN DER STRASSE AUFGEWACHSEN, KNAPP 15 KILOMETER VOM STARTPUNKT DIESER WANDERUNG ENTFERNT.

Während ihr durch die Wälder des Hessischen Spessart wandert, bekommt ihr plötzlich ein Gefühl dafür, wie diese tausendmal gehörten Märchen in den Köpfen der Verfasser ausgesehen haben müssen. Statt Riesen und Hexen und Rumpelstilzchen begegnet ihr aber wahrscheinlich nur erholungssuchenden Frankfurtern, denn diese Gegend ist nicht nur märchenhaft, sondern von Frankfurt aus auch super zu erreichen.
Ihr startet in BAD ORB 1, wo es auch einen Bahnhof gibt. Zu diesem Bahnhof fährt im Sommer von Wächtersbach aus sonn- und feiertags eine liebevoll restaurierte kleine Dampflok – wenn es sich einrichten lässt, solltet ihr das letzte Stück der Anreise unbedingt mit Emma zurücklegen! Wer trotzdem mit dem Auto anreisen will, kann zum Beispiel in der Straße hinter der Spessart-Klinik (Sebold-

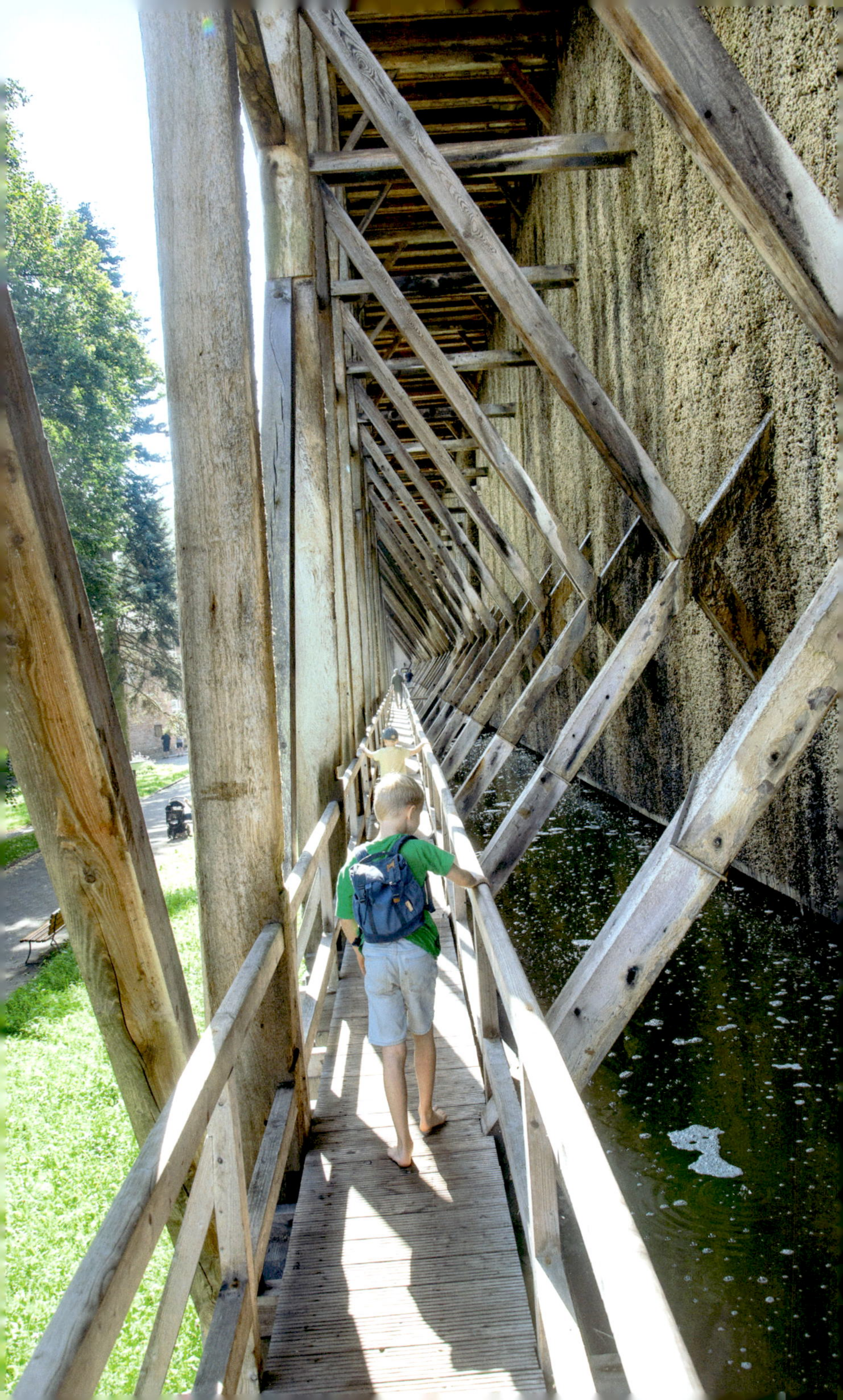

wiesenstraße) oder am Friedhof kostenlos parken. Von der Seboldwiesenstraße geht ihr weiter den Hang hinauf und haltet euch links, bis die Straße Am Klingental in einen Waldweg übergeht. Der Wanderweg mit dem roten Balken führt euch auf den Haselberg hinauf. Faule Wanderer nehmen eine Abkürzung durch das Haseltal und benutzen stattdessen den Weg mit der roten Diagonale. So oder so landet ihr früher oder später auf dem Spessartweg 3, dessen nummerierter Specht euch die restliche Wanderung über begleiten wird. Hinter dem Haselberg erwartet euch ein Bild des Jammers: Einst stand hier eine mächtige Eiche, an der ein kleines Heiligenbild befestigt war. Das Bild gibt es immer noch, aber es hängt nur noch an einem traurigen Stumpf, ebenso wie ein Schild, auf dem noch »Bild-Eiche – 325 m« zu lesen steht. Was wohl mit der Bildeiche passiert ist? Ob es ein Blitzschlag oder einfach Altersschwäche war, der sie zum Opfer fiel – aber ihr Tod wird in den Medien geflissentlich verschwiegen, nachdem sich rund um die Bildeiche schon eine ganze Tourismus-Industrie etabliert hat. Die Schutzhütteninfrastruktur an diesem Platz jedenfalls vermag immer noch zu beeindrucken.

Mit der Bildeiche habt ihr auch den Spessartbogen erreicht. Das ist ein neuer Fernwanderweg, der über 90 Kilometer durch den hessischen Spessart führt. Den ganzen Spessartbogen wandert ihr heute aber nicht, sondern biegt rechts ab auf den Spessartweg 3, der euch zurückbringt ins Haseltal. Achtung: An einer Stelle müsst ihr über den Weg mit der roten Diagonale abkürzen, also rechts abbiegen und so auf einem Weg landen, der wieder die Markierung Spessartweg 3 hat. Auf diese Weise kommt ihr schließlich beim JAGDHAUS HASELRUH 2 und dem, laut Rother Wanderführer, »schönsten Talschluss im Nordspessart« an, was zwar ein seltsam

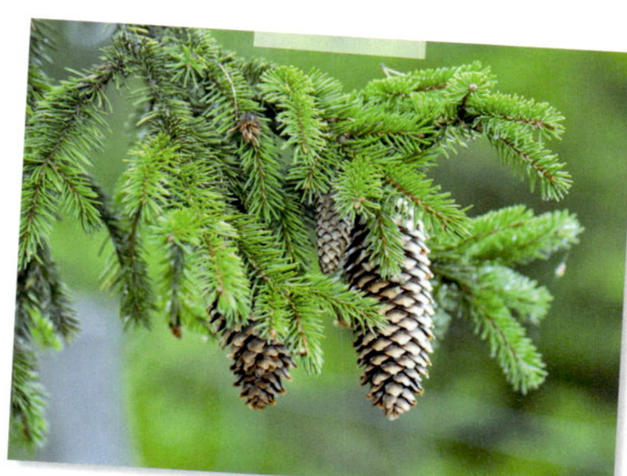

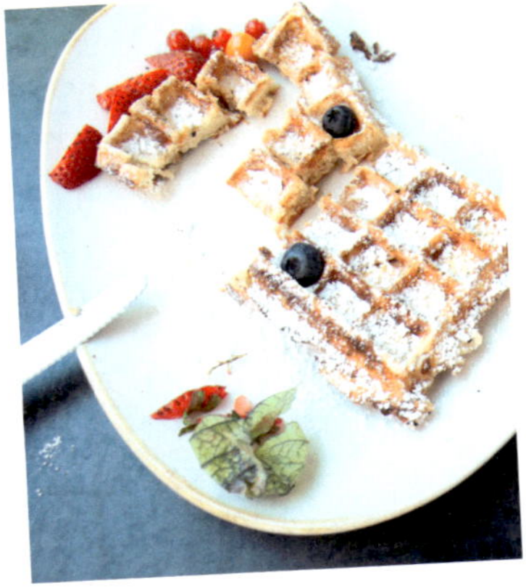

WAFFELN IM KURPARK

spezifischer Superlativ, aber durchaus zutreffend ist. Denn hier entspringt eine kleine Quelle, sanfte Wiesen schwingen sich durch den Talgrund hinab, und am Waldrand thront stolz das historische Forsthaus. Das Jagdhaus Haselruh ist von Mittwoch bis Sonntag bewirtschaftet, aber leider auch mit dem Auto zu erreichen – deswegen ist hier an Sonn- und Feiertagen immer die Hölle los. Wer auf sein Picknick ausweichen muss, weil das Jagdhaus geschlossen hat oder überfüllt ist, kann sich aber auch nicht wirklich beklagen angesichts der allgemeinen Idylle, die seine Parkbank umgibt. Es sei denn, es regnet, denn eine Schutzhütte fehlt leider.

Ihr geht von der Bildeiche kommend nach links, also tiefer ins Talende hinein. Hier gibt es noch einen großen Parkplatz mit einem Kuriosum am Wegrand: eine Waldbühne, die mit einer Wildschweinstatue geschmückt ist. Am Ende des Haseltals teilt sich der Weg und ihr geht nach rechts, um gleich wieder links den steilen Anstieg zur Spessart-Höhenstraße zu bewältigen.

Diese Höhenstraße ist tatsächlich eine Landstraße, die ihr aber nur kurz überqueren müsst. An der Wegscheide werden Menschen, die in Frankfurt aufgewachsen sind, womöglich sentimental, denn hier liegt mitten im Wald das Frankfurter Schullandheim.

Gegenüber führt ein Waldweg steil den Berg hinab. An einer Futterstelle für Wildtiere vorbei kommt ihr zur Baiertalhütte, die sich bei Bedarf für ein kurzes Picknick anbietet. Aber nicht zu viel essen! Denn von hier überquert ihr das Orbtal und geht nur ein kurzes Stück durch den Wald, und schon seit ihr an dem umtriebigen CAFÉ WALDFRIEDE 3 angekommen.

DAS CAFÉ WALDFRIEDE HAT EINE EIGENE KONDITOREI UND ZEICHNET SICH DURCH EIN SPEKTAKULÄRES KUCHEN-ANGEBOT AUS. SOGAR EINE HAUSEIGENE SCHOKOKUSS-KREATION, DIE EIGENTLICH NUR AUS SAHNE UND SCHOKOLADE BESTEHT, GIBT ES HIER ZU PROBIEREN.

Das Café Waldfriede bietet bei Bedarf auch einfache Schlaf-Unterkünfte an. Falls ihr euch nach dem ganzen Kuchen nicht mehr bewegen könnt, erwischt ihr vielleicht mit etwas Glück den Bus direkt vor der Haustür.

Befindet ihr euch hier in einer Welt für Omas? Sowohl der Einrichtungs-Stil und die Kuchenlastigkeit des Cafés Waldfriede als auch Stichwörter wie Kurpark, Klinik, Reha-Zentrum muten ziem-

Die Landschaft ist typisch Nordspessart: Ausblick Richtung Wächtersbach

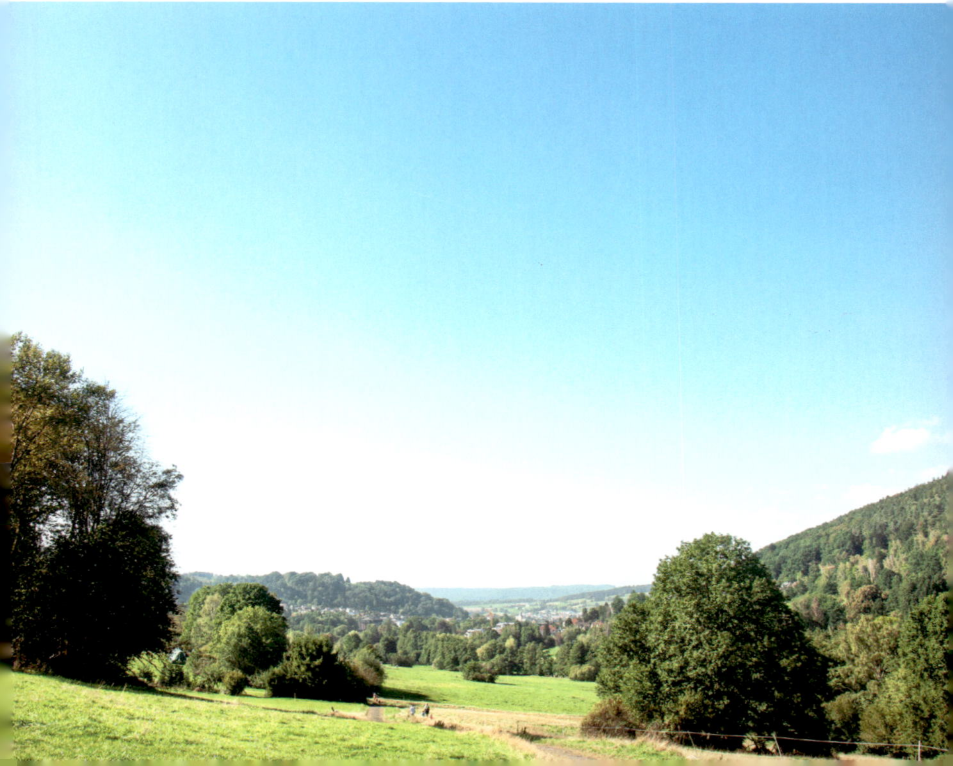

lich großmütterlich an. Aber Bad Orb hat sich tourismustechnisch mächtig ins Zeug gelegt und gibt sich alle Mühe, auch jüngere Zielgruppen anzusprechen. Mit Erfolg! Vom Café Waldfriede aus gelangt ihr über den Weg mit der blauen Schmetterlings-Markierung erst in einen Wildpark, und dann zum Highlight dieser Wanderung: dem Barfußpfad. Dafür müsst ihr unbedingt daran denken, nach dem Wildgatter rechts abzubiegen und den steilen Weg den Hang hinab zu nehmen, anstatt geradeaus durch den Tannenforst zu gehen. Wenn ihr an der Kneippanlage herauskommt, habt ihr alles richtig gemacht.
Bei diesem Barfußpfad handelt es sich keineswegs um ein paar Holzwannen mit Kieselsteinen drin, deren Erlebnischarakter nach fünf Minuten erschöpft ist, sondern hier beginnen die letzten fünf Kilometer, die ihr komplett barfuß zurücklegen könnt.

Der Kurpark von Bad Orb.
Keine Wildnis, trotzdem wanderbar

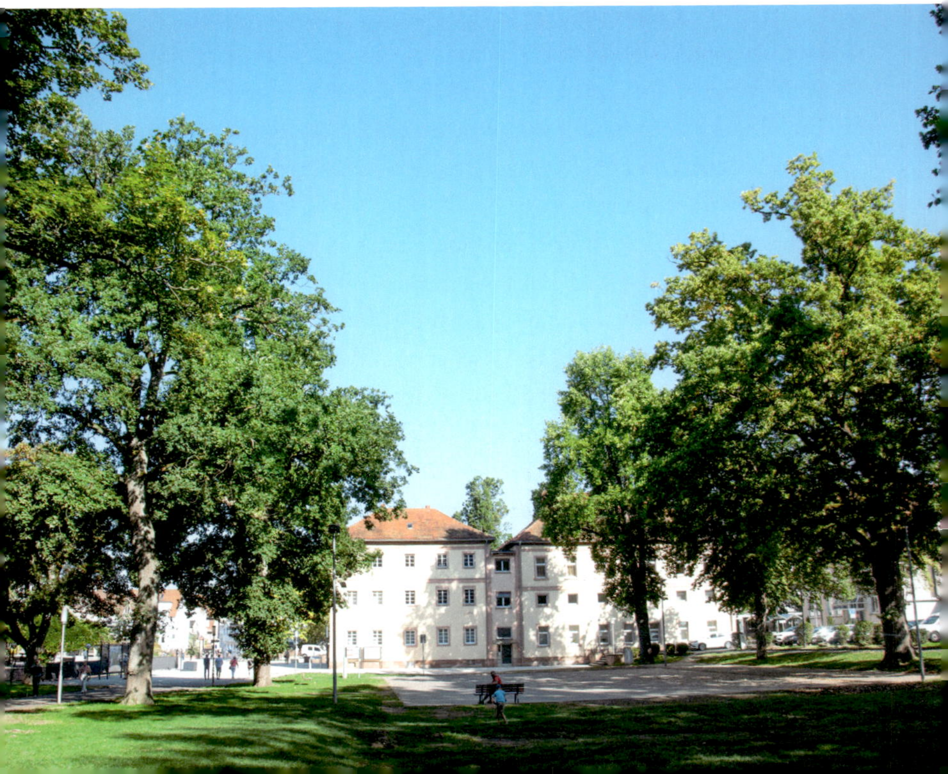

BEI TEMPERATUREN ÜBER 20 GRAD KÖNNT IHR AN DEN BÄNKEN BEI DER KNEIPPANLAGE HINTER DEM WILDPARK WANDERSTIEFEL UND SOCKEN AUSZIEHEN, AN DEN RUCKSACK BINDEN UND ÜBER WEICHES GRAS LAUFEN, DURCH DEN BACH ORB WATEN UND EIGENS ANGELEGTE SCHLAMMPFADE RUNTERRUTSCHEN.

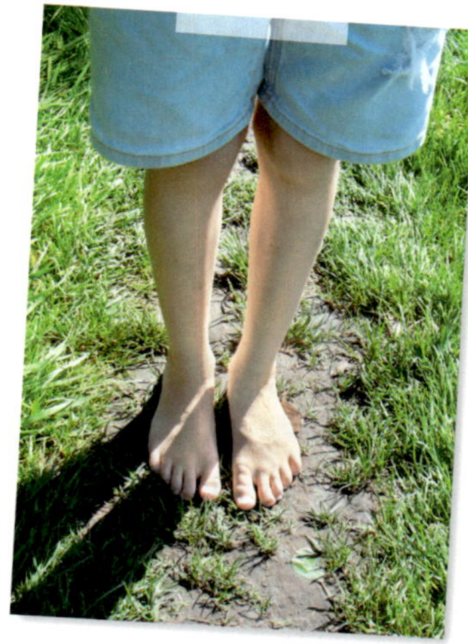

Es ist wirklich ein Heidenspaß für Kinder wie für Erwachsene, extrem abwechslungsreich und schafft noch einmal eine ganz neue, sinnliche Verbindung zwischen Mensch und Welt.
In Bad Orb angekommen lest ihr zu eurer Überraschung auf einem Schild, dass es kein Team aus hochbezahlten Waldpädagogen und Gesundheitsexperten ist, die diesen Pfad angelegt haben und pflegen, sondern eine Schulklasse. Die örtliche Realschule bietet ein Wahlpflichtfach mit Namen »Barfußpfad« an, und die Schüler, die das Fach belegen, kümmern sich um den Pfad. Beeindruckt von der Leistung der jungen Leute werft ihr gern eine Spende in den Kasten neben dem Schild.
Wenn ihr das Schild lesen und die Spende einwerfen könnt, befindet ihr euch bereits im KURPARK VON BAD ORB (4) und damit der letzten Station dieser Wanderung. Jetzt müsst ihr euch an einer geeigneten Stelle im Bach die Füße waschen und euch möglichst fein machen, denn ihr befindet euch in vornehmer Gesellschaft.
Bad Orb hatte eine lange Geschichte als Salzproduktionsstandort. Der Eselsweg, der heute noch den Spessart von Norden nach Süden durchquert, kündet noch von dieser wirtschaftlichen Erfolgsgeschichte im 17. und 18. Jahrhundert, denn über diesen Weg mussten die Esel das Salz aus Bad Orb (und dem Nachbarort Bad Soden-

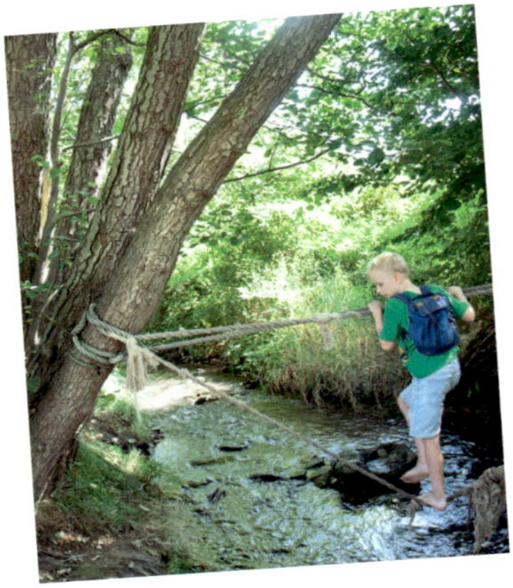

ABENTEUER IM MÄRCHENLAND

Salmünster) über 100 Kilometer bis ins Maintal tragen, wo es auf Schiffe verladen wurde. Diese Erfolgsstory begann sich in der zweiten Hälfte des 17. Jahrhunderts dem Ende zuzuneigen, und die Orber suchten nach Wegen, die Effizienz ihrer Salzproduktion zu steigern. Wenn ihr euch jetzt im Kurpark links haltet, seht ihr das Ergebnis dieser Bemühungen: ein Holzbauwerk in der Höhe eines drei- oder vierstöckigen Altbaus, aber ohne Wände. Statt Zimmer und Fluren enthält das Gebäude Bündel aus Reisig. Was im ersten Moment für eine moderne Kunstinstallation gehalten werden könnte, ist ein sogenanntes Gradierwerk: Die Sole tropft von der Decke des Gebäudes durch die Reisigbündel bis zum Boden hinunter und steigert dabei ihre Konzentration.

Die Bad Orber sind ziemliche Glückspilze. Denn im 18. Jahrhundert lohnte sich die Salzproduktion irgendwann nicht mehr und die wichtigste Industrie des Ortes brach zusammen – aber die Gradierwerke hatten einen genialen Nebeneffekt: Beim Herabtröpfeln erzeugte die Sole ein künstliches Meeresklima, das für gesundheitliche Zwecke eingesetzt werden kann. Meeresluft atmen, ohne ans Meer fahren zu müssen! Bad Orb erlebte im Jahr 1900 eine beispiellose Renaissance als heilklimatischer Kurort. So ist es bis heute geblieben: das Städtchen, das sich zum richtigen Zeitpunkt neu erfunden hat.

Vom Gradierwerk geht es geradeaus durch die Altstadt zum Bahnhof. Autofahrer biegen links ab zum Friedhof oder folgen in der Altstadt der Raiffeisenstraße Richtung Spessart-Klinik, je nachdem welchen Parkplatz ihr gewählt habt.

Alles, was ihr wissen müsst

Rundtour: ziemlich weit, deswegen für kleine Kinder nicht geeignet // Abkürzung durchs Haseltal möglich (Streckenversion ohne Bildeiche) // mit Kindern unter zehn Jahren nur den letzten Streckenabschnitt zum Café Waldfriede und zurück // mit Kinderwagen an der Kneippanlage umkehren nach Bad Orb

Markierung: Spessartweg 3 // Spessartbogen // rote Diagonale // blauer Schmetterling

Entfernung von: Aschaffenburg: 56 Kilometer // Würzburg: 80 Kilometer
ÖPNV: ab Hanau RE 50 bis Wächtersbach, von dort aus sonn- und feiertags mit der Dampflok, www.bad-orb.info
Auto: Parken hinter der Spessart-Klinik (Seboldwiesenstraße)

Einkehr: **Jagdhaus Haselruhe,** Haselruhe, 63619 Bad Orb, www.jagdhaus-haselruhe.de // **Café Waldfriede,** Villbacher Straße 48, 63619 Bad Orb, www.cafe-waldfriede.de

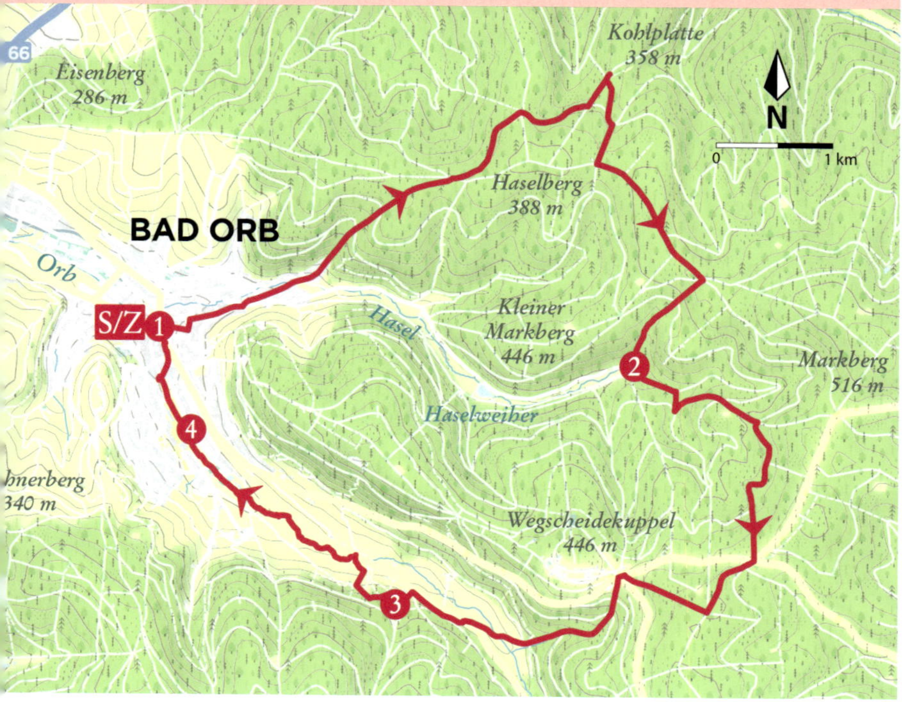

Schriesheim: Wo die Erde sich auftut

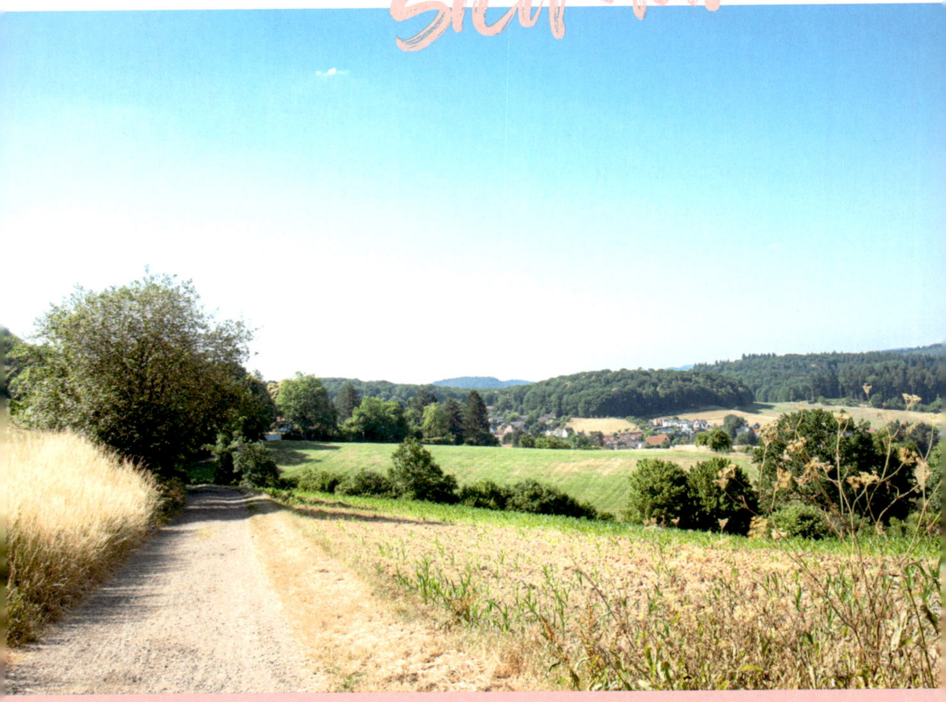

Schwierigkeit: schwer // 15 Kilometer // 510 Höhenmeter
Für Familien mit Kindern nicht geeignet

VON FRÜH BIS SPAT: GEHEIMNISVOLLE HÖHLEN, EINE VERGESSENE BURG UND EINE BERGSTEIGERISCHE HERAUSFORDERUNG

Von Oberflockenbach führt euch diese Wanderung bis zur Schriesheimer Spatschlucht. Die Schlucht ist nicht auf natürlichem Weg entstanden, sondern durch Tagebau – der mitten im Wald eine eigenartige, zerklüftete Landschaft hinterlassen hat.

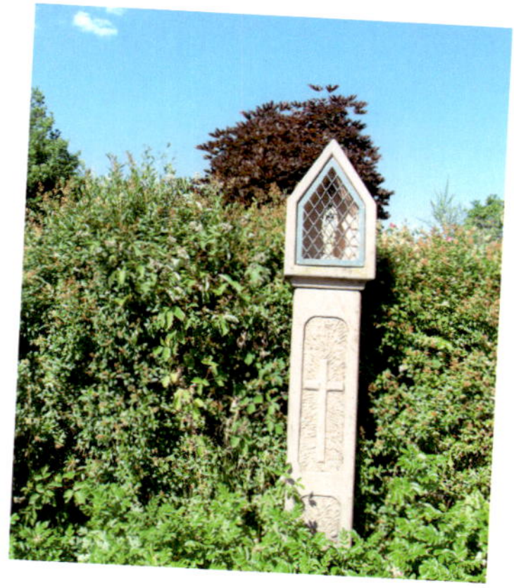

Am Bildstock

Zum WANDERPARKPLATZ AM BILDSTOCK 1 kommt ihr am besten mit dem Auto, aber auch ein Bus fährt dahin. Rechts an dem Felsen mit der Inschrift vom OWK Oberflockenbach vorbei geht ihr erst über Felder, dann in den Wald am Steinberg hinein. Dieser Wald ist ein Wichtelwald! In manchen Astlöchern an Bäumen sind kleine, bunt bemalte Türen installiert, die auf die Anwesenheit von Waldwichteln hindeuten. Ihr geht vorbei an einem Grillplatz, auf dem sich kurioserweise der Grabstein eines in den 1920er Jahren verstorbenen Steinmetzes und seiner Familie befindet. Von hier an folgt ihr im Wesentlichen dem Weg mit der Markierung L.

An der Ursenbacher Höhe überquert ihr die Landstraße und kreuzt noch ein paar Felder, bevor ihr wieder in den Wald eintaucht. An der Weggabelung haltet ihr euch links und kommt an so grusligen Orten wie Bluthecke und Wolfshecke vorbei, seht aber zum Glück weder Blut noch Wölfe, sondern nur ein kleines Wasserversorgungswerk, an dem ihr rechts vorbeigehen könnt. Ihr steigt von dort ab zu einer idyllisch am Waldrand gelegenen kleinen Schutzhütte. Weiter bergab kommt ihr zu einem größeren Wanderweg, haltet euch links und biegt dann – Achtung! – wieder links ein auf einen kleinen Trampelpfad, der steil den Berg hinabführt. Er führt euch auf den Weg Nr. 4, der hier um die Pappelbach-Quelle herum eine Schleife beschreibt. Ihr nehmt den rechten Arm des Weges, und jetzt wird es langsam ernst.

Der Weg führt euch erst dem Bachlauf folgend sanft bergab. Links zwischen den Bäumen leuchten Wiesen im Sonnenschein, und Schritt für Schritt begreift ihr, dass es sich um Tierweiden handelt, nein, um einen ganzen Tierpark! Ein Stück weiter unten im Tal befindet sich auch noch ein Wirtshaus und ein Waldschwimmbad, und hättet ihr Kinder dabei, würdet ihr euch sicherlich auf diesen Teil der Wanderung beschränken. Ohne Kinder biegt ihr scharf rechts ab auf einen schmalen Trampelpfad, statt dem sanft abfallenden Hauptweg zu folgen, der euch zwischen Himbeersträuchern hindurch steil den Hang hinauf führt.

Die Wanderung wird an dieser Stelle nicht nur sportlich, sondern auch gefährlich. Ihr nähert euch dem Schwerspatgang beim Zins und der Langen Schaar. Infotafeln informieren euch über die Vergangenheit dieses Bergbaugebiets, und Warnschilder warnen euch vor ihren Folgen. Denn der Boden ist hier durchzogen von Gängen und Höhlen, und im Waldboden tun sich plötzlich gähnende Löcher auf. Alte Steinbrüche rotten vor sich hin, Schutt kollert unter euren Stiefeln den Hang hinab. Bleibt also unbedingt auf den gesicherten, markierten Wegen! Und tragt vernünftige Bergschuhe! Mit Sneakern ist es auf dieser Tour nicht getan.

Aber eure Mühe wird belohnt! Erst leuchtet das Dach des (leider nicht bewirtschafteten) Evangelischen Waldheims Cabin-in-the-woods-mäßig durch das Blattwerk, dann führt euch der mit der blauen Zinne markierte Burgensteig weiter zu einem der spektakulärsten Natur- und Kulturdenkmäler des Odenwalds: der SPATSCHLUCHT 2.

Vor 110 Millionen Jahren tat sich hier die Erde auf. Tektonische Spannungen traktierten die europäische Erdkruste und schlugen eine Wunde in den Odenwald-Granit, die sich, wie eine biologische Wunde mit Blut und Schorf, mit wässrigen Lösungen aus dem Erdinneren füllte, das zu Baryt verhärtete. Baryt ist ein Mineral, das aus Barium, Schwefel und Sauerstoff zusammengesetzt ist und seit der Industrialisierung zum Beispiel für die Farb- und Papierherstellung verwendet wird.

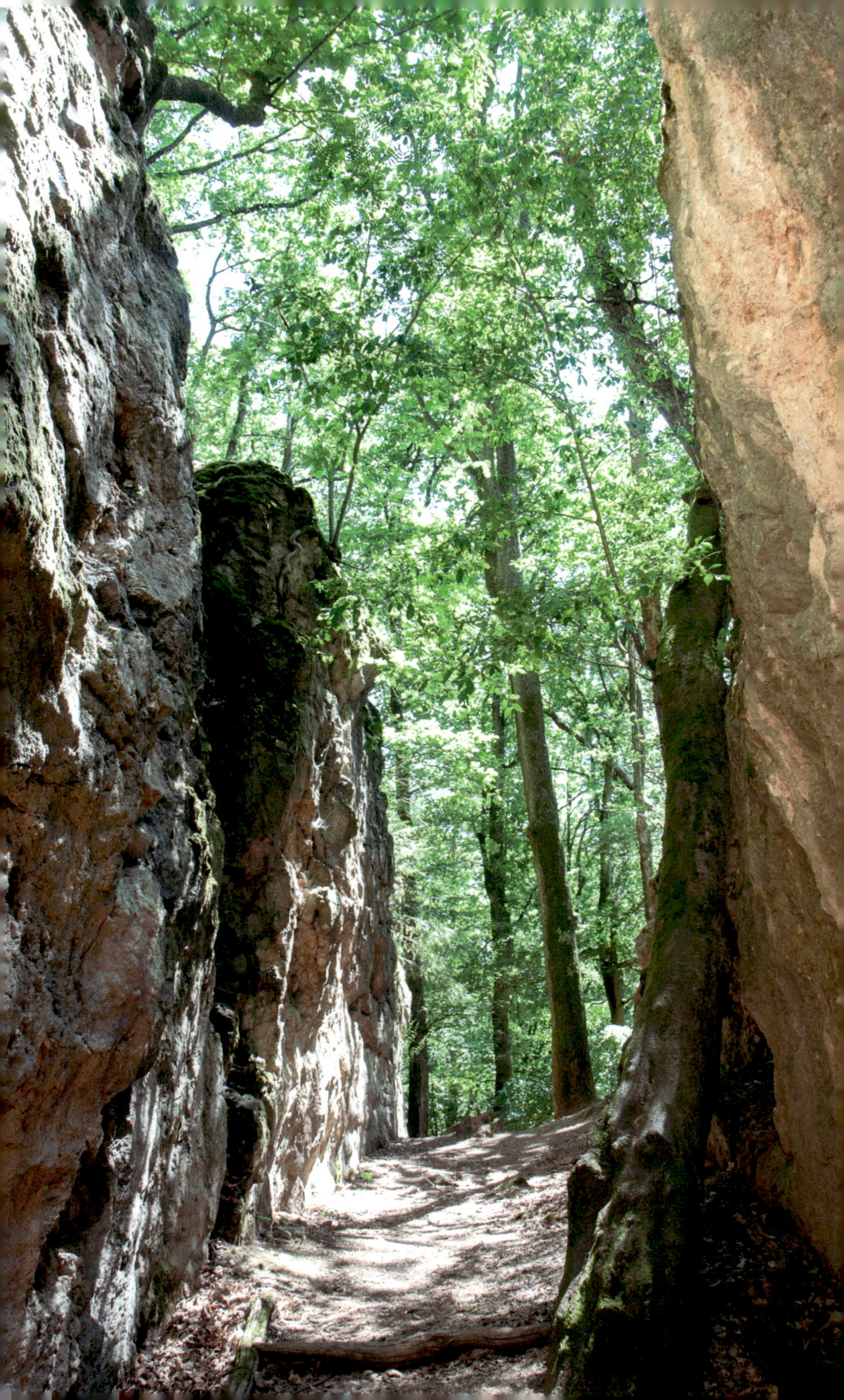

ABER BIS ES SO WEIT WAR, RISS DIE ERDE AN DIESER STELLE NOCH ZWEIMAL AUF UND FÜLLTE SICH ERNEUT MIT BARYT, BIS DAS VORKOMMEN SCHLIESSLICH EINE BREITE VON VIER METERN UND EINE TIEFE VON ZEHN METERN ERREICHT HATTE.

Ab 1809 wurde das Mineral abgebaut, das auch »Schwerspat« genannt wird, bis nichts mehr übrig war außer den imposanten Granitwänden links und rechts der ehemaligen Ader.
Jetzt könnt ihr durch die Schlucht hindurchwandern und euch ein bisschen gruseln. Der Weg führt steil den Hang hinab und endet auf einem Wanderweg, der parallel zum Weitetalbach verläuft. Über den Bachlauf ist ein stabiles Brett gelegt worden, das als Fußgängerbrücke fungiert – je nach Wasserstand müsst ihr Ausschau danach halten,

Grillplatz im Wald: Warum liegt der Steinmetz ausgerechnet hier begraben?

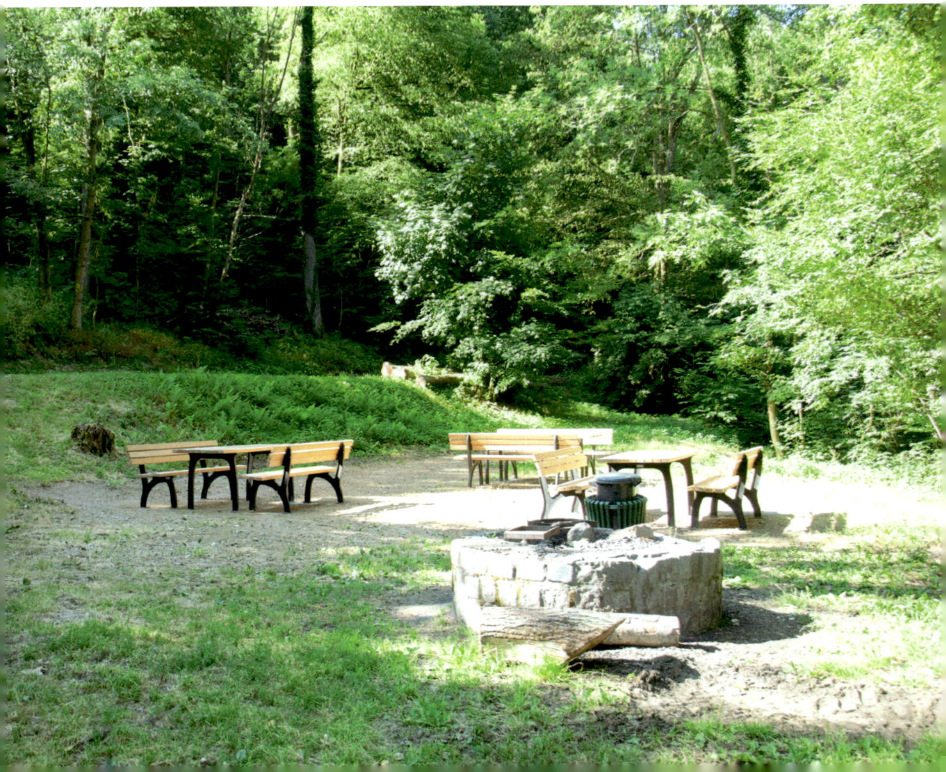

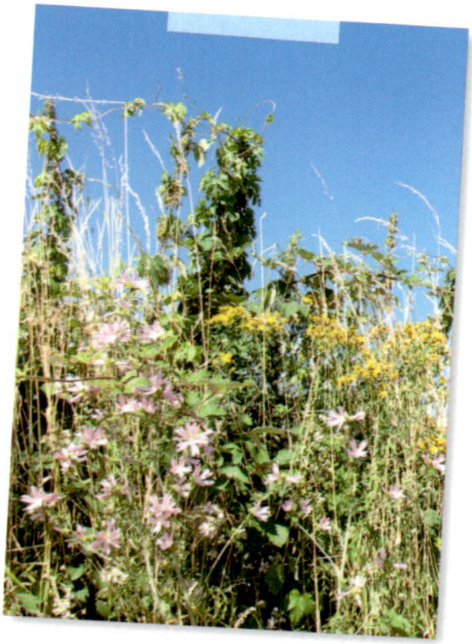

um den Bach überqueren zu können. Sowohl der Abstieg zum Bach als auch der Aufstieg auf der anderen Seite sind recht steil, also Vorsicht! Jenseits des Baches führt euch der Weg mit der Dreifach-Markierung L, Burgensteig und 3 den Hang hinauf, wieder steil, ihr habt es geahnt. Dafür lichtet sich der Wald und wird immer hübscher.

Wenn ihr die schlimmste Steigung hinter euch habt, lohnt sich ein Abstecher rechts zum HERMANNSGRUND 3. Denn hier klafft in einem Steinbruch ein riesiges Loch, das wie der Eingang zu einer Räuberhöhle aus dem Märchenbuch aussieht. In Wirklichkeit handelt es sich dabei aber nur um einen Schürfstollen aus dem Jahr 1939. Auch hier wurde nach Spat gesucht, allerdings nicht nach Schwerspat wie in der Spatschlucht, sondern nach Kaliumfeldspat. Die Nazis beließen es allerdings bei der Probebohrung und führten hier keinen systematischen Bergbau durch.

Wenn ihr nach dem anstrengenden Aufstieg aus dem Weittal noch fit seid, lohnt sich ein Abstecher über den Burgensteig (nächste Abzweigung links) zum Schanzenköpfle und danach rechts über den Weg 6 auf die Hohe Waid. Diese trägt ihren Namen jedoch nicht zu Unrecht: auf kurzer Strecke müsst ihr hierfür 150 Höhenmeter erst auf- und dann wieder absteigen. Wer darauf keine Lust mehr hat, möge der Markierung L treu bleiben und östlich an dem kleinen Gipfel vorüberziehen.

DER BLICK VON DER HOHEN WAID HINUNTER IST ATEMBERAUBEND, AUCH WENN DIE LANDSCHAFT NUR EINMAL, KURZ HINTER ZINSHÜTTE, WIRKLICH OFFEN VOR EUCH LIEGT. DER BLICK IN DIE RHEINEBENE REICHT BIS HINÜBER IN DIE PFALZ.

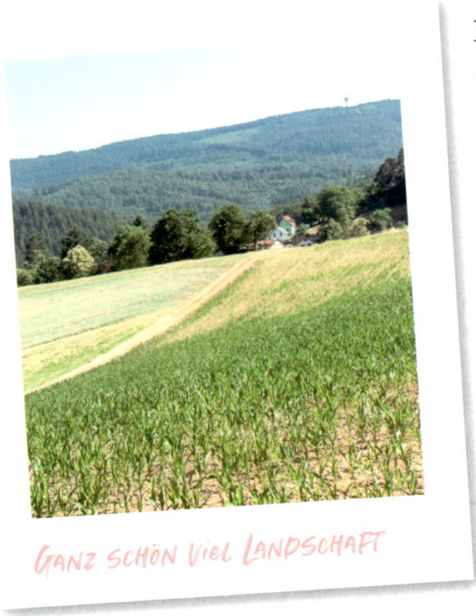

Die Überreste der Burgruine auf dem Schanzenköpfle sind nur noch zu erahnen, und niemand weiß genau, wer die Burg wann und warum gebaut hat. Nur eins ist sicher und steht auf einer Infotafel zu lesen: Bereits 1483 war sie keine Burg mehr, sondern schon eine Ruine. 540 Jahre, 110 Millionen Jahre, diese Landschaft wirft mit irrsinnigen Zeiträumen nur so um sich. Wenn ihr von der Hohen Waid absteigt, trefft ihr auf dem Weg mit der Markierung S3 auch wieder auf die Faulenzer, die vorher abgekürzt hatten. Dieser Weg trägt auch wieder die Markierung L, und bevor sich auf der Ursenbacher Höhe der Kreis wieder schließt, könnt ihr an Sonn-, Sams- und Feiertagen noch einen Abstecher zum NATURFREUNDEHAUS SCHRIESHEIMER HÜTTE 4 wagen – der einzige Ort auf dieser Wanderung, wo es etwas zu essen und zu trinken gibt, und auch das nur am Wochenende und auch nur bis 17 Uhr. Dafür ist das Naturfreundehaus sehr idyllisch in einem Talschluß mit Quelle gelegen. Es gibt Plätze zum Sonnenbaden und Spielgelegenheiten für Kinder! Wenn die Sonne nicht zu sehr brennt, könnt ihr euch unter der großen Eiche auch rechts halten, nachdem ihr auf dem Rückweg die Landstraße wieder überquert habt. Der Weg L führt euch dann durch Wiesen und Felder zurück zum Parkplatz Am Bildstock und eröffnet euch mit jedem Schritt eine neue Landschaft. In Oberflockenbach hat das Gasthaus zur Rose abends geöffnet, falls ihr keinen Bus erwischen müsst und noch etwas essen wollt – oder falls ihr den Bus verpasst habt und eine Übernachtungsgelegenheit braucht.

Alles, was ihr wissen müsst

Rundtour: recht weit und teils steile An- und Abstiege // alpine Abschnitte rund um die Spatschlucht // nur für geübte Wanderer mit Bergschuhen // mit Kindern lieber die Tiere im Pappelbachtal, das Waldschwimmbad Schriesheim oder das Wirtshaus im Mühlenhof besuchen // **nicht kinderwagentauglich**

Markierung: gelbes L // Burgensteig (blaue Zinne) // S3

Entfernung von: Darmstadt: 53 Kilometer // Mannheim: 23 Kilometer
ÖPNV: ab Weinheim Bus 682, Haltestelle Oberflockenbach Bildstock
Auto: Parkplatz Am Bildstock bei Oberflockenbach // als Familie am Wanderparkplatz Pappelbachtal

Einkehr: Picknick einpacken! // **Naturfreundehaus Schriesheimer Hütte**, naturfreunde-schriesheim.de/naturfreundehaus-schriesheimer-huette (nur am Wochenende bis 17 Uhr)

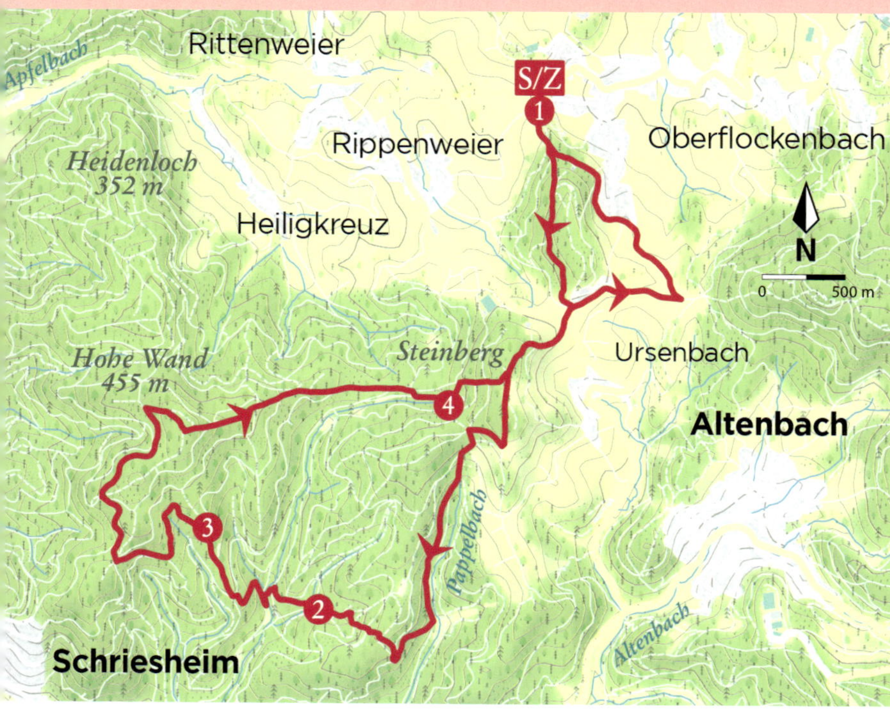

Von Wertheim ins Himmelreich

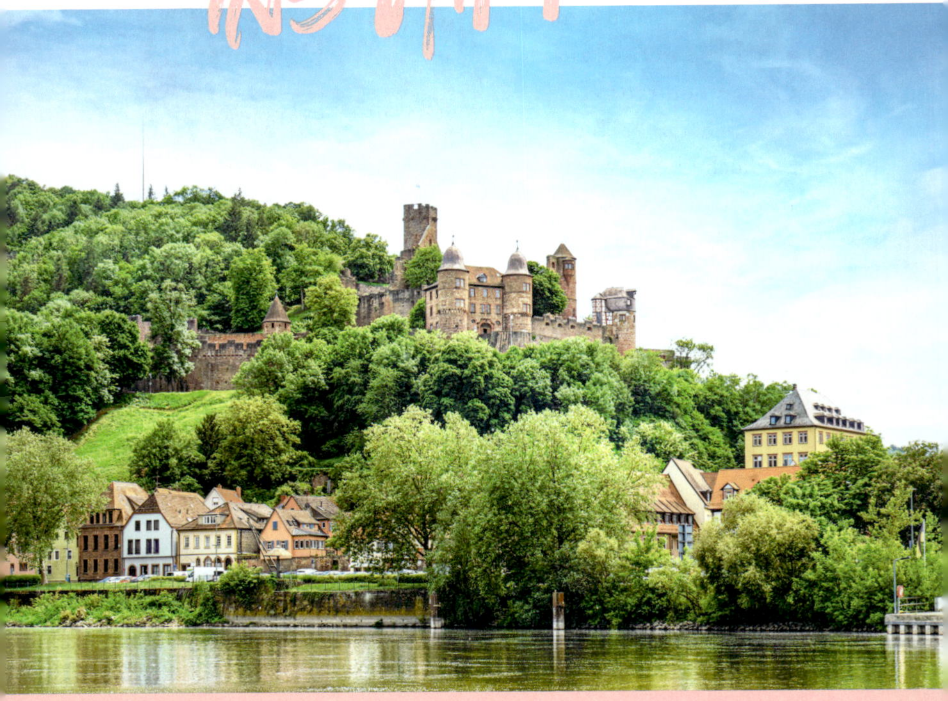

Schwierigkeit: schwer // 13 Kilometer // 250 Höhenmeter
Für Familien mit Kindern nicht geeignet

DER HIMMEL AUF ERDEN
IST EIN HÜGEL ÜBER DER MAINSCHLEIFE

Bei Wertheim krümmt sich der Main um eine Landzunge herum, die Himmelreich genannt wird. Der Ort Wertheim selbst liegt malerisch am Flussufer, gekrönt von einer stolzen Burg – und einigen Plattenbauten im Hintergrund, die sich selbstbewusst gegen den Horizont abzeichnen. Nicht nur Vollblutromantiker, auch Liebhaber des 60er-Jahre-Brutalismus kommen bei dieser Wanderung auf ihre Kosten.

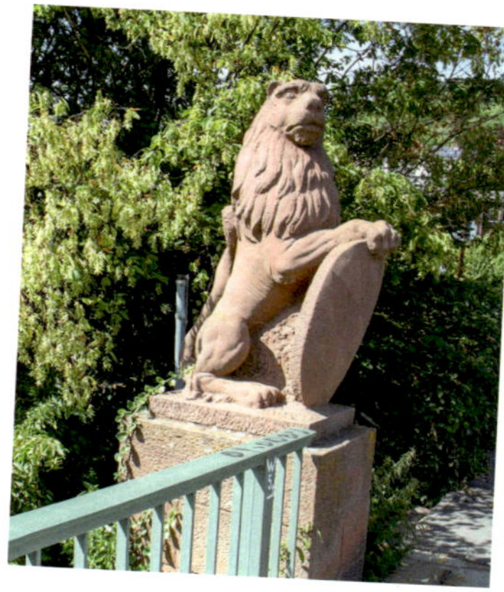

Willkommen in Bayern!

Hier mündet die Tauber in den Main und bildet eine Ecke, auf der die ALTSTADT VON WERTHEIM 1 zu finden ist. Ihr geht unterhalb der Burgruine am Mainufer entlang und überquert schließlich die große Brücke, womit ihr auch die Landesgrenze zwischen Baden-Württemberg und Bayern überschreitet. Am anderen Ufer begrüßt euch die Statue eines bayerischen Löwen. Ihr haltet euch links und steigt dann rechts in einem Wohngebiet einmal kurz eine Treppe und einen steilen Hang hinauf, indem ihr der Straße Finkenweg folgt. Von dort geht es links noch eins höher auf den Kaffelsteinweg, und damit habt ihr das Schlimmste auch schon hinter euch. Von jetzt an führt euch der Mainwanderweg mit dem blauen »M« bequem am Hang entlang in Richtung Himmelreich. Von den Weinbergen aus eröffnen sich immer wieder reizvolle Ausblicke über das Maintal, zurück in Richtung Burg Wertheim und nach vorn zur Staustufe Eichel.

Der Weg beschreibt schließlich eine sanfte Krümmung nach links in den Wald und führt jetzt auf ein Wohngebiet zu, das ein Ausläufer von Kreuzwertheim auf der bayerischen Seite des Mains ist. Auch hier lachen wieder die hellen Betonplatten von Nachkriegsgebäuden durch die Baumstämme, doch bevor der Weg endgültig in das Wohn-

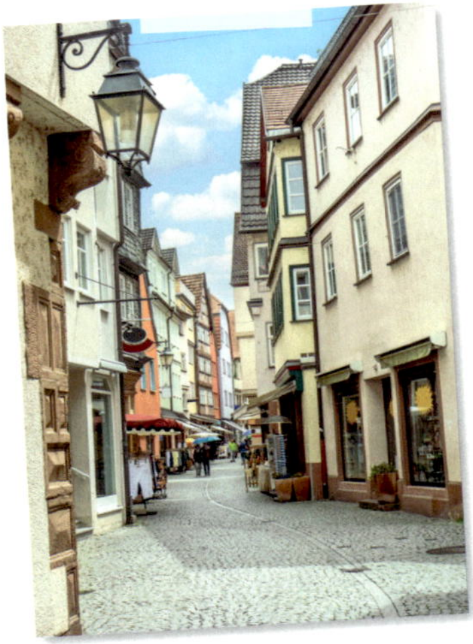

gebiet hineinführt, biegt ihr rechts ab und folgt den Trampelpfaden durch den Wald. Jetzt steigt ihr hinab ins Wittbachtal.
Den Bach zu überqueren ist zumal im Frühling und Herbst, wenn er viel Wasser führt, gar nicht so einfach. Im Sommer kann man einfach drüberspringen, aber wenn der Wasserstand zu hoch ist, folgt ihr ihm am besten ein Stückchen, indem ihr rechts abbiegt und dann unterhalb des Schrebergartens mit den Fischteichen weitergeht bis zu einer kleinen Brücke.
Hier lässt sich der Bach gefahrlos überqueren, und als Dreingabe gibt es noch eine romantisch überwachsene Unterführung unter einer stillgelegten Bahnlinie.
Auf dem Forstweg haltet ihr euch rechts und biegt dann gleich wieder links ab, um zum 230 Meter hohen Bettingberg aufzusteigen. Dort oben folgt ihr der Markierung H für Heunweg und gelangt bald an eine Abzweige, die zu einem kleinen BILDSTOCK 2 führt. Leider ist die Aussicht links und rechts von Bäumen verstellt, darum bietet dieser Platz sich am ehesten für eine kleine Trinkpause an – hier könnt ihr wenigstens den Bildstock anschauen, wenn schon nicht den wahrscheinlich atemberaubenden Blick ins Maintal. Wenn ihr dem Weg H weiter folgt, gelangt ihr bald an ein Schild, das an einen Baum genagelt wurde und welches euch die Geschichte der Wettenburg und seiner geizigen Gräfin namens Walpurg erzählt.

SIE WOLLTE EINEN TEIL DES FLUSSES UMLEITEN UM DEN BERG, AUF DEM DAS SCHLOSS STAND, ZU EINER INSEL ZU MACHEN, UM DIE BETTLER FERNZUHALTEN.

Das konnte natürlich nicht gutgehen und die göttliche Rache folgte auf dem Fuße. Wie genau, könnt ihr vor Ort selbst nachlesen!

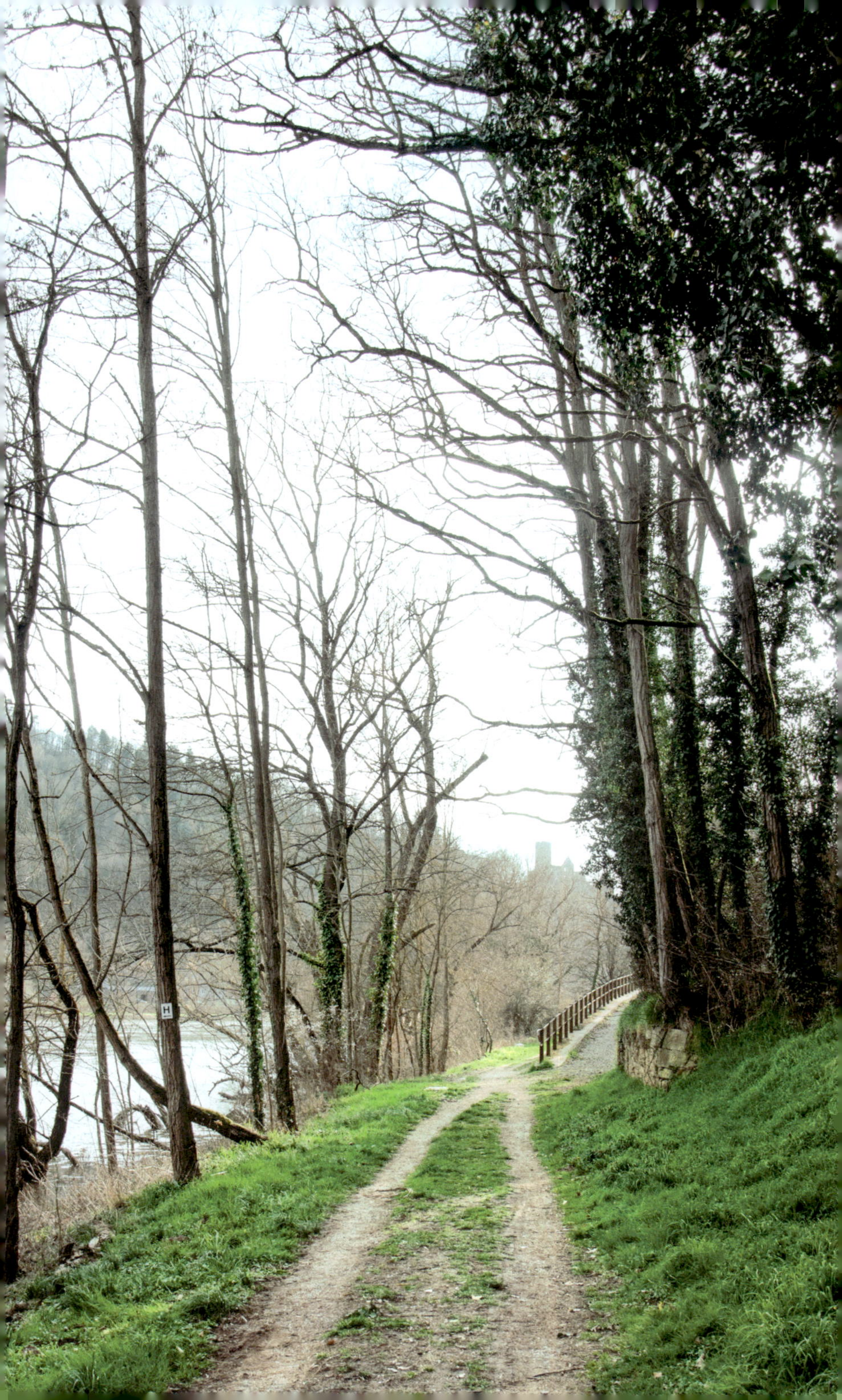

Tatsächlich muten die Hügel links und rechts des Weges nicht natürlichen Ursprungs an, sondern eher wie Mauern, die irgendwann einmal eingestürzt sind. Noch ein paar Schritte weiter den Weg entlang manifestiert sich schließlich der Eindruck, durch die Überreste einer vor langer Zeit eingestürzten Burganlage zu laufen. Dass es tatsächlich der Geiz der Gräfin Walpurg war, der die Anlage schließlich zum Einsturz brachte, darf bezweifelt werden. Hier habt ihr es mal wieder mit der typischen Mischung aus Sagen und Legenden einerseits und wissenschaftlicher und unwissenschaftlicher lokaler Geschichtsforschung andererseits zu tun, die in einer unerzählbaren Gemengelage von Geschichten resultiert. Es scheint unmöglich zu sagen, wer die erste einer wahrscheinlich ganzen Reihe von Burgen hier baute und wann und warum die letzte davon einstürzte. Leider ist gerade dieser besonders aufregende und abenteuerliche Teil der

Die rechte untere Ecke des Mainvierecks sieht in echt viel schöner aus als auf der Karte

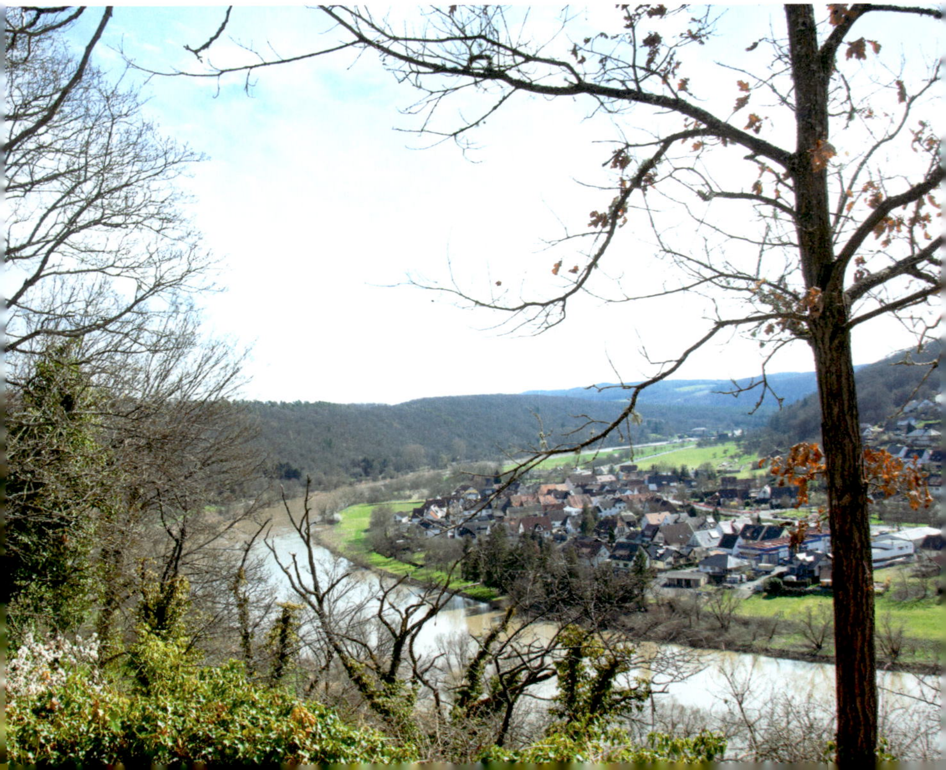

Wanderung auch der Grund dafür, warum sie für Kinder nicht geeignet ist.
Die Mountainbiker, die hier ratlos in den GPS-Apps ihrer Smartwatches herumdrücken, zeigen nämlich einen fast unsichtbaren Trampelpfad an, der rechts abzweigt und den steilen Hang hinunter als Abkürzung zur Staustufe Eichel führt. Rechts des regulären Wanderweges klafft eine große Grube, und wenn ihr an ihrem Rand entlanggeht, folgt ihr irgendwann den Resten einer eingestürzten Mauer. Von dort könnt ihr absteigen in einen kleinen, ehemaligen Steinbruch, und diese Stelle ist wirklich supergefährlich, denn sie ist nicht nur steil und unbefestigt, sondern hat von Laub, das den Untergrund verbirgt, über locker im Erdreich sitzenden Steinen, die einen sicheren Tritt vortäuschen, bis hin zu rutschigem Schlamm an Tücken wirklich alles aufzuweisen, was auch ein alpiner Klettersteig haben könnte. Dazu geht es stellenweise im 90-Grad-Winkel in die Tiefe; ihr müsst also eine gerade Wand hinunterklettern. Überlegt es euch also wirklich gut.

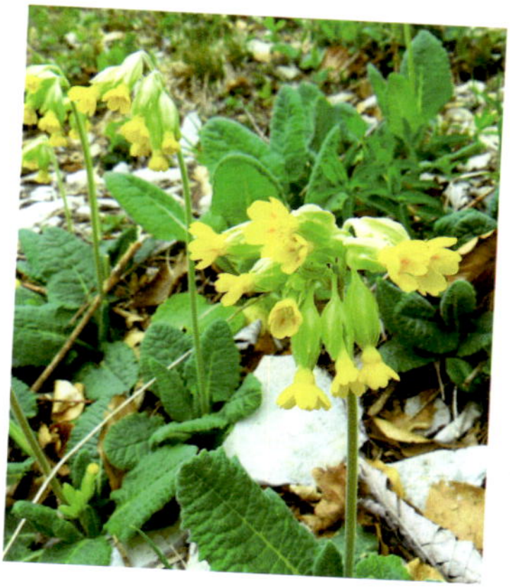

Himmelsschlüssel

Aber, wie immer, es lohnt sich. Oberhalb des Steinbruchs müsst ihr unbedingt noch mal einen Blick zurück werfen, denn von hier aus – und nur von hier aus – könnt ihr sehen und nicht nur erahnen, dass es sich bei der WETTENBURG 3 tatsächlich um eine Burgruine handelt und nicht nur um ein paar Hügel im Wald. Und wenn ihr erst einmal den Boden des alten Steinbruchs erreicht habt, führt euch ein alter Hohlweg relativ bequem den Hang hinab zur Staustufe. Dabei passiert ihr ein paar alte, verwilderte, im Dickicht verborgene Obstgärten, auf denen im Frühling, wie passend, Himmelsschlüssel blühen.

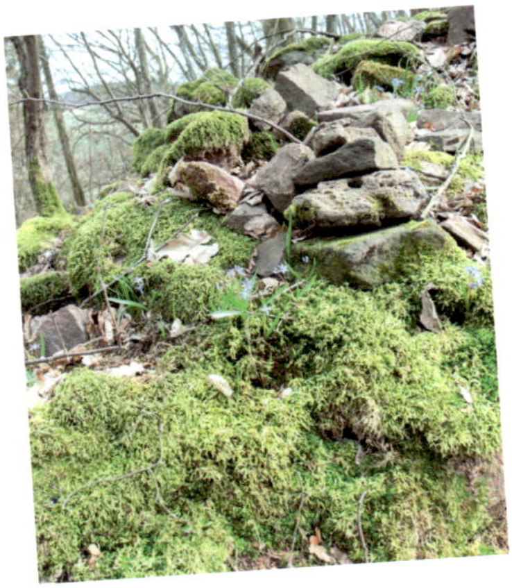

Die Staustufe Eichel an sich ist auch sehenswert: In ihrem 60er-Jahre-Brutalismus sieht sie aus wie ein Bauwerk, das in einem der düstereren Star-Wars-Filme vorkommen könnte. Hier stößt euer Abenteuer-Trail wieder auf einen bequemen, breiten geteerten Weg, auf dem ihr richtig Strecke machen und dabei noch das eine oder andere Idyll am Flussufer genießen könnt.

Vor der Mündung des Wittbachs (erkennbar an der kleinen Brücke) lohnt sich unbedingt noch ein Abstecher zum Bachwiesengrillplatz. Denn hier steht mit der ERNST-JOSEF-PSCHORN-HÜTTE 4 nicht nur eine reguläre Schutzhütte für Wanderer, sondern auch eine große Feuerstelle und eine kleine Lehmhütte, die Teil eines naturpädagogischen Projekts ist. Hier trifft sich regelmäßig eine Naturtechnikgruppe, baut Wikingeröfen aus Lehm und übt Feuermachen ohne Streichhölzer. Für ältere Kinder und Naturtechnikbegeisterte jeden Alters unbedingt empfehlenswert (www.hizuna.de)! Aber wie immer, wenn ihr mit Feuer spielen wollt, müsst ihr euch vorher über den Grad der Waldbrandgefahr informieren – je nachdem, wie schlimm es ist, kann Feuermachen im Wald auch komplett verboten sein. Eine gute Informationsquelle ist der Deutsche Wetterdienst.

Der Asphaltweg am Flussufer führt euch bequem zurück zur Mainbrücke zwischen Wertheim auf der badischen und Kreuzwertheim auf der bayerischen Seite.

Dieser Weg trägt hier schon den hochtrabenden Namen Bahnhofstraße, obwohl ihr auf dem Weg zum Bahnhof nicht nur den Main, sondern auch noch die Tauber überqueren müsst.

Alles, was ihr wissen müsst

Rundtour: teils bequeme Wanderwege am Hang oder am Flussufer entlang, teils steile Trails // Bergschuhe tragen! // gefährlicher Abschnitt zwischen Burgruine und Staustufe Eichel, alternativ den Heunweg weitergehen und bei dem alten Kneipp-Becken rechts auf den Asphaltweg am Mainufer abbiegen // **nicht kinderwagentauglich**

Markierung: blaues M (Mainwanderweg) // schwarzes H (Heunweg)

Entfernung von: Aschaffenburg: 45 Kilometer // Würzburg: 40 Kilometer
ÖPNV: ab Miltenberg RE 87 oder Bus 977 bis Bahnhof Wertheim
Auto: Parkplatz am Mainufer in Wertheim

Einkehr: Grillen an der **Ernst-Josef-Pschorn-Hütte** // Gastronomie in der Altstadt von Wertheim und auf der Burg Wertheim

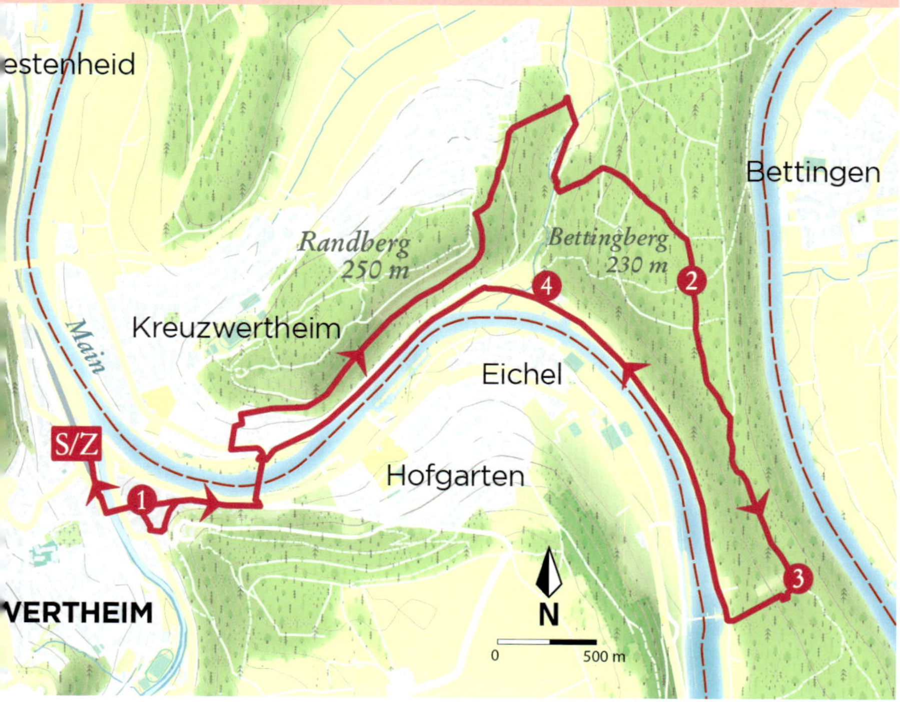

Von der Quelle bis zur Mündung

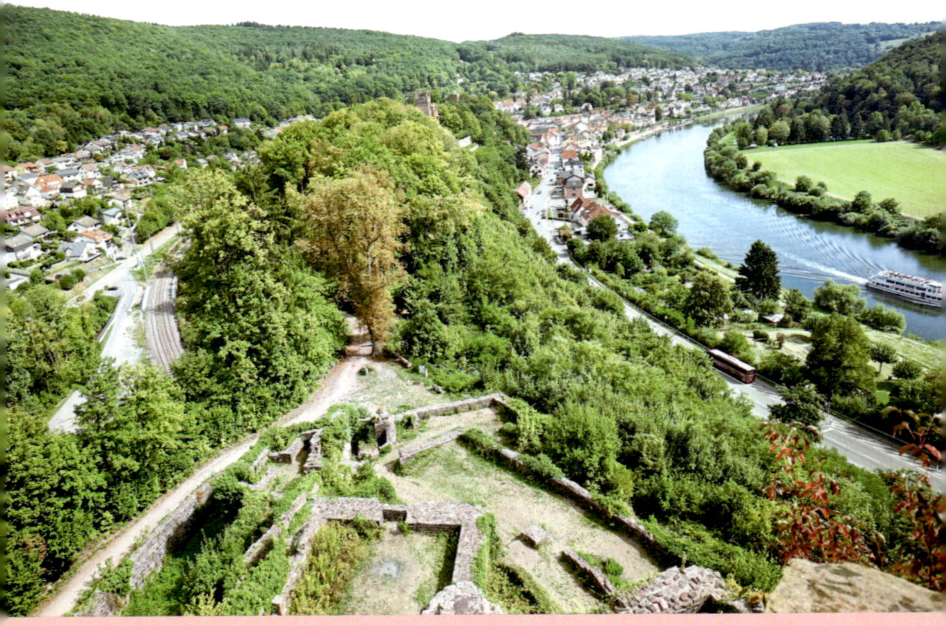

Schwierigkeit: schwer // 27 Kilometer // 980 Höhenmeter

Für Familien mit Kindern nicht geeignet

DER KLEINE FLUSS STEINACH FÜHRT EUCH ZWEI TAGE LANG DURCH DEN ÜBERWALD BIS NACH NECKARSTEINACH

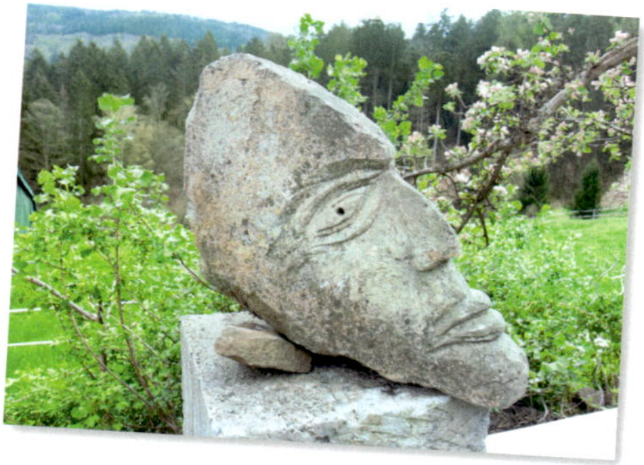

Die Steinach entspringt als Bach mitten im Odenwald, gewinnt mit jedem Zufluss an Volumen und mündet schließlich als munteres Flüsschen in den Neckar. Ihrem Lauf folgt ihr im Zuge einer reizvollen, zwei Tage dauernden Wanderung. Keine Angst, ihr seid dabei nicht sklavisch an den Flusslauf gebunden, sondern dürft auch nach links und rechts schauen – zum Beispiel ins Eiterbachtal zum Lichtenklinger Hof, einer geheimnisvollen, verfallen Kapelle mitten im Wald. Dabei mündet der Eiterbach, der genauso schön ist, wie sein Name scheußlich klingt, bei Heiligkreuzsteinach in die Steinach, zählt also streng genommen irgendwie dazu. Überhaupt ist es gar nicht so einfach zu bestimmen, welche der vielen Quellen im Überwald denn jetzt die eigentliche Steinachquelle darstellt.

TAG 1: *VON OBER-ABTSTEINACH NACH HEILIGKREUZSTEINACH // 13 KM*

Haltet euch eben an die offizielle Lesart und startet eure Wanderung an der GRILL- UND FREIZEITANLAGE STEINACHQUELLE 1 hinter dem Friedhof von Ober-Abtsteinach. Hier, mitten in der Einsamkeit des tiefsten Odenwalds, verläuft der Kunstweg: Ein Wanderweg, der von Skulpturen und anderen Kunstwerken gesäumt ist. Schwer vorstellbar, dass hier besonders viele Kunstinteressierte wohnen, nichtsdestotrotz hat sich der Kunstweg fest etabliert. Ihr folgt ihm ostwärts vom Grillplatz aus, bis er euch in den Nachbarort Siedelsbrunn bringt; markiert ist der Weg mit dem blauen Querbalken, der euch in den nächsten zwei Tagen noch öfter begegnen wird. Auch in Siedelsbrunn scheint es viele Kunstfreunde zu geben – und Buddhisten. Buddhas Weg heißt das offizielle buddhistische Kloster,

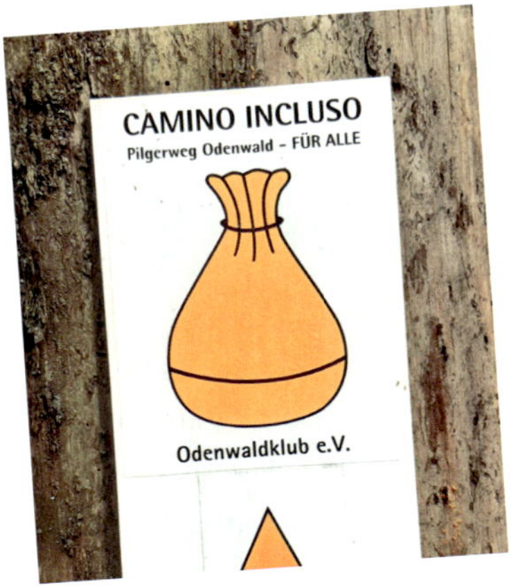

Weg für alle: Camino Incluso

nach dem auch eine Bushaltestelle benannt ist. Das Kloster hat ein Teehaus, das als öffentlich zugängliches Café betrieben wird: Wo Meditation auf Kuchen trifft! Ihr lasst das Kloster rechts liegen, biegt von der Hauptstraße in die Obergasse ein und folgt ihr bis zur Eiterbachstraße. Am Dorfteich tut sich schon wieder eine Rastmöglichkeit auf, nur mit Picknick allerdings, und ihr folgt dem schon wieder links und rechts von kleinen Skulpturen gesäumten Weg bis zu dem kleinen Reiterhof am Waldrand. Westernpferd Bumi wiehert euch von seiner Weide aus hinterher, während ihr in den Wald eintaucht. Nach Kunst, Buddhas und Kuchen: Endlich mal einfach nur Bäume.

Jede Quelle ist ein Wunder. Da, wo vorher nichts war, ist auf einmal etwas. Plötzlich fließt da ein Wasser, und sein Ursprung ist so schön und rätselhaft wie die Geburt eines Kindes. So ist es auch in einem Tal am Rande des Eiterbachtals, wo am Waldrand nicht eine, sondern gleich zwei Quellen entspringen: im heutigen Lichtenklinger Hofgut. Schon die Kelten errichteten hier ein Heiligtum am Ursprung des »Euteraha«, des Lebensflusses, so der sehr viel poetischer klingende Name des Eiterbachs in keltischer Zeit.

WIE ES DIE ART DER CHRISTEN IST, ERRICHTETEN SIE EINE KAPELLE AUF DEN TRÜMMERN DES HEIDNISCHEN EUTERAHA-HEILIGTUMS. VON DIESER KAPELLE STEHEN HEUTE NUR NOCH DIE MAUERN UND BIETEN EINEN ANBLICK, WIE ER ROMANTISCHER NICHT SEIN KÖNNTE.

Der Lichtenklinger Hof ist ein einsamer Ort mitten im Wald. Neben der Kapellenruine steht noch ein kleines Forsthaus, das früher einmal bewirtschaftet war, aber heute steht es verschlossen und leer. An diesen extrem poetischen Ort führt euch der »Camino Incluso« mit dem gelben Sack als Symbol, der kurz vor der Ruine auch die Nummer 1 trägt.
Hinter dem Forsthaus geht ihr nicht den Hauptweg entlang, sondern rechts den Berghang hinauf über einen kleinen Trampelpfad, der euch zurückbringt zum »Camino Incluso«. Der führt euch links zur Stiefelhütte. Die liegt romantisch neben einem alten Steinbruch am Berghang mit Blick auf das Steinachtal, ihr müsst das Gelände durch ein altes Tor betreten (sofern sie geöffnet ist, vorher prüfen!), im Garten sind Pferde und Ponys angebunden und das Ambiente ist bezaubernd altmodisch – und doch wirkt sie seltsam profan im Ver-

Kapellenruine am Lichtenklinger Hof: Natürlich spukt es hier auch

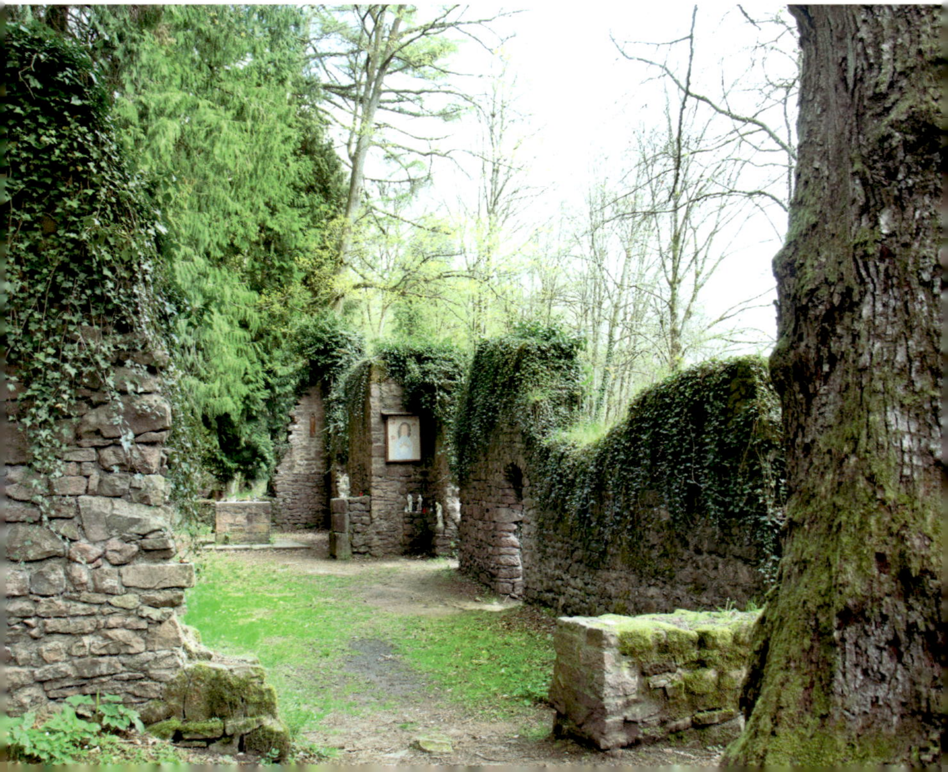

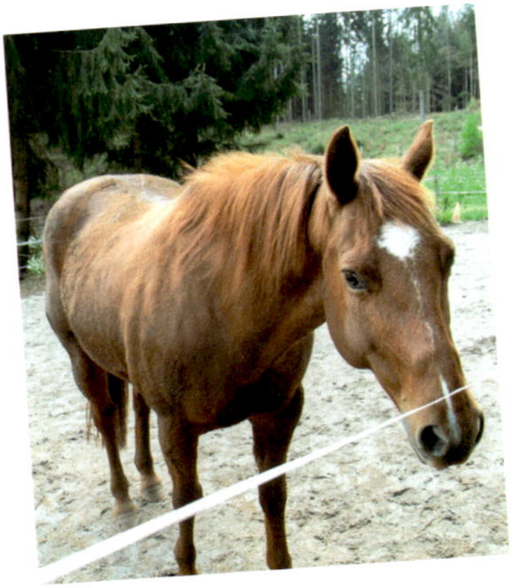

Pferd Bumi sagt Hallo!

gleich zu der sphärenhaften Romantik des Lichtenklinger Hofs: »otherwordly«, würde man auf Englisch sagen, aber in der Stiefelhütte befindet ihr euch definitiv wieder in der Realität. Und zwar zu Hause bei Omma. Die Öffnungszeiten der Stiefelhütte sind unregelmäßig, aber wenn ihr Glück habt, könnt ihr hier einmal kurz in die frühen 1980er Jahre zurückreisen: Auf der Terrasse die damals allgegenwärtigen roten Plastikstühle, Aschenbecher auf den Tischen, und innen: Holzvertäfelung, Jägerkitsch an der Wand, und zu essen gibt es Wurst in allen denkbaren und undenkbaren Formen. Und zwar nur Wurst. Hier ist die Zeit seit ungefähr 40 Jahren vollständig stehen geblieben.

Von der Terrasse der Stiefelhütte aus gesehen müsst ihr auf die Rückseite des Gebäudes, um dem Weg zwischen Wirtshaus und Garage zu folgen, der euch rechts den Hang hinab wieder auf den Wanderweg mit dem blauen Querbalken bringt. Ihr befindet euch jetzt übrigens genau auf der Grenze zwischen Hessen und Baden-Württemberg! Zwischen Hirschhorn und Neckarsteinach gibt es eine hessische Enklave, die an drei von vier Seiten von Baden-Württemberg umgeben ist, deswegen überquert ihr hier die Landesgrenze und überquert sie am nächsten Tag wieder zurück nach Hessen, wenn ihr schon fast am Neckar angekommen seid. Jetzt folgt ihr dem Weg am Berghang entlang noch ungefähr vier Kilometer ins badische Heiligkreuzsteinach. Damit ist die erste Tagesetappe über knapp 13 Kilometer auch schon geschafft!

HEILIGKREUZSTEINACH (2) ist auf den ersten Blick ein klassisches Odenwald-Dorf: 2.500 Einwohner, Marktplatz mit Kirche

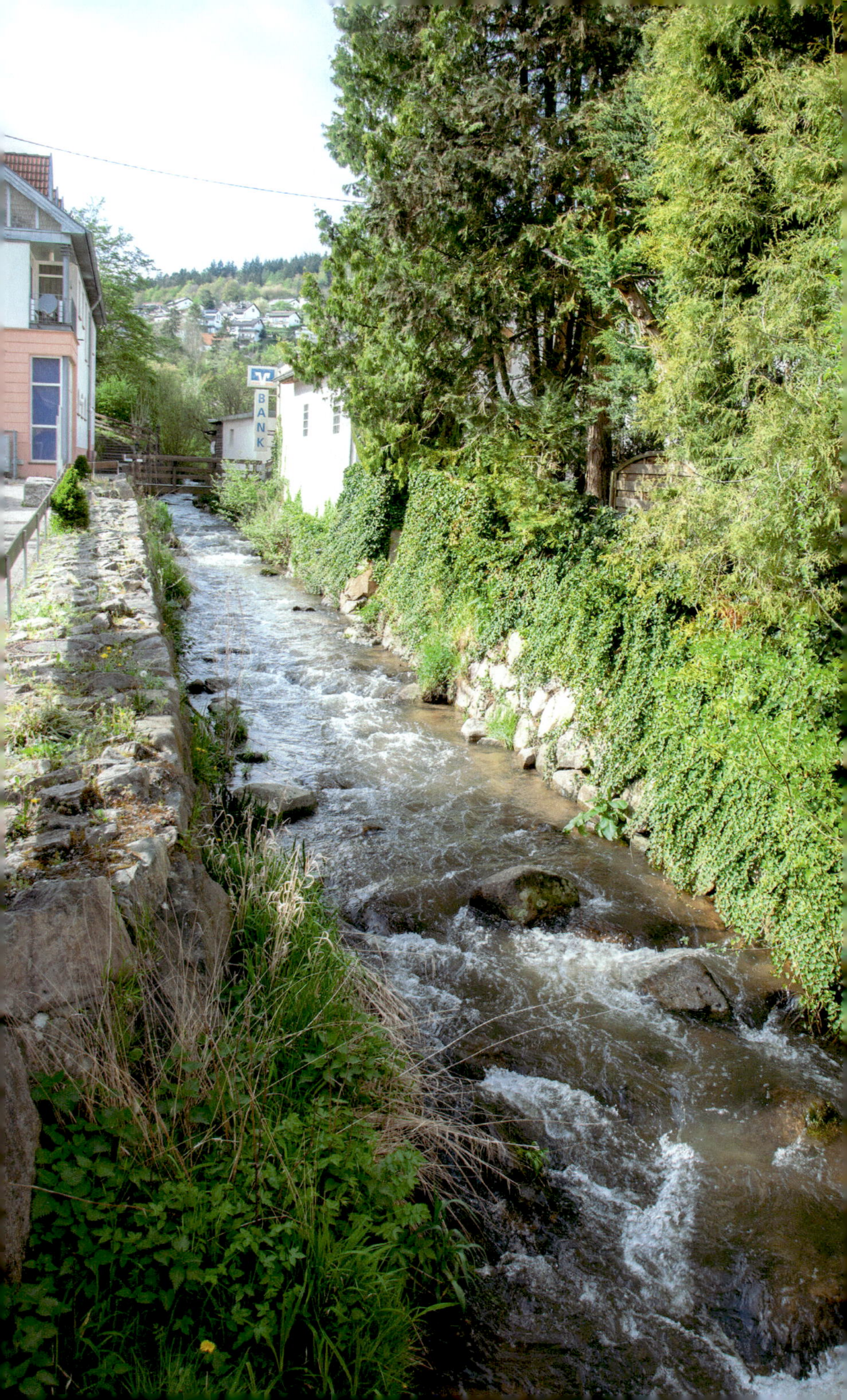
BANK

und Gasthof, die Steinach plätschert munter zwischen den Fachwerkhäusern entlang. Doch auf den zweiten Blick erscheint etwas untypisch: Das Hotel Roter Löwe, in einem 300 Jahre alten Fachwerkhaus direkt gegenüber der Kirche gelegen, mutet auf den zweiten Blick so gar nicht wie eine typische Dorfgaststätte an. Dem Besucher schallt beim Betreten des Hofs eine Monteverdi-Oper entgegen, und statt mißtrauischer Blicke Bier trinkender Landwirte empfängt ihn der Besitzer Romeo Utech, munter parlierend und maximal mondän. Das Haus wurde eben erst liebevoll restauriert und mit Antiquitäten eingerichtet, gegen den großen Widerstand der Dorfbevölkerung. Kein Hotelzimmer gleicht dem anderen, aber jedes kann in einem eigenen, bezaubernden Look glänzen, der den Besucher ins Versailles des 17. Jahrhunderts zu beamen droht. Unbedingte Empfehlung! Leider gibt es kein Abendessen à la Carte,

Frühling im südlichen Odenwald:
wie der Norden, aber sanfter

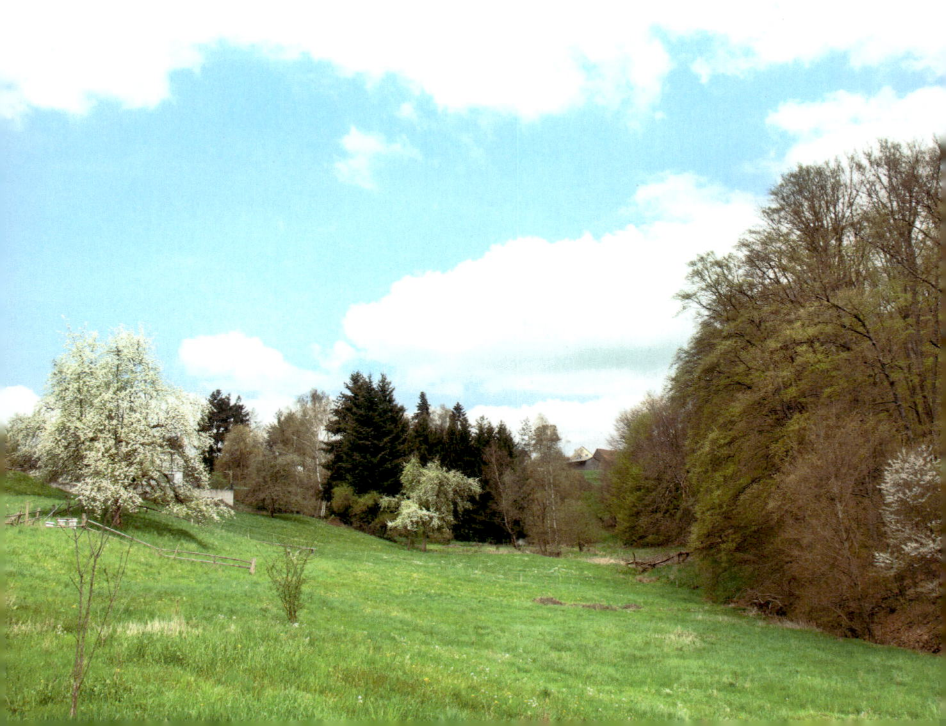

sodass der Hotelgast abends auf den Dönerimbiss schräg gegenüber angewiesen ist. Achtung: Die gesamte Gastronomie im Dorf akzeptiert nur Bargeld, keine EC-Karten! (Ausgenommen natürlich die Hotelrechnung.)

Tag 2: *VON HEILIGKREUZSTEINACH NACH NECKARSTEINACH // 14 KM*

Am nächsten Morgen steigt ihr zur Asta-Schutzhütte auf, wofür ihr vom Hotel Roter Löwe aus ein paar Schritte die Hauptstraße zurücklaufen und dann rechts abbiegen müsst. Hinter der Hütte biegt ihr rechts auf den Wanderweg H4 ein, von dem sich immer wieder atemberaubende Blicke von oben auf das Dorf und das Steinachtal eröffnen.

DIE GELB GESTRICHENE BAROCKKIRCHE VON HEILIGKREUZSTEINACH SCHMIEGT SICH MALERISCH IN DIE GRÜNEN WIESEN; DIE HÄUSER DER VOM FREIGEIST DER FAMILIE UTECH SCHOCKIERTEN DORFBEVÖLKERUNG DRÄNGEN SICH SCHUTZSUCHEND UM SIE.

H4 führt euch weiter den Berghang entlang nach Altneudorf; ein Ort, in dem der Besuch nicht lohnt. Ihr bleibt deshalb oberhalb auf dem Wanderweg S6 und steigt erst auf der Höhe des sogenannten Unterdorfs wieder langsam Richtung Steinachtal ab.

Jetzt führt euch ein Schleichweg oberhalb der Landstraße L535 weiter nach SCHÖNAU 3. Und der Besuch in Schönau lohnt sich wirklich! Die gesamte Altstadt des Ortes ist auf der Ruine eines Klosters errichtet worden. Grundmauern und einzelne Pfeiler, Grabplatten und was sonst noch übrig ist von der einstmals bedeutenden Zisterzienserabtei, wurde liebevoll in das Stadtbild integriert. Überall stehen Schautafeln und informieren den Besucher über die faszinierende Geschichte der kleinen Stadt. Gleich neben dem Gebäude,

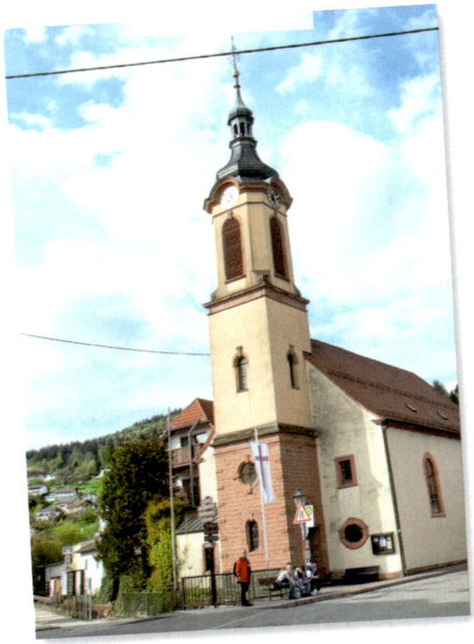

das zu Klosterzeiten das Refektorium war und in dem sich heute die evangelische Stadtkirche befindet, liegt das Café Baden und lädt ein zu Getränken und Snacks.

Die braucht ihr auch, denn jetzt kommt der heftigste Auf- und Abstieg der ganzen Wanderung. Bevor ihr mit der Steinach das Neckartal erreicht, müsst ihr noch den Hohen Darsberg überqueren – das sind zum Abschied noch einmal knapp 400 Höhenmeter erst hinauf und dann wieder hinab. Ihr verlasst Schönau über den sogenannten Jägerpfad, von dem aus ihr den alle Serpentinen querenden Stichweg »V« benutzen könnt. Dabei überschreitet ihr wieder die Landesgrenze und lasst Baden hinter euch, um die hessische Enklave im Neckartal zu betreten. Ihr wisst, dass ihr auf dem richtigen Weg seid, wenn ihr das auf Hochzeiten spezialisierte Nobelhotel Hoher Darsberg passiert.

Ein paar Schritte weiter gibt es auch Rastplätze im Wald, wo ihr vor dem letzten Abstieg noch einmal durchatmen könnt. Denn von hier geht es in steilen Serpentinen über den Neckarsteig hinunter ins Tal nach NECKARSTEINACH 4. Die Vierburgenstadt am Neckar ist eine unwirklich schöne Kulisse, ein Dreiklang aus Fluss, Burgen und Hügeln. Hinter dem Bahndamm trefft ihr eure Freundin, die Steinach wieder. Wie groß sie geworden ist! Ihr folgt ihr noch die letzten Meter bis zu ihrer Mündung in den Neckar. Am Ufer des großen Flusses ist neben anderen Kunstwerken ein Felsen aufgestellt, in den ihr Verlauf eingemeißelt ist. Was bei der Quelle tief im Wald so geheimnisvoll begann, trägt jetzt im Neckarstrom kleinere Kreuzfahrtschiffe.

Oberhalb der Anlegestelle findet ihr einen Biergarten, den Schwanengarten, in dem ihr euch von der langen Wanderung erholen könnt.

Alles, was ihr wissen müsst

keine Rundtour: Mehrtagestour // meist bequeme Wanderwege, teils steile Trails, besonders im letzten Abschnitt // mit Kindern lieber einzelne Highlights besuchen // **nicht kinderwagentauglich**

Markierung: nicht einheitlich, bitte Text und/oder GPS beachten

Entfernung von: Darmstadt: 75 Kilometer // Mannheim: 33 Kilometer
ÖPNV: Hin: Bus 680 nach Ober-Abtsteinach, Haltestelle Siedlung, oder Bus 681, Haltestelle Mackenheimer Straße // zurück ab Bahnhof Neckarsteinach
Auto: Start: Wanderparkplatz Steinachquelle, Ober-Abtsteinach

Einkehr: **Teehaus im Kloster Buddhas Weg,** Buddhas Weg 4, 69483 Wald-Michelbach, www.buddhasweg.eu // **Stiefelhütte,** Stiefelhütte 1, 69253 Heiligkreuzsteinach, www.stiefelhuette.de // **Schwanengarten,** Neckarstraße 42, 69239 Neckarsteinach, gasthaus-zum-schwanen-neckarsteinach.eatbu.com

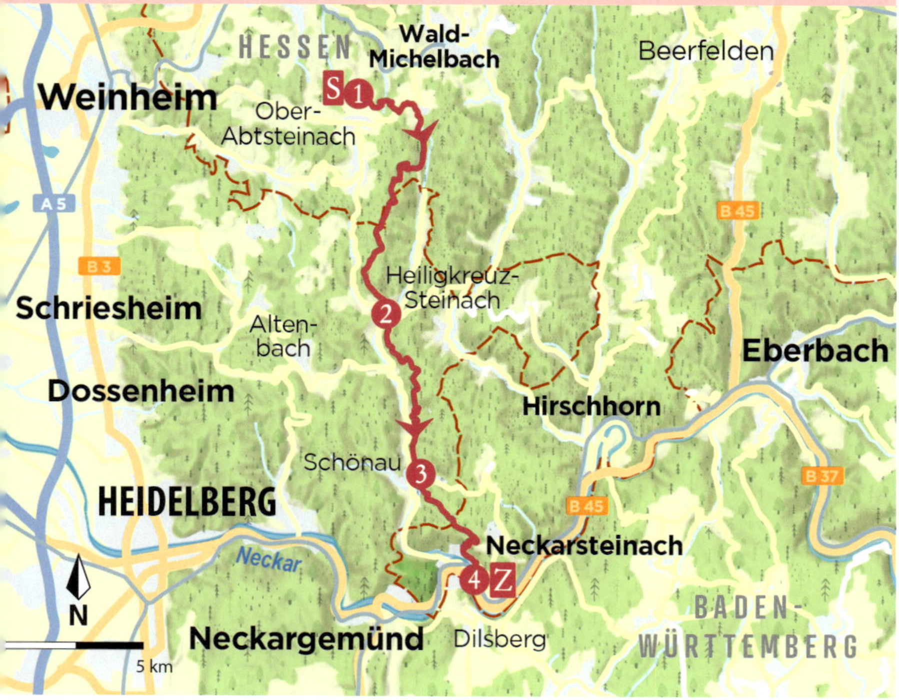

Von Rothenfels ins Hafenlohrtal

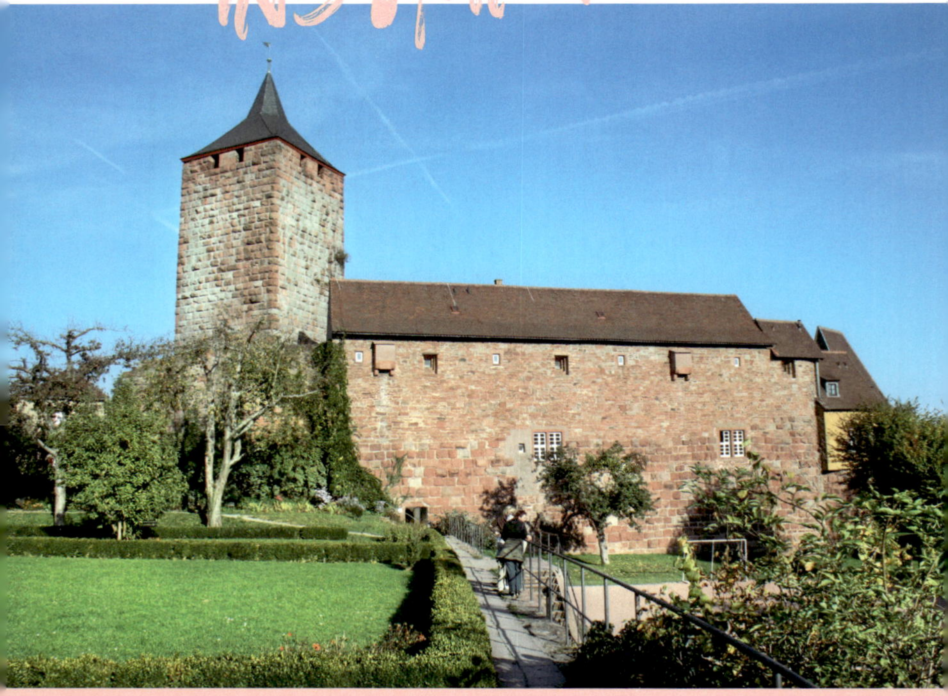

Schwierigkeit: schwer // 20 Kilometer // 480 Höhenmeter
Für Familien mit Kindern nicht geeignet

DIE KLEINSTE STADT BAYERNS UND IHRE BURG BILDEN DAS EINGANGSTOR INS SCHÖNSTE TAL DES SPESSARTWALDES

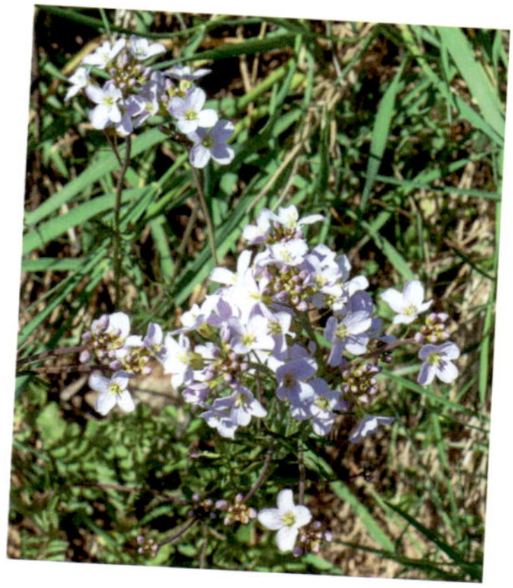

Wiesenschaumkraut

Der Main umfließt den Spessart an drei Seiten. Im Osten begrenzt er ihn auf der fränkischen Seite, und tief im Wald entspringt das Flüsschen Hafenlohr, das in dem Ort Hafenlohr in den Main mündet. Ein kleines Stück flussaufwärts liegt Rothenfels, mit seinen rund 1.000 Einwohnern die kleinste Stadt Bayerns. Das ist der Ausgangspunkt für diese Wanderung, die euch zum Forsthaus Aurora im Wald hoch über dem Hafenlohrtal bringt. Auf dem Rückweg dürft ihr durch den schönsten Talgrund im ganzen Spessart laufen, wo es kein Dorf, dafür aber zwei Einsiedlerhöfe gibt.

Leider fiel die gesamte Gastronomie in Rothenfels der Corona-Pandemie zum Opfer. Seit 2023 hat aber der Burggasthof Roth in Bergrothenfels wieder geöffnet; ihr müsst euch allerdings genau über die Öffnungszeiten informieren und euch das Essen schwer verdienen: mit einem Aufstieg über die steile Treppe vom Städtchen auf die Burg hinauf. Was am Fuß der Treppe am Mainufer liegt, wird Rothenfels genannt, was sich oberhalb der Treppe an Siedlung und Infrastruktur um die Burg herum gruppiert, Bergrothenfels: eigentlich ein Stadtteil der Stadt am Fluss. Wer sich den Aufstieg über die Treppe, deren Bildstöcke an das Leiden Christi erinnern sollen, ersparen will, parkt direkt in Bergrothenfels oder lässt sich mit dem Bus dorthin fahren. Die BURG ROTHENFELS 1 stammt aus dem 12. Jahrhundert und thront hoch und steil über der Stadt Rothenfels. Und, wie könnte es anders sein: Die Burg war jahrhundertelang Zankapfel zwischen den Rienecker Grafen und dem Bischof von Würzburg. 1813 fiel sie an den Freistaat Bayern; damit war das Problem dann endlich gelöst. Die Burg wird heute als Jugendherberge und katholische Bildungsstätte genutzt. Leider ist der Bergfried gesperrt, wenn die Käuzchen gerade brüten, aber wenn ihr Glück habt, dürft ihr vom inneren Zwinger aus auf den Turm steigen und den Blick über das Maintal genießen. Im äußeren Burgzwinger liegt ein idyllischer Garten mit Fußballplatz und im Frühjahr herrlich blühenden Magnolien. Und manchmal liegen hier müde Jugendliche auf der Wiese in der Sonne.

Wenn ihr aus dem Burgtor kommt, geht einfach geradeaus an dem barocken Verwaltungsgebäude vorbei und in den Wald hinein. Hier folgt ihr dem Weg mit der Markierung M, geht beim Rotbild am Waldrand entlang, bis der Weg in den Wald eintaucht. Ihr folgt ihm oben auf dem Höhenzug bis zur Kreuzung, wo ihr euch links haltet. Folgt immer dem Weg mit dem roten Doppelbalken durch den Wald bis zum FORSTHAUS AURORA 2. Das einsame Forsthaus kennt ihr vielleicht schon von der Tour 11, wo ihr von der anderen Seite kommt, nämlich aus Lichtenau. Schwer zu sagen, ob das obere Hafenlohrtal bei Lichtenau oder das untere beim Lindenfurterhof schöner ist. Um ganz sicherzugehen, solltet ihr beide Touren machen. Sie mit einer Übernachtung miteinander zu verbinden wäre leider nur absolut schmerzfreien Wildcampern möglich, denn das Forsthaus Aurora bietet keine Übernachtungen an und ist auch zum Essen sehr unregelmäßig geöffnet. Wenn ihr hier einkehren wollt, müsst ihr euch also unbedingt vorher über die Öffnungszeiten informieren! Notfalls müsst ihr auf die berühmten Wildschweinbratwürste verzichten und ein Picknick einpacken. Idyllische Orte zum Verzehr liegen auf diesem Weg jedenfalls genug.

Vom Forsthaus steigt ihr über den Weg mit der roten Diagonale steil hinab ins Hafenlohrtal. Oh, das Hafenlohrtal! In dem rund 20 Kilometer langen, tiefen, von dem Flüsschen Hafenlohr durchflossenen Tal gibt es kein einziges Dorf, nur drei Einsiedlerhöfe, von denen einer tatsächlich auch Einsiedel heißt. Hier landet ihr nach diesem Abstieg. Menschen oder Gastronomie sucht ihr vergeblich, nur ein kleines Kapellchen, eine alte Mühle, einige Ponys und ein paar

Wohnhäuser empfangen euch in Einsiedel. Ihr folgt der roten Diagonale am Flüsschen entlang zurück Richtung Rothenfels, zum LINDENFURTERHOF 3.

Erinnert ihr euch an den Echterspfahl (Tour 8)? Einer der drei Raubritter, die an diesem Pfahl im Spessartwald ihre Pferde angebunden haben, hielt sich angeblich im Lindenfurterhof versteckt. Wenn ihr dieses stolze, herrschaftliche und trotzdem vollkommen einsame Anwesen im Hafenlohrtal entdeckt, erscheint euch diese Legende auch total einleuchtend.

HEUTE LIEGT DAS ANWESEN EBENSO VERLASSEN WIE DAMALS, ES IST ZWAR BEWOHNT, ABER VOLLKOMMEN STILL. ÜBER DEN FISCHTEICHEN KREISEN RAUBVÖGEL UND HOFFEN AUF EINEN GUTEN FANG.

Breite, bequeme Forstwege durchziehen den Wald bei Rothenfels

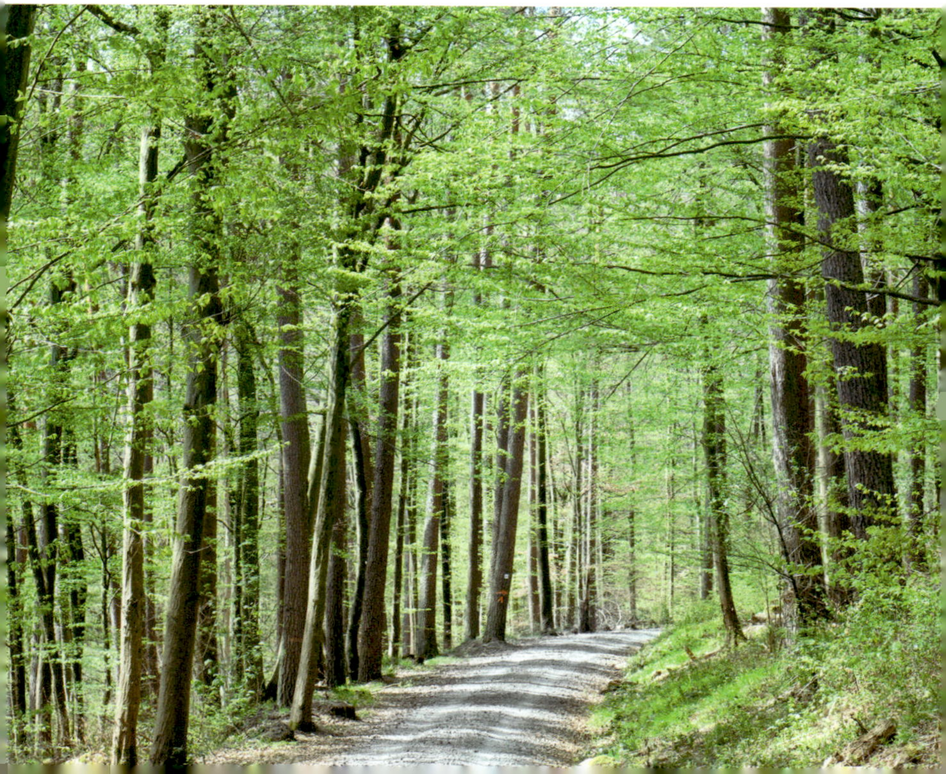

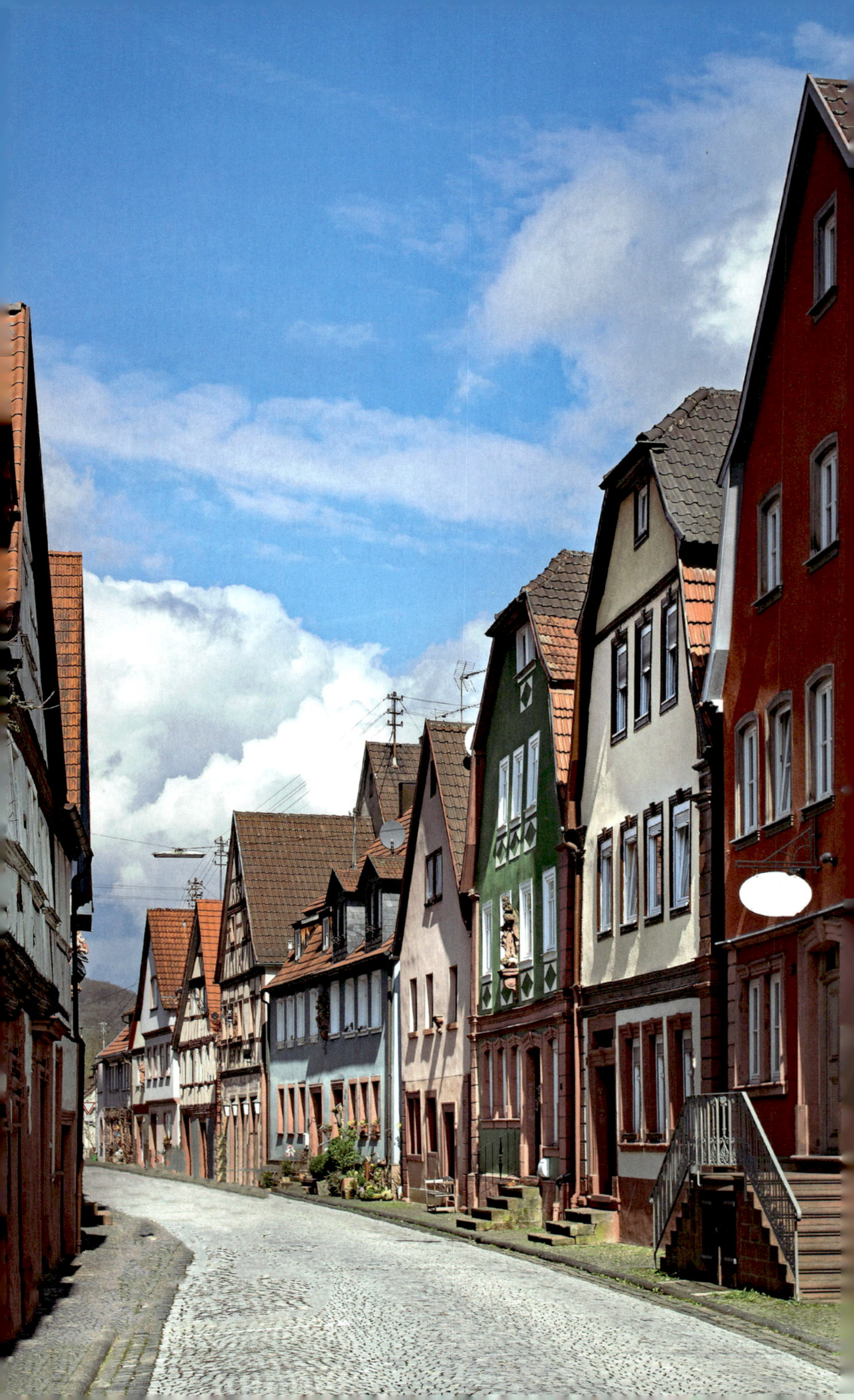

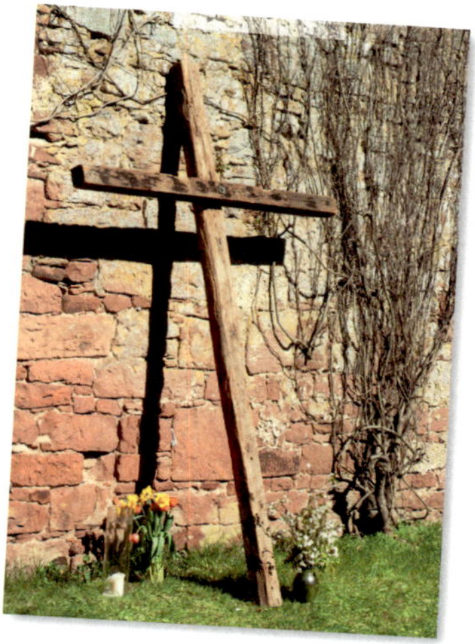

Der Weg in den Wald zurück führt durch ein Wildgatter. Bitte sorgfältig hinter euch schließen! Die Rehe halten sich versteckt, verständlicherweise, denn in diesem Wald stehen überall Jägerstände und man kann sich vorstellen, was für Erfahrungen das Wild hier mit Menschen gemacht hat. Dieser Wald gehört schon zur Gemeinde Rothenfels, Start und Ziel eurer Wanderung. Der Fluss wird breiter; jetzt könnte man hier schon Kanu fahren, wenn man dürfte. Hier müsst ihr euch von der Hafenlohr, diesem Zauberfluss, verabschieden und euch nach einer Pause auf den Rückweg machen. Eins, zwei, drei, vier, fünf Waldwege führen parallel zur Hafenlohr am Hang entlang und kreuzen sich gelegentlich. Wenn ihr euch an jeder Kreuzung links haltet, steigt ihr automatisch auf nach Bergrothenfels.

Der Wald wird immer grüner. Felsen am Wegrand zeigen Bilder, die aus uralten Zeiten zu stammen scheinen, aber wahrscheinlich erst vor Kurzem von den Katholiken der Burg Rothenfels eingemeißelt wurden. Die dargestellten Kreuzigungsszenen und eine römische Jahreszahl, die mit »MM« (zweitausend) beginnt, sind Indizien für diese Vermutung. Ihr verlasst den Wald auf der Höhe, und offen liegt eine Landschaft aus Wiesen und Obstbäumen vor euch. An der HAINMARTER 4 parken Wohnmobile. Ihr steigt über sanft geschwungene Feldwege ab nach Bergrothenfels.

AN OSTERN EIN BESONDERES ERLEBNIS: WIESENSCHAUMKRAUT, SCHLÜSSELBLUMEN, BLÜHENDE BIRNBÄUME UND KIRSCHBÄUME BEGRÜSSEN EUCH FESTLICH. EINE KLEINE SCHWARZE MADONNA BETET ZWISCHEN ZWEI BIRKEN. UND ÜBER ALLEM GLOCKENLÄUTEN VON DER KIRCHE UND AUS DER BURG.

Wenn ihr in Bergrothenfels ankommt, könnt ihr mit etwas Glück noch im Burggasthof Roth einkehren, der mittwochs und samstags am Abend geöffnet hat. Wer in Rothenfels übernachten will, kann ein Einzelzimmer in der Jugendherberge in der Burg ergattern, aber das ist mit etwas Organisationsaufwand verbunden. Am besten vorher telefonisch anfragen, denn die Burg ist oft voll belegt mit Jugendgruppen. Gegenüber der Burg gibt es in Bergrothenfels auch eine einfache Herberge, die Pension Burgblick. Privilegierte Wohnmobilbesitzer schlafen einfach auf dem Parkplatz an der Hainmarter.

Ich weiß, was ihr jetzt denkt: Wenn man im Forsthaus Aurora nicht übernachten kann, warum dann nicht im Gasthaus im Hochspessart in Lichtenau schlafen und von dort als Tagestour durch das ganze Hafenlohrtal nach Rothenfels laufen? Oder andersherum? Guter Gedanke! Wie in Tour 11 beschrieben könnt ihr auch im Gasthaus im Hochspessart übernachten und Rothenfels und Weibersbrunn mit einer Mehrtagestour verbinden. Das ist allerdings mit einem gravierenden logistischen Problem verbunden: Ihr kommt nicht nach Lichtenau bzw. nicht wieder von dort weg. Entweder ihr lauft von Lichtenau noch weiter nach Weibersbrunn, wo ein Bus fährt (das sind noch mal acht zusätzliche Kilometer, was machbar, aber ziemlich weit ist). Mit dem eigenen Auto empfiehlt es sich also, sich auf den hier beschriebenen Weg zu beschränken – oder ihr seid in der luxuriösen Situation, dass ihr euch von jemand anderem mit dem Auto absetzen oder abholen lassen könnt. Dann könnt ihr die Stationen Weibersbrunn – Lichtenau – Rothenfels miteinander kombinieren, wie es euch gefällt.

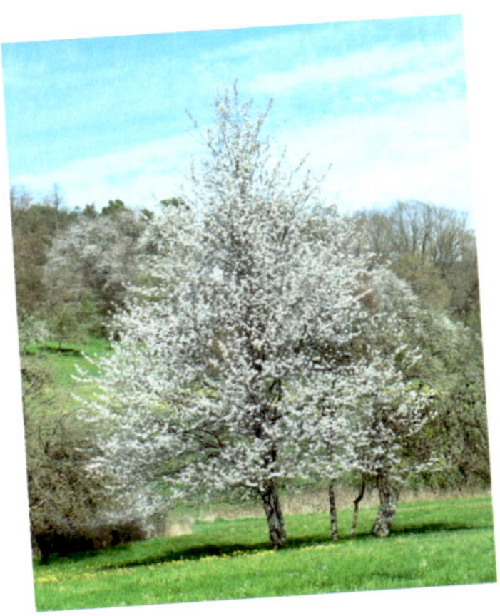

Fränkische Kirschblüte

Alles, was ihr wissen müsst

Rundtour: meist bequeme Wald- und Forstwege // ziemlich weit, mit Kindern deswegen lieber auf die Burg beschränken // **nicht kinderwagentauglich**

Markierung: Mainwanderweg M // roter Doppelbalken // rote Diagonale

Entfernung von: Würzburg: 47 Kilometer // Aschaffenburg: 47 Kilometer
ÖPNV: von Lohr am Main Bus 630 nach Marktheidenfeld, hält auch in Rothenfels
Auto: Parken am Mainufer in Rothenfels (Mainstraße)

Einkehr: **Burggasthof Roth,** Bergrothenfelser Straße 36, 97851 Rothenfels, www.burggasthof-roth.de // **Forsthaus Aurora,** Spessartstraße, 97845 Neustadt am Main, forsthaus-aurora.business.site // Öffnungszeiten checken oder Picknick einpacken!

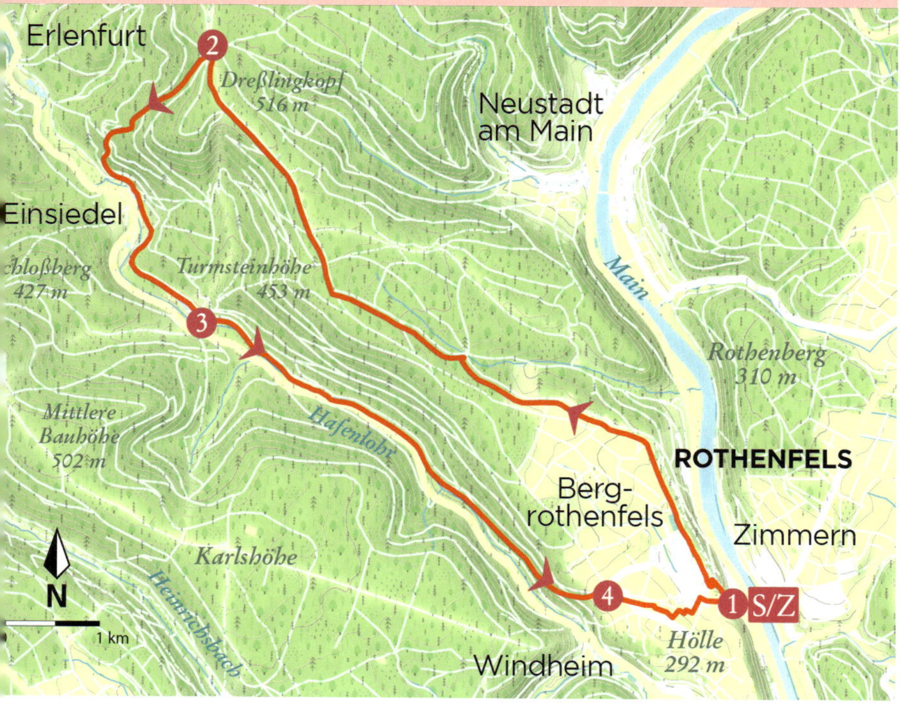

Stressfrei im Sensbachtal

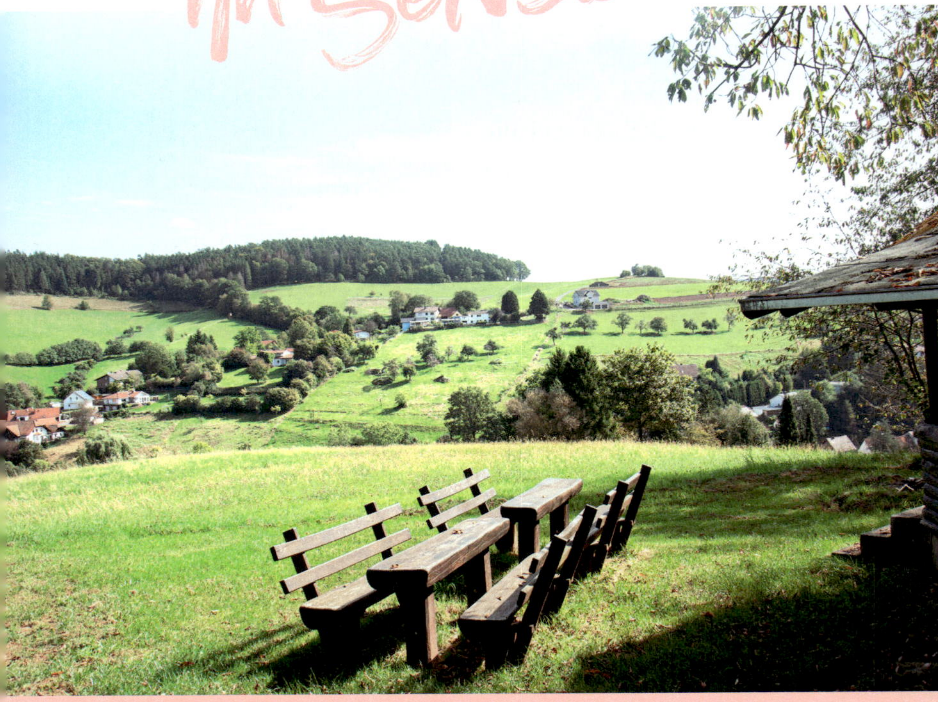

Schwierigkeit: mittel // 17 Kilometer // 400 Höhenmeter
Für Familien mit Kindern nicht geeignet

PERFEKTE WANDERUNG FÜR ALLE, DIE ENDLICH MAL IHRE VERDAMMTE RUHE HABEN WOLLEN

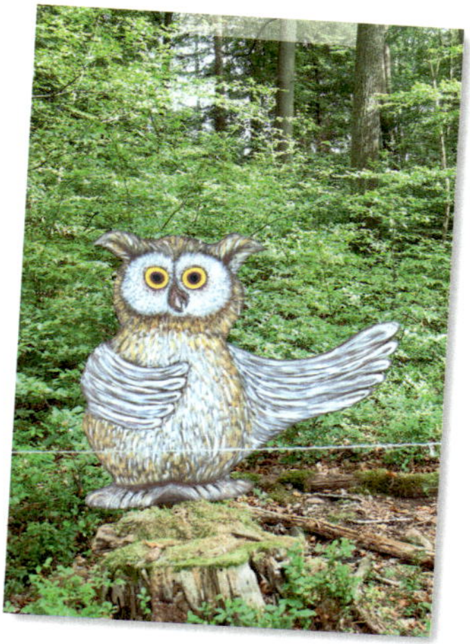

Bei der Anfahrt auf den Wanderparkplatz Sensbacher Höhe schwant euch Fürchterliches, denn von Westen aus kommt ihr dabei am Bikepark Beerfelden vorbei. Das ist ein Skilift, der im Sommer dazu genutzt wird, Mountainbiker den Berg hinaufzuziehen, damit sie nur noch herunterfahren müssen. Natürlich wollen Wanderer, Fahrradfahrer und alle anderen, die gern an der frischen Luft sind, sich theoretisch untereinander gut verstehen – aber in der Praxis sind Downhill-Biker für Wanderer oft eher furchteinflößend als partnerschaftlich unterwegs. Von einer ruhigen Wanderung kann in Downhill-Revieren jedenfalls keine Rede sein.

Doch oben auf der SENSBACHER HÖHE (1) angekommen, erschließt sich dann die Geografie: Die Biker bleiben schön auf der Westseite des Bergrückens, und ihr bekommt zum Wandern die Schokoladenseite nach Osten hin mit ihren Ausblicken hinunter ins idyllische Sensbachtal.

HIER IST ES SO RUHIG, DASS IHR DEN STETEN WANDEL IN UNTERGRUND UND VEGETATION MEDITATIV AUF EUCH WIRKEN LASSEN KÖNNT, BIS IHR EINS MIT DER NATUR WERDET.

Das Entspannen fällt umso leichter, als die Navigation denkbar simpel ist: Ihr folgt die ganze Wanderung über nur der Markierung S6, die gut sichtbar an jeder Kreuzung hängt. Und von den faulen Mountainbikern profitiert auch ihr Wanderer, denn der »NaTourBus« mit der Nummer 50N nimmt auch Fahrgäste ohne Fahrrad mit zum Parkplatz an der Sensbacher Höhe (www.odenwaldmobil.de).

Um zum richtigen Wanderweg zu gelangen, überquert ihr vom Parkplatz aus die Landstraße und seht auf einem grünen Wegweiser diesen Wanderweg S6 mit dem Ziel Unter-Sensbach schon ausgeschrieben. Ihr geht am Waldfriedhof vorbei, einem ehemaligen Pestfriedhof der Gemeinden Ober-Sensbach, Unter-Sensbach und Hebstahl. Bis 2021 lag auf diesem lauschigen Gottesacker auch der Bankier Jürgen Ponto begraben, der 1977 von der RAF ermordet wurde.

Auf dem Weg nach Unter-Sensbach genießt ihr die himmlische Ruhe auf den stillen Waldwegen, und bald schon eröffnen sich am Waldrand Ausblicke ins Tal hinunter. An einer Grillhütte vorbei steigt ihr ab ins Dorf und passiert dabei ein Gatter, das ihr natürlich hinter euch wieder schließt. UNTER-SENSBACH 2 ist ein kleines Dörfchen mit einem einzigen Gasthaus, dem Gasthaus Zur Krone, das eher einfache Speisen anbietet. Die Gourmets unter euch packen lieber ein

Erst Pestfriedhof, dann schön genug für prominente Banker: Der Waldfriedhof auf der Sensbacher Höhe

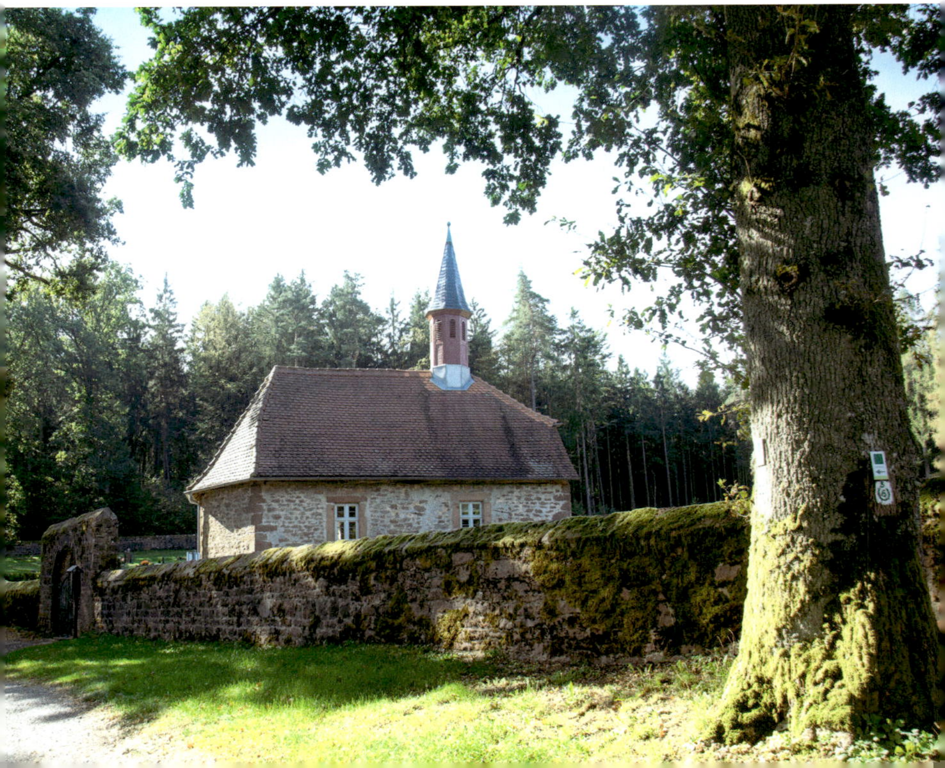

opulentes Picknick ein und verputzen es auf den Bänken bei der Grillhütte oder auf der anderen Talseite nach dem Aufstieg durch eine Gasse namens »Gasse«. Ihr lasst Häuser und Wiesen hinter euch, kommt am Hornissenbuckel wieder am Waldrand an und findet erneut ein Gatter, das man auf- und zumachen kann. Dahinter steht eine Relaxbank, auf der sich wunderbar rasten lässt, während ihr euch fragt, ob dieser Zaun mit diesen Gattern, der um das ganze Tal herumzuführen scheint, eigentlich dafür gedacht ist, die Kühe drinnen oder die Wölfe draußen zu halten.

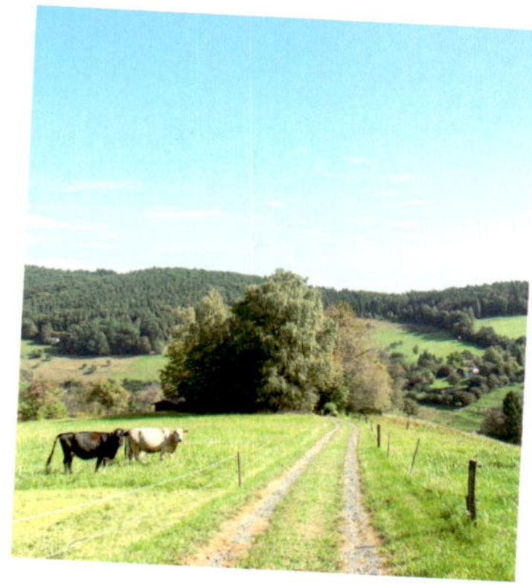

HOFFENTLICH HÄLT DER ZAUN

2017 gab es erste verifizierte Wolfs-Sichtungen im Odenwald. Naturschützer jubelten, Landwirte zitterten – und bis heute ist das Thema Wolf ein Reizthema im Kulturkampf zwischen »linksgrün versifften« Großstädtern einerseits und am rechten Rand der verunsicherten Landbevölkerung fischenden Populisten andererseits. Im Oberzent – zu dem auch das Sensbachtal gehört – werden regelmäßig Wölfe gesichtet. Nachdem ihr wahrscheinlich tagsüber auf befestigten Wanderwegen unterwegs seid, ist die Wahrscheinlichkeit, einem Wolf zu begegnen, trotzdem sehr gering. Euch fressen und sich als eure Großmutter verkleiden tun Wölfe nur im Märchen.

Solltet ihr doch mal einen treffen, am besten langsam weitergehen und dem Wolf genug Zeit und Raum zum Weglaufen lassen – was er wahrscheinlich tun wird. Auf keinen Fall selbst wegrennen, das löst einen Verfolgungsinstinkt aus! Will der Wolf partout nicht weg, am besten weiter langsam auf ihn zulaufen, sich dabei möglichst groß machen und Lärm verursachen: singen, schreien, in die Hände klatschen. Wenn er jetzt immer noch nicht wegläuft, braucht er Hilfe und ihr müsst den Förster rufen.

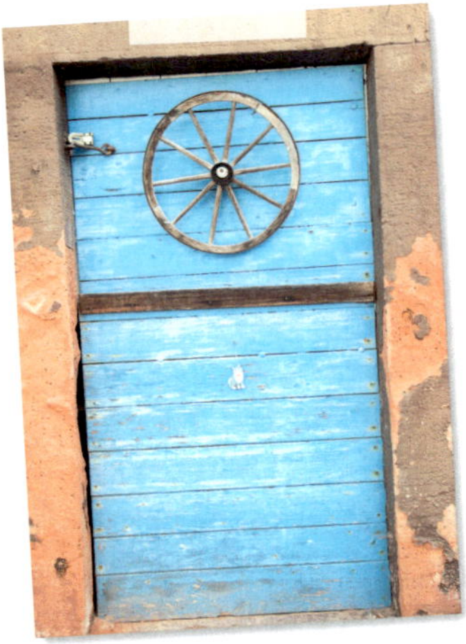

Grundsätzlich gilt natürlich: Auf keinen Fall Essensreste im Wald liegen lassen! Das lockt Wölfe und andere wilde Tiere an, bringt ihren Speiseplan durcheinander und stört ihr natürliches Verhalten. Opulentes Picknick also: ja; danach die abgenagten Knochen eines Hühnchens oder Kaninchens liegen lassen: nein. Nachdem ihr euren Abfall in die Mülltüte und die Mülltüte bis zum nächsten Abfalleimer in den Rucksack gepackt habt, seht ihr am Waldrand einen hübschen Buntsandsteinfelsen, der als Wegweiser dient. Ihr folgt dem Pfeil in Richtung Reußenkreuz und natürlich weiterhin der Markierung S6 am Waldrand entlang, erst unter Laubbäumen, dann auf federndem Nadelpolster unter Fichten, über Wiesen und bei einer Bank rechts wieder in den Wald hinein. Allzu weit lasst ihr die Zivilisation nicht hinter euch, denn an Wochenenden könnt ihr unter Umständen jetzt schon die Schreie der Fußballfans auf dem Sportplatz von Ober-Sensbach hören. Kurz bevor ihr dicht am Sportplatz vorbeiwandert, steht am Waldesrand noch eine schöne und ganz neue Hütte, falls ihr noch eine kurze Rast einlegen wollt: das sogenannte STEINHÄUSL 3.

Wenn ihr am Sportplatz vorbeigewandert seid und euch links haltet, betretet ihr das Reich der Zwerge. »Willkommen im Nistkästenwald der Kita Kleine Strolche« steht auf einem Schild zu lesen. Erwartungsgemäß hängen auf den nächsten Kilometern bunt bemalte Nistkästen an den Bäumen, aber die Kleinen Strolche haben sich richtig ins Zeug gelegt: das war noch längst nicht alles.

Von einem vollständigen Flugzeug aus Holz im Maßstab 1:10, über einen Baumstumpf, auf dem niedliche Keramikvögelchen nisten, bis hin zu Sinnsprüchen auf Holztafeln (»Wenn du Vogelgesang hören willst, dann kaufe keinen Käfig, sondern pflanze Bäume!«) an den Bäumen haben die Zwerge ihre ganze legendäre Handwerkskunst eingesetzt, um diesen Wald zu verzaubern.

Wer kein Herz aus Stein hat, den zerlegt es endgültig, wenn er die Baumschule sieht: Bewacht von einem Zwerg aus Holz wächst in einer Schonung am Wegrand eine Gruppe von Jungbäumen, offensichtlich gepflanzt, gestützt, geschützt und gehegt und gepflegt von den Kita-Kindern. An jedem Bäumchen hängt das Namensschild eines Kindes, an einem großen Strauch hängen kleine Gießkannen an den Zweigen, und auch diese Kannen sind sorgfältig mit den Namen der Drei-bis Fünfjährigen beschriftet. Wenn ihr euch wieder von diesem Sweetness-Overload erholt habt, nehmt ihr Abschied vom Zwergenreich, winkt der großen Eule freundlich zu und geht weiter in Richtung Reußenkreuz.

Am REUSSENKREUZ 4 gibt es auch eine große Waldgaststätte. Bitte wundert euch nicht über die chaotischen und teilweise widersprüchlichen Angaben in Wanderführern und GPS-Apps: Das Gast-

Wanderer im Wolfsgebiet bleiben besser auf den befestigten Wegen

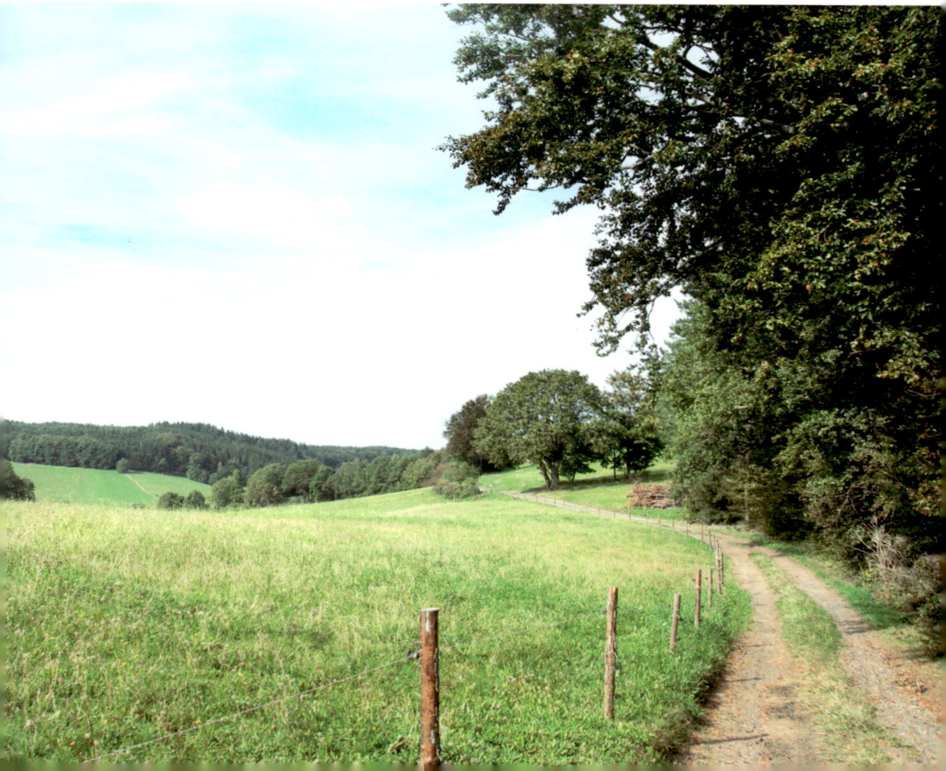

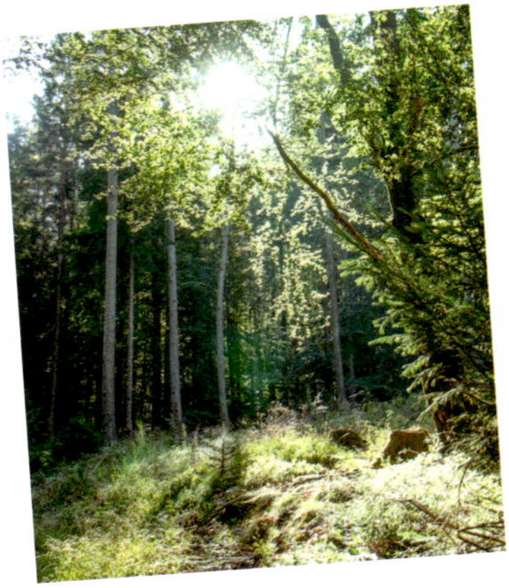

Da ist sie, die Ruhe

haus, das nicht nur über eine Gaststube mit schöner großer Terrasse, sondern auch über ein eigenes Gästehaus mit Hotelzimmern verfügte, war bis 2021 in Betrieb. Dass es dann erst mal schließen musste, hatte nichts mit der Coronakrise zu tun, sondern die Kinder des alten Besitzers wollten den Betrieb nicht übernehmen. Er verkaufte die Gaststätte, und die neuen Besitzer wollen es als Jagdschule wieder eröffnen. Der Gastronomiebetrieb soll aber auch wieder aufgenommen werden: 2023 noch behelfsweise mit Foodtruck und Mini-Biergarten, während der Renovierungsarbeiten, ab 2024 dann wieder im großen Stil, mit Terrasse und extra-Almhütte, in der zünftige Speisen wie Kaiserschmarrn angeboten werden sollen. Auch der Hotelbetrieb soll 2024 wieder in vollem Umfang aufgenommen werden. Wenn das alles klappt wie geplant, ist das Reußenkreuz wahrscheinlich ein besserer Ausgangspunkt für diese Wanderung als die Sensbacher Höhe.

Ganz in der Nähe befindet sich auch das Jagdschloss Krähberg, das aus dem 18. Jahrhundert stammt und wie ein Traum in Wald liegt. Leider ist es nicht öffentlich zugänglich. Auf dem Weg zurück zur Sensbacher Höhe lauft ihr hinter dem Garten des Gästehauses der Waldgaststätte Reußenkreuz vorbei in den Wald, weiterhin der inzwischen vertrauten S6 folgend. Wie sicher die Wölfe im Oberzent sich noch fühlen können, wenn die Jungjäger sich erst mal am Reußenkreuz etabliert haben, wird derzeit heftig diskutiert: 2023 tobten in der Politik Diskussionen darüber, ob der Wolf in Deutschland weiterhin den offiziellen Status »vom Aussterben bedroht« behalten soll – oder zum Abschuss freigegeben wird.

Alles, was ihr wissen müsst

Rundtour: gute Tagestour // die angegebene Route bezieht sich auf den Wanderparkplatz Sensbacher Höhe als Ausgangspunkt. Unter Umständen ist das Reußenkreuz besser geeignet, dorthin fährt auch ein Bus (Linie 52) // **nicht kinderwagentauglich**

Markierung: Panoramaweg Sensbachtal S6

Entfernung von: Darmstadt: 58 Kilometer // Mannheim: 60 Kilometer
ÖPNV: NaTourBus 50N von Michelstadt zur Sensbacher Höhe
Auto: Wanderparkplatz Sensbacher Höhe

Einkehr: **Jagdschule Krähberg,** Reußenkreuz 2, 64760 Oberzent, jagdschule-kraehberg.de // Hier kann man auch übernachten, falls es schon dunkel wird und die Wölfe anfangen zu heulen

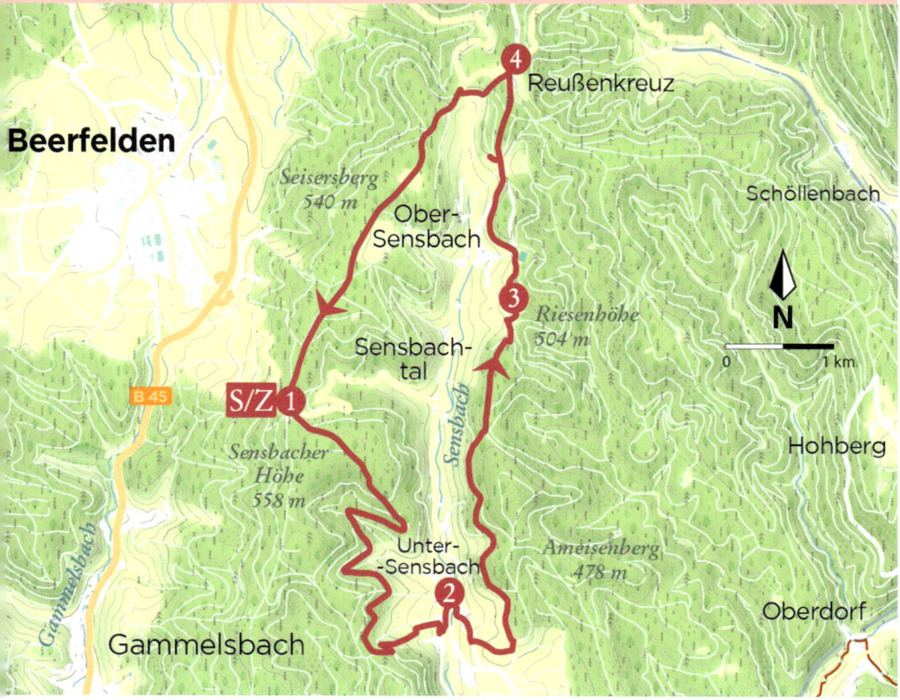

Urban Hiking in Darmstadt

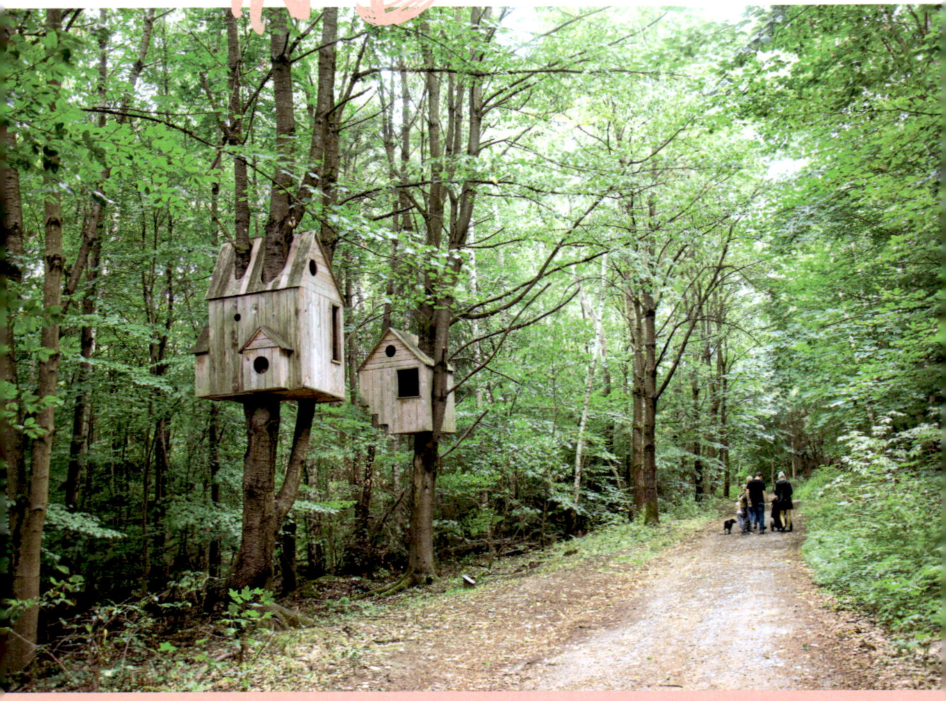

Schwierigkeit: mittel // 14 Kilometer // 160 Höhenmeter
Für Familien mit Kindern geeignet

WANDERUNG IM STADTWALD
EINER SCHÖNEN STADT
MIT EINEM SCHRECKLICHEN NAMEN

Diese Wanderung orientiert sich grob an dem Wanderweg 7-Hügel-Steig, der mit einem roten S markiert ist. Statt sieben nehmt ihr aber nur fünf Hügel, zwei spart ihr euch und stattet stattdessen aus kulinarischen Gründen der Fischerhütte an den Teichen in der Darmbachaue (seufz) einen Besuch ab.

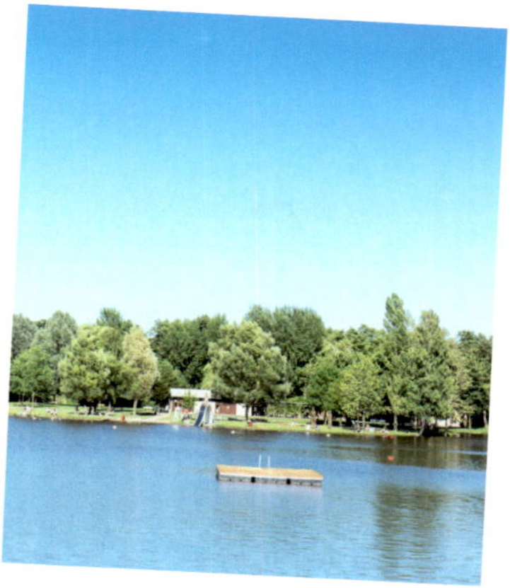

Badeinsel im Woog

Poetisches Sprechen über Darmstadt ist wegen des Namens leider nicht möglich, dabei hätte diese Stadt es wirklich verdient. Denn Darmstadt ist, trotz ihres scheußlichen Namens, eine schöne Stadt. Viele junge und gebildete Menschen leben in der Wissenschaftsstadt Darmstadt, nach der sogar ein chemisches Element benannt ist, und in der Architektur, die nicht von den Weltkriegsbomben erwischt wurde, sind noch Spuren aus der Jugendstilzeit Anfang des 20. Jahrhunderts zu erkennen sowie aus der großherzoglichen Vergangenheit, die Anfang des 19. Jahrhunderts ihre Blütezeit erlebte. Mit der Mathildenhöhe hat die Stadt ein UNESCO-Weltkulturerbe vorzuweisen, und mitten im Stadtgebiet – nicht irgendwo am Rand – gibt es einen Badesee. Dieser hat endlich mal einen schönen Namen: Großer Woog. Dieser WOOG 1 bildet den Start- und Endpunkt eurer Wanderung.

Zwischen dem Stadtrand von Darmstadt und dem Aufstieg zur Burg Frankenstein gibt es ein bewaldetes Areal, das mehr Stadtwald ist als wirklich zum Odenwald gehörig. Die wilde Mittelgebirgswelt des Odenwalds fängt erst so richtig bei der Tour an, die in diesem Wanderführer die Nummer 14 trägt (Burg Frankenstein). Natürlich lassen sich beide Touren auch wunderbar zu einer Mehrtagestour verbinden. Für diese Tour mit der Nummer 24 bedeutet das: Ihr könnt eine komplette, vollwertige Wanderung machen, ohne das Stadtgebiet von

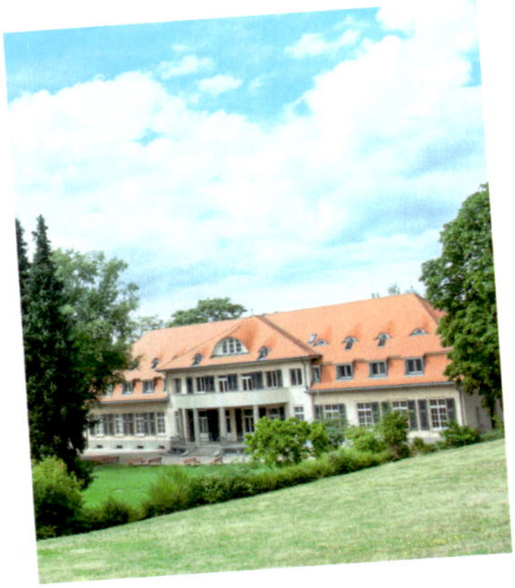

Internat mit Trinkbrunnen

Darmstadt wirklich verlassen zu müssen. Die Annehmlichkeiten der Zivilisation werden euch die ganze Wanderung über nicht von der Seite weichen, aber auch nicht das Gefühl, eher durch einen Park zu laufen als durch einen richtigen Wald. Was dieser Wanderung an Natur fehlt, macht sie durch Kultur mehr als wett. Nennen wir dieses Phänomen »Urban Hiking« und rufen es hiermit zu einem neuen Trend aus!

Am Startpunkt Woog fängt es schon an, dass ihr euch entweder beim Start oder bei der Rückkehr je nach Wetter gemütlich in das Café Woog setzen und aufs Wasser schauen könnt – oder gar die Badehose auspacken und noch eine Runde schwimmen gehen. Am besten zu erreichen ist der Woog über Darmstadt-Ostbahnhof, der seinerseits mit der Odenwaldbahn von Frankfurt Hauptbahnhof aus in 20 Minuten direkt zu erreichen ist. Von Darmstadt Hbf aus fahren mehrere Buslinien zum Woog. An der Südseite des Sees folgt ihr der Heinrich-Fuhr-Straße durch ein hübsches Wohngebiet nach Osten und geht am Rand des Botanischen Gartens entlang.

Ihr überquert die Heinrichstraße und geht über den Parkplatz des Zoos Vivarium. Von dort am Landgraben entlang wird es schon so semi-ländlich, bis ihr am Bahnhof TU Lichtwiese ankommt. Es ist der Bahnhof, den viele Studierende auf dem Weg zur Uni nutzen, und er liegt direkt an einer lieblichen Aue, auf der bei zu vielen Erstsemestern auch schon mal Notunterkünfte aufgestellt werden müssen. Grafitti und Elektro-Leihroller erinnern euch daran, dass ihr immer noch in der Stadt seid, wenn ihr die Bahnlinie unterquert. Auf der anderen Seite dann der Stadtwald mit Joggern und Gassige-

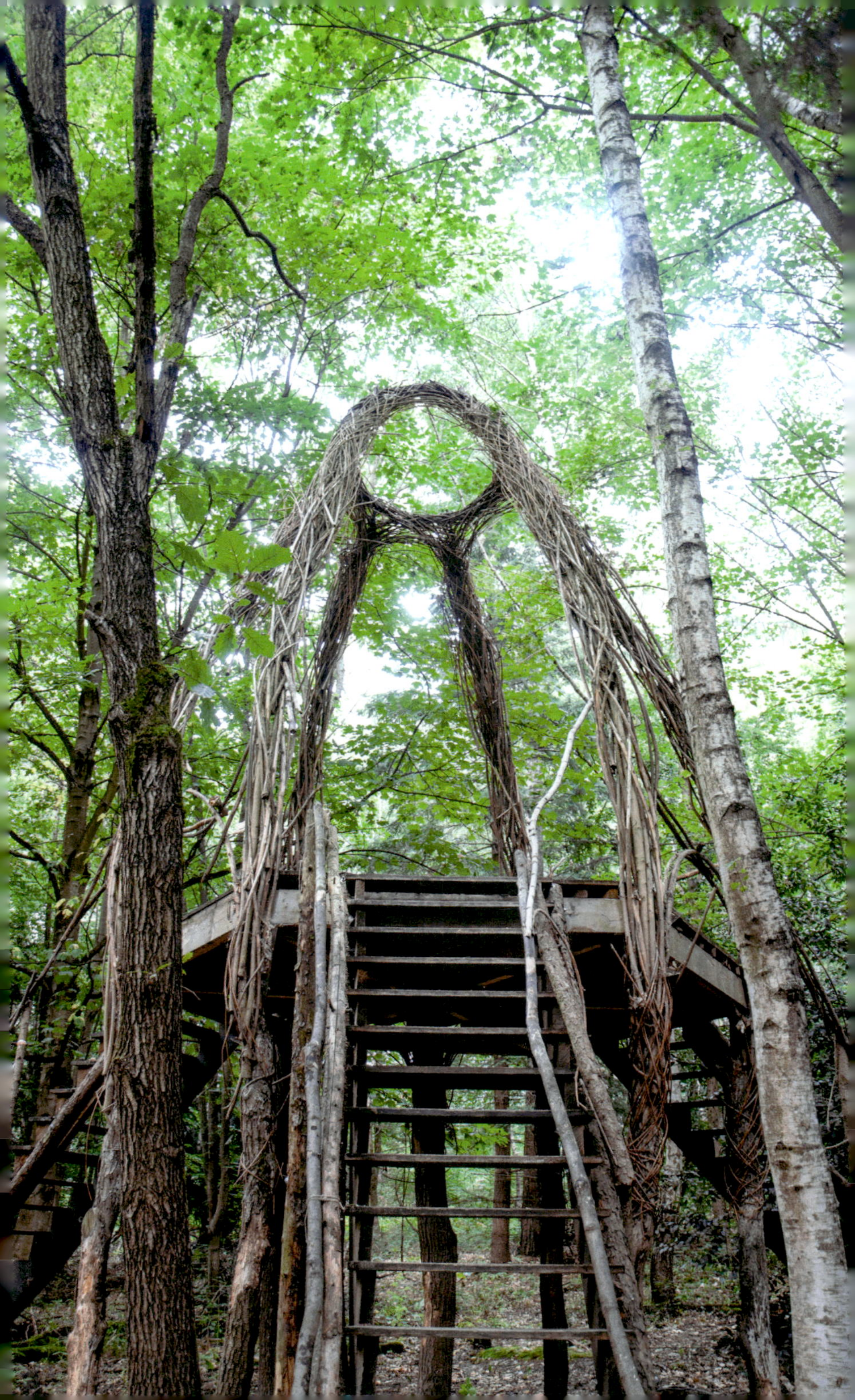

hern und Fahrradfahrern; am Wegrand ein Schild mit dem Text des berühmten »Abendliedes« von Matthias Claudius (»Der Mond ist aufgegangen«), das wahrscheinlich hier gedichtet wurde.
An einem Unterstand mit Eulenskulptur haltet ihr euch links und geht am Ufer der Fischteiche entlang, die mit ihren Trauerweiden und Seerosen absolut romantische Gefühle von der Größenordnung »Der Mond ist aufgegangen« hervorrufen würden – wenn sie nicht in der »Darmbachaue« liegen würden. Statt »Der Wald steht schwarz und schweiget / und aus den Wiesen steiget / der weiße Nebel wunderbar«, denkt ihr also die ganze Zeit: Darmbachaue, Darmbachaue, Darmbachaue. Wirklich schade.
An der Stirnseite der Darmbach-Fischteiche steht schließlich die FISCHERHÜTTE 2, eigentlich ein Vereinsheim des hiesigen Angelvereins, das zu einem rustikalen Lokal ausgebaut wurde.

Die wunderschönen, romantischen Fischteiche in der Darmbachaue

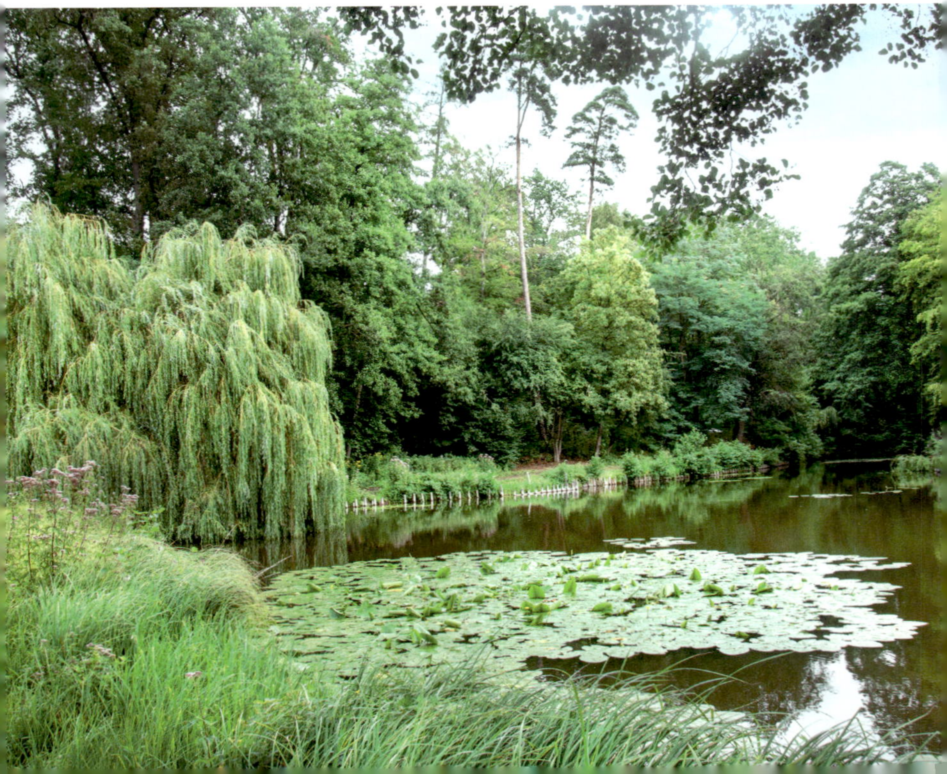

AM SCHÖNSTEN IST ES HIER, WENN ES REGNET: DANN NÄMLICH KANN MAN UNTER DEM HEIMELIGEN DACH AUF DER TERRASSE DIREKT AM WASSER SITZEN UND EIN DEFTIGES SPÄTES FRÜHSTÜCK GENIESSEN, WÄHREND DIE REGENTROPFEN AUF DIE GLATTE WASSEROBERFLÄCHE KLEINE KREISE TUPFEN.

Zurück bei der Eulenskulptur geht ihr diesmal nach links und überquert die Schienen der Odenwaldbahn. Bitte unbedingt die Ampel beachten, denn hier gibt es keine Schranke und ziemlich viel Bahnverkehr! Der Weg führt euch weiter auf den ersten der sagenhaften sieben Hügel, der auf dieser Route liegt: der Dachsberg. Hier gibt es wirklich einen Dachsbau, außerdem einen Wasserhochbehälter und vier geheimnisvolle Hügelgräber, wie euch ein Schild informiert. Von hier geht es eine ganze Weile meditativ geradeaus durch den Wald (die einzige Aufregung ist die Überquerung der B449, die mindestens so gefährlich ist wie die Bahnstrecke), bis ihr an der Wilbrandhöhe ankommt und zum Prinzenberg aufsteigt. Von der dortigen Schutzhütte eröffnet sich ein atemberaubender Blick auf die Bergstraße! Burg Frankenstein und der Aussichtsturm Melibokus scheinen zum Greifen nah direkt vor euch zu liegen; eine ganz ungewohnte Perspektive auf eine sehr typische Bergkette. Wer will, kann von hier aus auch über Bordenberg und Kohlberg an Eberstadt vorbei direkt zur Burg Frankenstein hinüberwandern und gleich mit Tour 14 weitermachen. Aber Achtung: Die Burg liegt nicht so nah, wie es aussieht.

Wenn ihr jetzt vom Prinzenberg absteigt und dem Weg mit dem roten S folgt, seid ihr wieder in maximal touristisch erschlossenem Gebiet. Der Weg kann sich gar nicht entscheiden, ob er Kunstpfad oder Planeten-Weg sein will. Alle fünf Meter muss man stehen bleiben, um sich irgendetwas anzuschauen. Dabei kommt ihr auch an dem Internat auf der Marienhöhe vorbei, deren etwas gruslige Zauberberg-Vibes euch egal werden, wenn ihr den frei zugäng-

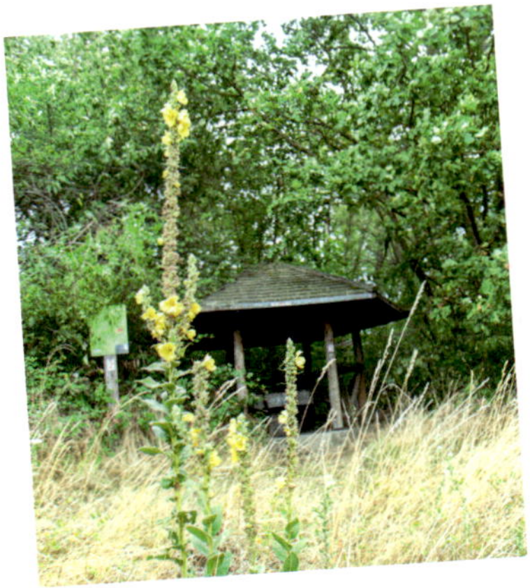

Aussichtspunkt Bergstraße

lichen Trinkwasserbrunnen im Schulhof entdeckt. Unter Umständen müsst ihr mehrmals auf den Knopf drücken und ein bißchen pumpen, dann ist die Wasserflasche wieder voll. An der Goethe-Eiche vorbei müsst ihr darauf achten, euch nicht zu verlaufen: Der Weg führt nicht vom Parkplatz aus links in den Wald, sondern erst danach.

Oben auf dem Hügel öffnet sich der Wald zur LUDWIGSHÖHE 3. Der traditionsreiche Aussichtspunkt ist ein beliebtes Ausflugsziel und hat, neben einer fantastischen Aussicht bis zur Frankfurter Skyline, auch Kiosk, Biergarten und Spielplatz zu bieten. Von hier führt der 7-Hügel-Steig als »Waldkunstpfad« bis zum Stadtrand von Darmstadt, ist also gesäumt von interessanten Kunstwerken, die den Dialog zwischen Natur und Kultur darzustellen versuchen. Am Herrgottsberg schließlich erwartet euch ein kleiner, aber mit seinen Felsformationen alpin anmutender Gipfel mit Waldspielplatz als würdiger Abschluss. Von hier ist es nur noch ein kurzer Abstieg bis zum Stadtrand von Darmstadt, wo ihr auch noch im RESTAURANT BÖLLE 4 einkehren könnt. Ihr befindet euch nämlich direkt neben dem Böllenfalltor und damit neben dem Heimatstadion des ruhmreichen Darmstädter Fußballvereins, den »Lilien«.

Der Alte Friedhof von Darmstadt mit seinen trauernden Engeln sieht aus, als wäre der Videoclip von »Nothing compares to you« hier gedreht worden. Wenn ihr trotzdem nicht über den Friedhof zurück zum Woog laufen wollt, könnt ihr auch vom Böllenfalltor den Bus oder die Straßenbahn nehmen.

Alles, was ihr wissen müsst

Rundtour: bequeme Wanderung durch den Stadtwald von Darmstadt // mit Tour 14 zu Mehrtagestour kombinierbar // **kinderwagentauglich**

Markierung: 7-Hügel-Steig (rotes S)

Entfernung von: Mannheim: 55 Kilometer
ÖPNV: Odenwaldbahn nach Darmstadt Ost oder bis Darmstadt Hbf, dann z. B. weiter mit Bus 672 zum Woog
Auto: Parken am Schul- und Trainingsbad, Heinrich-Fuhr-Straße 38, 64287 Darmstadt

Einkehr: **Café Woog,** Beckstraße 44, 64287 Darmstadt, woog.me // **Fischerhütte,** An den Fischteichen, 64287 Darmstadt, www.fischerhuette-darmstadt.de // **Ludwigsklause,** Auf der Ludwigshöhe, 64285 Darmstadt, www.bessunger-ludwigshöhe.de // **Restaurant Bölle**, Nieder-Ramstädter-Straße 251, 64285 Darmstadt, www.restaurant-boelle.de

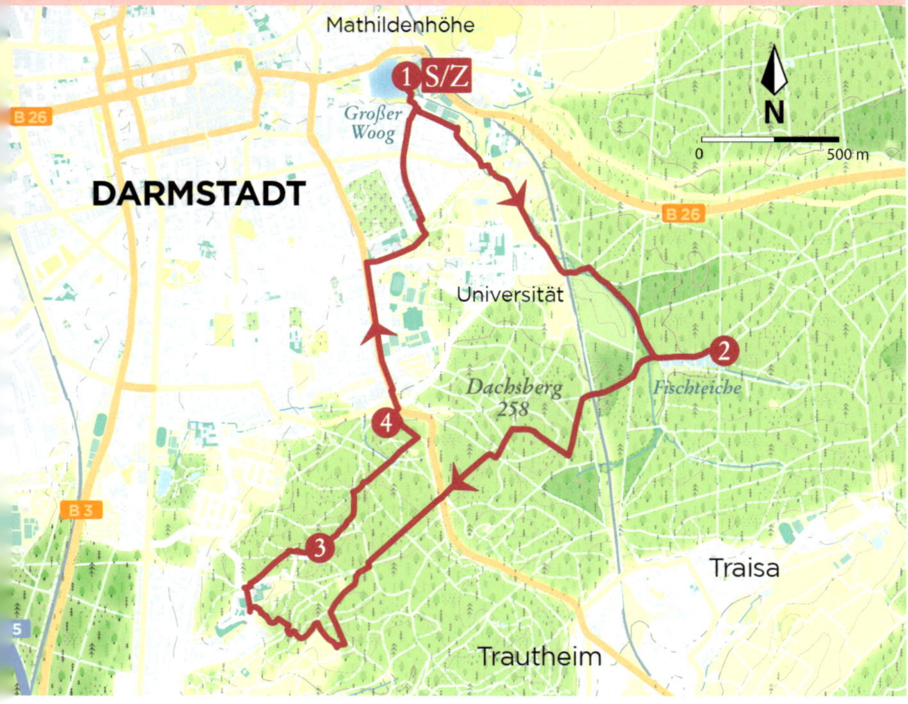

Rastlos in Rieneck

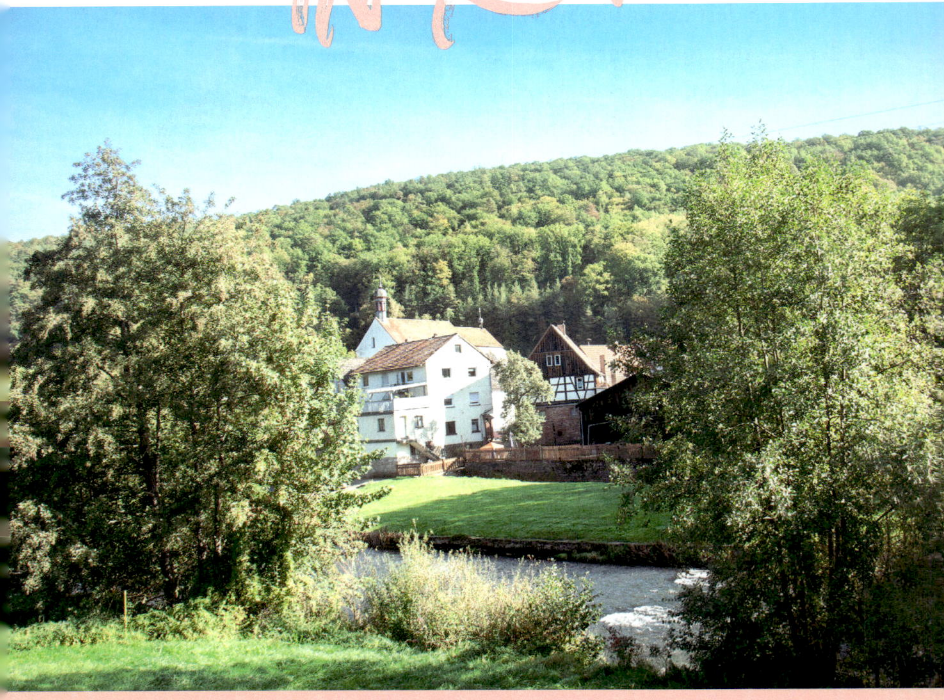

Schwierigkeit: schwer // 21 Kilometer // 610 Höhenmeter
Für Familien mit Kindern nicht geeignet

AUF DEM NONNENPFAD
VOM SINNGRUND INS SAALETAL

Den Namen Rieneck hat man im Spessart früher oder später schon mal gehört: Die Rienecker Grafen, ewige Gegenspieler nicht nur des Bischofs von Mainz, sondern auch der Bischöfe von Fulda und Würzburg, setzten im 12. Jahrhundert ein finales Statement, indem sie sich im Sinngrund (ja, der Fluß heißt Sinn, ist das nicht großartig?) eine äußerst wehrhafte Burg bauten. Herzstück der Burg ist der Dicke Turm mit seinen bis zu acht Metern dicken Befestigungsmauern. Dass die Burg heute noch so gut erhalten ist, kann als Hinweis darauf dienen, dass die Grafen erfolgreich waren und ihre Vorherrschaft zumindest im nordöstlichen Teil des Spessarts ausbauen konnten. Die Burg gehört heute den Pfadfindern und ist nur eingeschränkt zu besichtigen; wer ein ausgeprägtes historisches Interesse hat, kann sich vorher zur Führung anmelden (www.spessart-erleben.de/content/burgfuehrung-burg-rieneck). Das Dorf Rieneck ist, wie in solchen Fällen üblich, einfach um die Burg herumgewachsen. Heute ist es ein munteres Örtchen mit einem gewissen Minimum an Infrastruktur, und die geografische Gegenüberstellung von Flusstal, Hügel mit Burganlage und Herrgottsberg gegenüber mit Kapelle darauf verleiht dem Ort einen außergewöhnlichen landschaftlichen Reiz.

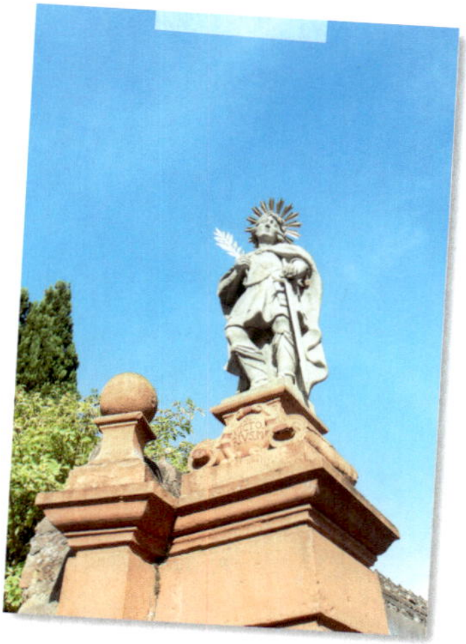

PARALLEL ZUR SINN, IN ETWA FÜNF KILOMETERN ENTFERNUNG, FLIESST DIE SAALE IN DEN MAIN, UND ES IST SCHWER ZU SAGEN, WELCHES DER BEIDEN FLUSSTÄLER DAS SCHÖNERE IST: KLARES, RUHIG FLIESSENDES DUNKLES WASSER MIT ÜBERHÄNGENDEN TRAUERWEIDEN UND WEISSEN SCHWANENPÄRCHEN HABEN BEIDE ZU BIETEN.

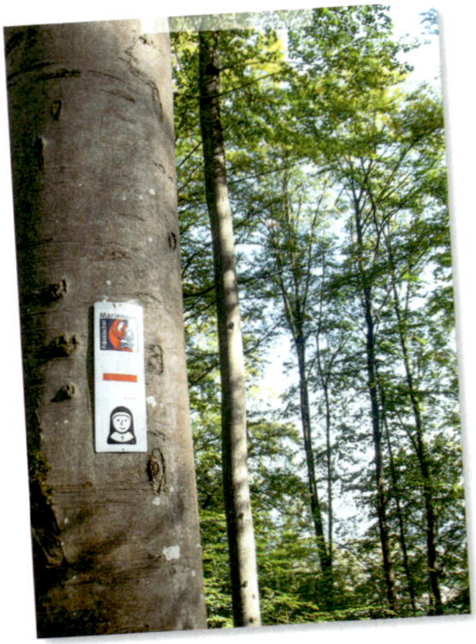

Im Saaletal liegt das traditionsreiche Zisterzienserinnenkloster Schönau, und Burg und Kloster sind über den sogenannten Nonnenpfad miteinander verbunden. Auf Infotafeln in Rieneck und Schönau wird ausführlich erklärt, wie die unverheirateten Grafentöchter ins Kloster geschickt wurden und dass man den Weg deshalb auch den Weg der Tränen nennt. Als Wegmarkierung dient ein kleines Nonnengesicht, das – nanu? – aber fröhlich lächelt! Waren die Rienecker Grafentöchter womöglich gar nicht so traurig darüber, in der Frauen-Community im Saaletal leben zu dürfen, anstatt aus politischen Gründen mit irgendeinem degenerierten Adligen verheiratet zu werden? Undenkbar! Wenn man dieses Gedankenexperiment aber mal zu Ende führt, könnte es sein, dass die zukünftigen Nonnen gar nicht ihres Schicksals wegen, sondern wegen des verdammt langen, steilen und anstrengenden Anstiegs hinauf zum HARRES 1 auf 430 Metern geweint haben. Oben auf dem Gipfel wartet aber zum Trost ein schöner Picknicktisch mit einer Nonnenpfad-Infotafel voller meditativer und besinnlicher Texte. Getröstet steigt ihr den immer schöner und lauschiger werdenden Pfad hinab ins Saaletal.

SCHÖNAU 2 ist deutlich kleiner als Rieneck. Um die wunderschöne barocke Klosterkirche herum gruppieren sich nur ein paar wenige Häuser; und die Gastronomie befindet sich in einem Zustand des Verfalls. Von dem ehemals stolzen Wirtshaus-Ensemble aus Zum alten Forsthaus und Gasthaus März ist derzeit nur eine in Teilzeit betriebene Version von Letzterem übrig geblieben, also macht euch keine allzu großen kulinarischen Hoffnungen. Der historische Grund für die einstmals so beeindruckende gastronomische Infrastruktur ist die Wallfahrt, die das Kloster im 18. Jahrhundert aus seinem Dornröschenschlaf holte, nachdem die Reliquien der Heiligen Victor und Antonin aus Rom nach Schönau gebracht wurden. Noch heute bewachen die beiden Heiligen den Eingang zur Kirche auf ihren roten Sandsteinpfeilern links und rechts der Treppe. Aber das ist nur eine Episode aus der wechselvollen Geschichte des hübschen Klosters, in dem tatsächlich heute noch Nonnen leben. Das Gelände rings um die Kirche darf aus Respekt vor deren Privatsphäre deshalb nicht betreten werden. Die Kirche selbst wurde aber erst 2023 frisch renoviert und hat ein paar wirkliche Highlights zu bieten (Tilman-Riemenschneider-Figuren!).

Wirklich bequem zu laufen ist der Weg von Schönau nach Wolfsmünster: Er ist asphaltiert und führt ohne nennenswerte Steigung durch das Saaletal. Wenn ihr Zeit aufholen müsst oder wollt, habt ihr hier eine ideale Sprint-Strecke gefunden. Hier sind auch viele korpulente und schon etwas ältere Fahrradfahrer unterwegs, denn

Die perfekte Sprintstrecke: Hier könnt ihr euren Geschwindigkeitsrekord brechen

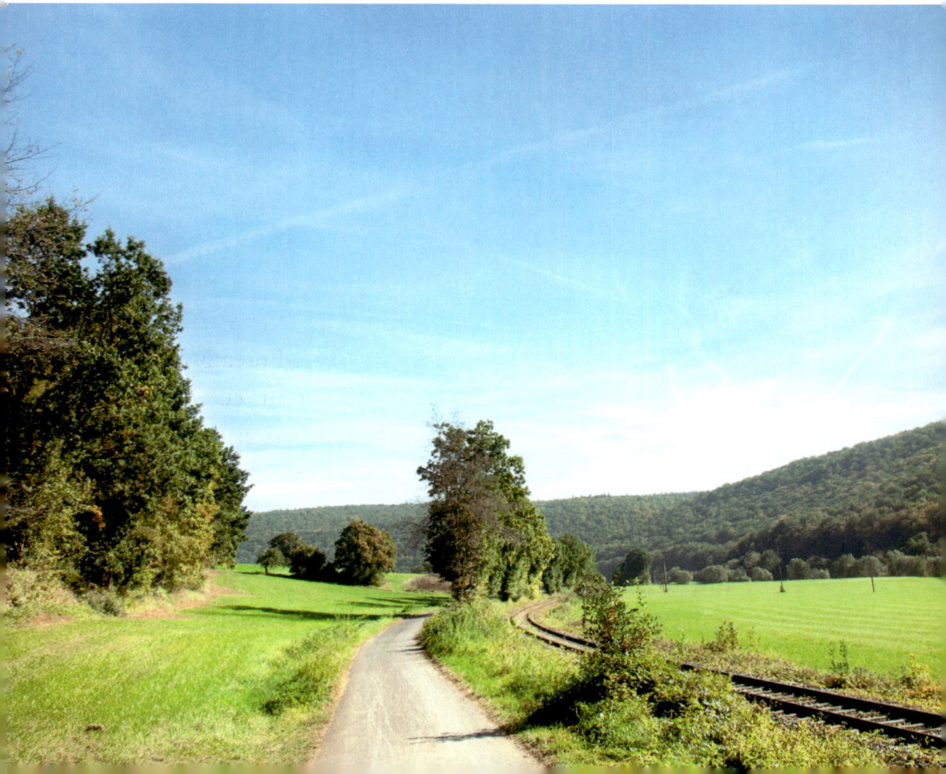

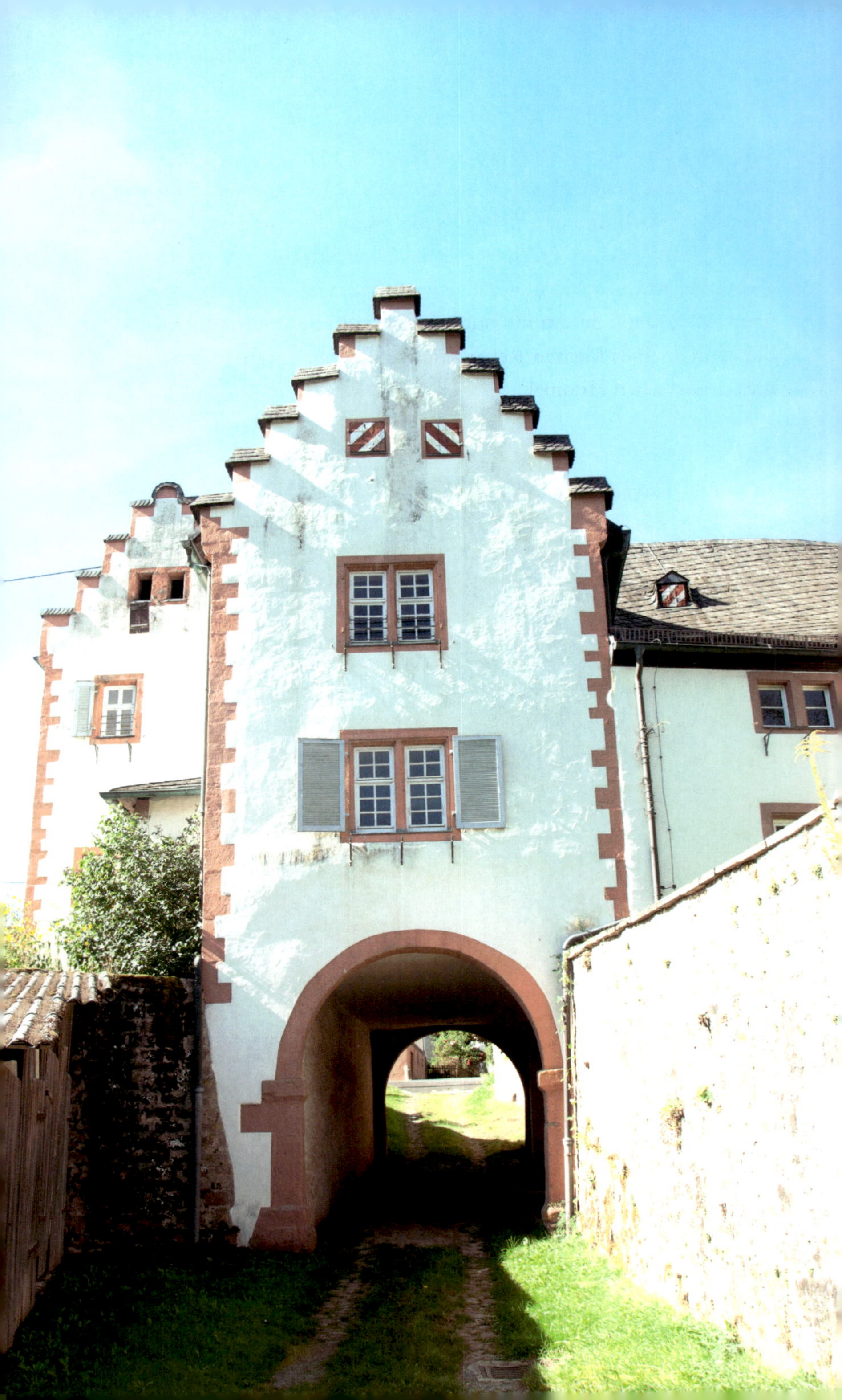

komfortabler lässt sich kaum Sport machen. Dazu ist das Saaletal wirklich hübsch mit seinen Flussauen und seinen offenen Feldern, über denen manchmal der ein oder andere Rotmilan kreist. WOLFSMÜNSTER 3 selbst ist ein typisches Dorf-Dorf mit etwas mehr als 300 Einwohnern, Pfarrkirche und Bushaltestelle, das euch aber überrascht, wenn ihr am Flussufer ankommt: Hier ragen plötzlich die Zinnen eines kleinen Renaissanceschlösschens in den blauen unterfränkischen Himmel.

BAUHERREN DES SCHLOSSES WOLFSMÜNSTER WAREN IM 16. JAHRHUNDERT DIE HERREN VON THÜNGEN UND DAMIT DIE ZWEITE ADELSFAMILIE, DIE DIE REGION GEPRÄGT HAT: SIE WAREN ES AUCH, DIE DAS KLOSTER SCHÖNAU URSPRÜNGLICH GRÜNDETEN.

Überhaupt nicht komfortabel ist aber der Weg von Wolfsmünster zurück nach Rieneck, sofern ihr über Ruhe-Eichen und Hexenbrünnlein durch den Wald laufen wollt und dabei die falsche Jahreszeit erwischt. Denn der Wald ist hier durchzogen von vielen Quellen und Bächen, was sich erst mal romantisch anhört, aber in den Praxis dazu führt, dass es viele Pfützen, Wasserlachen und Mini-Teiche gibt. Die ideale Brutstätte für Insekten! Im Spätsommer ist der Wald hier derart von Mückenschwärmen heimgesucht, dass er an der Grenze zur Unpassierbarkeit liegt. Je nach Jahreszeit (Frühling oder Herbst: Nachtfrost ist Trumpf) und persönlicher Verfassung (habt ihr unterwegs etwas zu essen bekommen?) könnt ihr es ent-

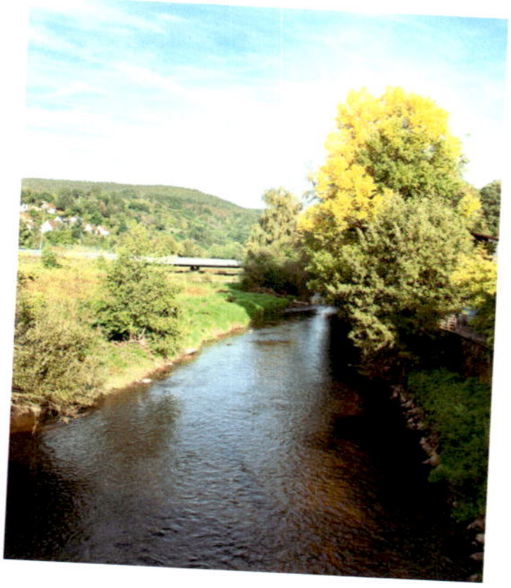

SAALE ODER SINN?

TOUR 25 // SAALETAL

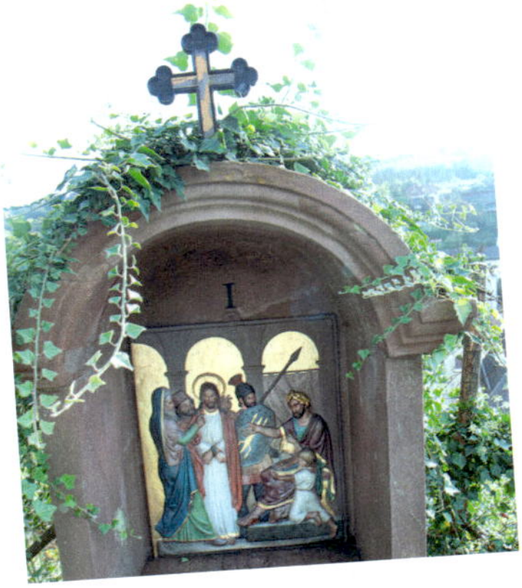

Am Herrgottsberg

weder versuchen oder gleich umkehren und auf demselben Weg wieder zurückwandern nach Rieneck. Oder ihr seid flexibel und könnt in Wolfsmünster in den Bus nach Gemünden steigen.

Wenn ihr es versucht und nach dem Anstieg vorbei an Scheunen und durch weite Felder und Obstwiesen am Waldrand angekommen seid und um eure Köpfe schwirren 20 bis 30 Mücken und ihr habt bei jedem zweiten Schritt eine im Auge: Nein, es wird nicht besser. Versucht es gar nicht erst. Steigt gar nicht erst zu den Ruheichen auf, sondern dreht ab Richtung Süden und haltet euch an den Fränkischen Marienweg, das geht am schnellsten. Auch wenn ihr dann den Hexentanzplatz und das Hexenbrünnlein nicht sehen könnt, was wirklich schade ist. Aber Moment! Wer sich in der Regionalzeitschrift »Durchblick – die Monatszeitschrift für Lautertal und Modautal« über Hexen informiert hat, weiß, dass Hexen auch die Gestalt von Mücken annehmen könnten. Handelt es sich bei diesen Mückenschwärmen am Hexenbrünnlein in Wirklichkeit nicht um ein rein biologisches Phänomen, sondern um einen Abwehrzauber aus den verbotenen Büchern der Schwarzen Magie? Fies genug dafür sind die Viecher jedenfalls.

Zurück in Rieneck könnt ihr euch, je nach Wochentag, noch im WIRTSHAUS ZUM LÖWEN 4 verwöhnen lassen. Oder, wenn ihr nach 20 Kilometern noch Kraft habt, steigt ihr auf den Herrgottsberg, begleitet von Stationen des Leidens Christi. Oben angekommen genießt ihr die fantastische Aussicht über Altstadt, Burg und Sinngrund und denkt: Endlich ergibt das alles einen Sinn.

Alles, was ihr wissen müsst

Rundtour: ziemlich lange Tour // bei längerer Anreise besser vor Ort übernachten und morgens direkt losgehen // **nicht kinderwagentauglich**

Markierung: nicht einheitlich, bitte Text und/oder GPS beachten

Entfernung von: Aschaffenburg: 63 Kilometer // Würzburg: 45 Kilometer

ÖPNV: ab Gemünden RB 53 bis Rieneck // von Gemünden nach Schönau und Wolfsmünster verkehrt auch das putzige Unterfranken-Shuttle (Tipp für Rollstuhlfahrer und Familien mit Kinderwagen)

Auto: Parken neben dem Kreisverkehr am Sportplatz

Einkehr: **Wirtshaus Zum Löwen,** Hauptstraße 8, 97794 Rieneck, www.loewe-rieneck.de // **Gasthaus März,** Schönau 15, 97737 Gemünden am Main // Vorher Öffnungszeiten checken und notfalls Picknick einpacken

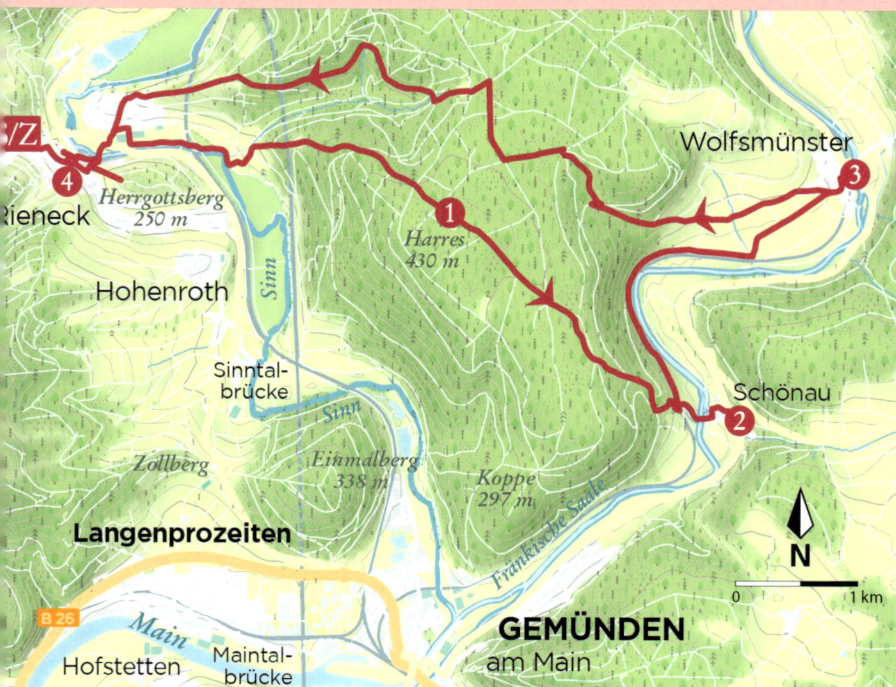

Bibliographische Informationen der Deutschen Nationalbibliothek:
Die Deutsche Nationalbibliothek verzeichnet diese Publikation
in der Deutschen Nationalbibliografie; detaillierte bibliografische Daten
sind im Internet über https://www.dnb.de/ abrufbar.

MIX
Papier | Fördert
gute Waldnutzung
FSC® C083411

© Bilder: Cornelia Korinth, außer: S. 6: Shutterstock/Lauredin,
S. 10: Shutterstock/Volker Rauch, S. 14; 19: Shutterstock/Bildgigant,
S. 22; 27: Shutterstock/Conny Pokorny, S. 26: Shutterstock/Harry Huber,
S. 44: Shutterstock/Bob Pool, S. 48; 141: Pixabay/jggrz,
S. 54: ©Touristikverband e.V. RÄUBERLAND, C.Becker_3,
S. 55: ©Touristikverband e.V. RÄUBERLAND_4, S. 62: Shutterstock/
bluecrayola, S. 67: Wikimedia Commons/chrisaliv, S. 70: Shutterstock/
Greens and Blues, S. 87: Shutterstock/travelview, S. 88: Shutterstock/Ghost Bear,
S. 91: Wikimedia Commons/Bonnlander, S. 124: Wikimedia Commons/
FrankBothe, S. 127: Shutterstock/aleks.k, S. 128: Wikimedia Commons/
Thiotrix, S. 130: Wikimedia Commons/Haselburg-müller, S. 143: pixabay/
artellliii72, S. 158: Shutterstock/Geza Kurka_Hungary, S. 159: Wikimedia
Commons/Störfix, S. 160: Shutterstock/PRILL, S. 165: Pixabay/Hans,
S. 166/Cengiz Deniz, S. 168: Wikimedia Commons/Commander-pirx,
S. 176: Pixabay/hapibu, S. 180: Shutterstock/Lapping Pictures,
S. 193: Shutterstock/Samuel Cohen
Umschlaggestaltung: Nina Schäfer
Umschlagmotive: Shutterstock.com/Bogdan Sonjachnyj,
Shutterstock.com/electricmango
Layout: Editorial Design & Artdirection, Conny Laue, Bochum,
nach einem Konzept von Nina Schäfer
Kartografie: Altan Cicek, altancicek.design, altancicek.de

Druck und Bindung: CPI – Clausen & Bosse, Leck
Printed in Germany 2024
ISBN 978-3-7408-1865-4